全国高等职业院校餐旅类专业教改教材
中国烹饪协会职业培训指定教材

U0825545

JIUDIAN
RENLI ZIYUAN GUANLI

酒店人力资源管理

汪晓梅　　主　编
中国烹饪协会　组织编写

中国轻工业出版社

图书在版编目（CIP）数据

酒店人力资源管理／汪晓梅主编. —北京：中国轻工业出版社，2023.2

全国高等职业院校餐旅类专业教改教材

ISBN 978-7-5019-8250-9

Ⅰ. ①酒…　Ⅱ. ①汪…　Ⅲ. ①饭店—人力资源管理—高等职业教育—教材　Ⅳ. ①F719.2

中国版本图书馆CIP数据核字（2011）第144764号

责任编辑：史祖福　　责任终审：张乃柬　　整体设计：锋尚设计
策划编辑：史祖福　　责任校对：吴大朋　　责任监印：张京华

出版发行：中国轻工业出版社（北京东长安街6号，邮编：100740）
印　　刷：河北鑫兆源印刷有限公司
经　　销：各地新华书店
版　　次：2023年2月第1版第6次印刷
开　　本：787×1092　1/16　印张：15.25
字　　数：308千字
书　　号：ISBN 978-7-5019-8250-9　定价：36.00元
邮购电话：010-65241695
发行电话：010-85119835　传真：85113293
网　　址：http://www.chlip.com.cn
Email：club@chlip.com.cn
如发现图书残缺请与我社邮购联系调换
230141J2C106ZBW

全国高等职业院校餐旅类专业教改教材编审委员会

主　任　杨　柳

委　员　王美萍　郭春慧　曲绍卿　刘　捷
鲁琳雯　巩显芳　石长波　隋海涛
郭晓赓　杨雪欣　王　玉　宋国庆
轩福华　汪晓梅　杨　晶　田　彤
李日欣

本书编写委员会

主　编　汪晓梅（哈尔滨商业大学）

副主编　马　超（哈尔滨商业大学）
朱正杰（哈尔滨商业大学）

PREFACE 序言

为深化我国高等职业教育教学改革，加强课程改革的实体教材建设，解决教材滞后对餐旅类院校深入推进教学改革带来的影响，2009年中国烹饪协会与中国轻工业出版社联合启动了高等职业教育餐旅类专业教改教材的研究项目，对餐旅类专业的课程、教学与教材进行了深入探讨。

职业教育教学改革的核心是课程改革，而课程改革的中心又是教材的改革。教材的内容与编写体例基本上决定了学生从该门课程中能学到什么样的知识、技能，形成什么样的逻辑思维习惯。目前餐旅类专业课程教材的编写多数是沿袭传统的学科教材模式，教材的内容与体例按章节设计，理论性强，没有与行业产品、岗位紧密联系在一起，缺乏针对性。本套教材以课程改革为主线，采取模块化的编写体例，以任务的形式完成课堂教学。教材内容围绕职业教育特点和行业对技能人才的需求进行阐述和安排。

本套教材作为中国烹饪协会与中国轻工业出版社联合推出的餐旅类专业的教育教学改革成果，获得了业内专家、学者与教师的大力支持和参与，经过了持续地探索和大胆地创新。本套教材由中国烹饪协会组织相关专家进行审稿，以确保教材质量。但由于教学改革是一项庞大的系统工程，难免会存在一定的局限性，恳请广大读者提出宝贵意见，以便我们今后修订时不断完善。

全国高等职业院校餐旅类专业教改教材编审委员会

PREFACE 前言

酒店人力资源管理作为酒店管理专业的一门专业主干课，其主要任务是通过讲授酒店人力资源管理的基础知识，培养学生从事酒店人力资源管理工作必备的观念与意识，熟悉酒店人力资源管理工作的流程、方法、模式，具备应对行业发展与职业变化的基本能力。同时，能够在借鉴现有酒店人力资源管理理论的基础上注重创新，提高实践能力。

本教材运用新颖的模块式体系编写，每个模块涵盖了若干项目，而项目中包括了需要通过教学完成的任务。参加编写的人员均为各院校旅游管理专业的一线教师，具有丰富的教学实践经验。本教材在充分吸收其他同类教材优点的基础上，把握酒店管理专业的学生特点，每个模块设有案例导入、基本概念介绍、思考练习等，以便于学生学习和巩固所学内容。

本教材具有以下主要特色：第一，完备性，基本涵盖了酒店人力资源管理工作的基本环节和流程；第二，融合性，注重将酒店人力资源管理理论与酒店各部门的日常工作程序及要求相关联；第三，实用性，本教材实用性强，具有鲜明特色，在融入最新的酒店人力资源管理观念的同时，配备案例导入，以培养学生的综合能力。

本教材由汪晓梅副教授（哈尔滨商业大学旅游烹饪学院）任主编，马超（哈尔滨商业大学旅游烹饪学院）、朱正杰（哈尔滨商业大学旅游烹饪学院）任副主编。本教材共九个模块，具体编写分工如下：模块一、模块二、模块三由马超编写；模块四、模块五、模块六由汪晓梅编写；模块七、模块八、模块九由朱正杰编写。

在编写中，参考了大量的文献资料，在此向这些文献的作者深表感谢。

由于编者的水平所限，书中难免出现不妥之处，敬请同行、专家和读者指正，以期更加完善。

编者

2011年5月

目录 CONTENTS

模块一 酒店人力资源管理概论

模块二 酒店人力资源规划

模块五 酒店员工绩效考核

模块六 酒店员工激励

模块九 现代酒店人力资源管理趋势

模块一

酒店人力资源管理概论

理论目标

1. 明确人力资源以及人力资源管理的概念
2. 掌握酒店人力资源管理的特点
3. 熟悉酒店人力资源部的功能和重要性
4. 了解酒店人力资源部的主要岗位职责

实践目标

1. 能够分析酒店人力资源部工作内容
2. 能够制定酒店人力资源部各项工作职责

案例导入

波特曼丽嘉——亚洲最佳雇主的成功之道

与其他商业组织一样，上海波特曼丽嘉酒店并不讳言其经营的最终目标是不断盈利，然而波特曼丽嘉深信，公司不断盈利的基础来自于高的顾客满意度，而顾客满意度又建立在员工满意度的基础之上。因此，在酒店对员工的第一条承诺中写着："在波特曼丽嘉，我们的绅士和淑女是对客服务中最重要的资源。"这也是波特曼丽嘉处理一切员工事务的精髓之所在。正是在这种理念的指引下，这家五星级酒店的员工满意度多年保持在95%之上，并且多次蝉联"亚洲最佳雇主"的称号。

波特曼丽嘉在员工职业发展上的首要措施就是保证他们充足的培训时间。波特曼丽嘉的员工基本守则里有一条是：所有员工都必须圆满完成其工作岗位的年度培训课程。酒店拥有一套非常全面、完善的培训体系，保证每一个员工一年有150小时左右的培训时间。这一数字超过了任何其他的“亚洲最佳雇主”。在领班、主管、经理这一级别上，波特曼丽嘉几乎从来不考虑外聘，而是选择内部提拔。每年都有超过100位员工可以在原来岗位的基础上得到提升。本地员工也有机会取代较高职位的外籍员工，目前，波特曼丽嘉的宴会厅总监、餐饮部副总监等重要职位都是由本地员工担任的。管理层对自己培养的员工期望很高，并且认为让他们看到职业发展的前景，不仅有助于员工在工作中产生更大的动力，还能够给其家庭以信心并获得支持。

波特曼丽嘉对员工的提拔一般根据每半年进行一次的员工评议来考量。部门负责人会就其工作表现和水准做出评价，同事们也会提出各自的意见，有些职位还需进行技能考核。不过这些都只是人力资源部参考的因素，很关键的一点是人力资源部会派专人和员工沟通，看他本人是不是有上进的要求。

即使对那些一时表现不好的员工，人力资源部也会仔细探求其背后的原因：判断他是因为最近家中有事无心工作，还是由于知识技能的缺乏导致无法胜任工作，抑或是主观上就不愿意从事这项工作。经过客观的原因分析后，人力资源部再有针对性地采取措施加以解决。

波特曼丽嘉的文化要求酒店尊重、关怀每位员工，但无疑也期望他们都能够达到酒店要求的高水准，并做出最好的贡献。员工在举止、行事上出现偏差时，酒店首先不会责备他，而是向他明确酒店标准并引导他改正。如果有需要，还可以为他调换工作岗位。总之，在波特曼丽嘉，员工有很多机会去改进自己的工作。

资料来源：中国迈点网

讨论

1. 上海波特曼丽嘉酒店多次蝉联“亚洲最佳雇主”称号的关键在于哪些方面？
2. 如何理解“在波特曼丽嘉，我们的绅士和淑女是对客服务中最重要的资源”？

项目一 人力资源管理与酒店人力资源管理的定义与特征

任务1 了解人力资源的定义与特征

一、人力资源的定义

人力资源，又称劳动力资源或劳动力，是指能够推动整个经济和社会发展、具有劳动能力的人口总和。

这个解释包括以下几个要点：

（1）人力资源的本质是人所具有的脑力和体力的总和，可以统称为劳动能力。

（2）这一能力要能够对财富的创造起贡献作用，成为社会财富的源泉。

（3）这一能力还要能够被组织所利用，这里的“组织”可以大到一个国家或地区，也可以小到一个企业或作坊。

经济学把为了创造物质财富而投入生产活动中的一切要素统称为资源，包括人力资源、物力资源、财力资源、信息资源、时间资源等。其中人力资源是一切资源中最宝贵的资源，是第一资源。人力资源的最基本方面包括体力和智力，从现实应用的状态来看，包括体质、智力、知识、技能四个方面。

二、人力资源的特征

（一）人力资源的主体性或能动性

主体性或能动性是人力资源的首要特征，是与其他一切资源最根本的区别。所谓主体性，就是说人力资源在经济活动中起着主导作用。一切经济活动都首先是人的活动，由人的活动才能引发、控制、带动了其他资源的活动。另外，在经济活动中，人力资源是唯一起创造作用的因素。经济活动的生命是发展、是进取、是创新，而只有人力资源才能担负起这种发展、进取和创新的任务，其他任何生产要素都不具有这样的能力。

（二）人力资源的时限性

时限性是指人力资源的形成与作用效率要受其生命周期的限制。作为生物有机体的个人，其生命是有周期的，每个人都要经历幼年期、少年期、青年期、中年期和老年期。其中具有劳动能力的时间是生命周期中的一部分，其各个时期资源的可利用程度也不相同。无论哪类人，都有其才能发挥的最佳期、最佳年龄段。如果其才能未能在这一时期充分利用开发，就会导致人力资源的浪费。因此，人力资源的开发与管理必须尊重人力资源的时限性特点，做到适时开发、及时利用、讲究时效，最大限度地保证人力资源的产出，延长其发挥作用的时间。

（三）人力资源的再生性

经济资源分为可再生性资源和非再生性资源两大类。人力资源具有再生性，它基于人口的再生产和劳动力的再生产，通过人口总体内个体的不断更替和“劳动力耗费—劳动力生产—劳动力再次耗费—劳动力再次生产”的过程得以实现再生。同时，人的知识与技能的陈旧、老化也可以通过培训和再学习等手段得到更新。当然，人力资源的再生性不同于一般生物资源的再生性，除了遵守一般生物学规律之外，它还受人类意识的支配和人类活动的影响。从这个意义上来说，人力资源要实现自我补偿、自我更新、持续开发，就要求人力资源的开发与管理注重终身教育，加强后期的培训与开发。

（四）人力资源的社会性

人处在一定的社会之中，人力资源的形成、配置、利用、开发是通过社会分工来完成的，是以社会的存在为前提条件的。人力资源的社会性，主要表现为人与人之间的交往及由此产生的千丝万缕的联系。人力资源开发的核心，在于提高个体的素质，因为每一个个体素质的提高，必将形成高水平的人力资源质量。但是，在现代社会中，在高度社会化大生产的条件下，个体要通过一定的群体来发挥作用，合理的群体组织结构有助于个体的成长及能力高效地发挥，不合理的群体组织结构则会对个体构成压抑。群体组织结构在很大程度上又取决于社会环境，社会环境构成了人力资源的大背景，它通过群体组织直接或间接地影响人力资源开发，这就给人力资源管理提出了要求：既要注重人与人、人与团体、人与社会的关系协调，又要注重组织中团队建设的重要性。

（五）人力资源的角色两重性

人力资源既是投资的结果，又能创造财富；或者说，它既是生产者，又是消费者，具有角色两重性。人力资源的投资来源于个人和社会两个方面，包括教育培训、卫生健康等。人力资源质量的高低完全取决于投资的程度。人力资源投资是一种消费行为，并且这种消费行为是必需的，先于人力资本的收益。

（六）人力资源的增值性

人力资源不仅具有再生性的特点，而且其再生过程也是一种增值的过程。人力资源在开发和使用过程中，一方面可以创造财富；另一方面通过知识经验的积累、更新来提升自身的价值，从而使组织实现价值增值。研究证明，人力资源的投资具有高增值性，无论从社会还是个人角度看，都远远大于对其他资源投资所产生的收益。

任务2 了解人力资源管理的概念与意义

一、人力资源管理的概念

人力资源管理，是指运用现代化的科学方法，对与一定物力相结合的人力进行合理的培训、组织和调配，使人力、物力经常保持最佳比例。同时，对人的思想、心理和行为进行恰当的诱导、控制和协调，充分发挥人的主观能动性，使人尽其才，事得其人，人事相宜，以实现组织目标。

二、人力资源管理的意义

在人类所拥有的一切资源中，人力资源是第一宝贵的，自然成为现代管理的核心。不断提高人力资源开发与管理的水平，不仅是当前发展经济、提高市场竞争力的需要，也是一个国家、一个民族、一个地区、一个单位长期兴旺发达的重要保证，更是一个现代人充分开发自身潜能、适应社会、改造社会的重要措施。

人力资源管理的主要意义：

（1）取得最大的使用价值　通过合理的管理，实现人力资源的精干和高效，此时人的技能也得到了最大地发挥。

（2）最大限度地发挥人的主观能动性　通过采取一定的措施，充分调动广大员工的积极性和创造性，也就是最大限度地发挥人的主观能动性。

（3）培养全面发展的人　人类社会的发展，无论是经济的、政治的、军事的、文化的发展，最终目的都要落实到人——一切为了人类自身的发展。

三、现代人力资源管理的特征

（1）人本特征　人力资源管理采取人本取向，始终贯彻员工是组织的宝贵财富的主题，强调对人的关心、爱护，把人真正作为资源加以保护、利用和开发。

（2）专业性与实践性　人力资源管理是组织最重要的管理职能之一，具有较高的专业性，从小公司的多面手到大公司的人力资源专家及高层人力资源领导，都有着很细的专业分工和深入的专业知识；人力资源管理是组织管理的基本实践活动，是旨在实现组织目标的主要活动，表现其高度的实践性。

（3）双赢性与互惠性　人力资源管理采取互惠取向，强调管理应该是获取组织绩效和员工满意的双重结果；强调组织和员工之间的“共同利益”，重视并发掘员工更大的主动性和责任感。

（4）战略性与全面性　人力资源管理聚焦于组织管理中为组织创造财富、创造竞争优势的人员的管理上，即以员工为基础，以知识为中心和导向，在组织最高层进行的一种决策性、战略性管理；人力资源管理是面向全体员工的全面活动和在招聘、任用、培训、发展中的全过程的管理。只要有人参与的活动与地方，就要进行人力资源管理。

（5）理论基础的学科交叉性　人力资源管理采取科学取向，重视跨学科的理论基础和指导，包括管理学、心理学、经济学、法学、社会学等多个学科。因此，现代人力资源管理对其专业人员的专业素质提出了更高的要求。

（6）系统性和整体性　人力资源管理采取系统取向，强调整体地对待人和组织，兼顾组织的技术系统和社会心理系统；强调运作的整体性，一方面是人力资源管理各项职能之间具有一致性；另一方面是与组织中其他战略相配合，依靠和支持整个组织的战略和管理。

任务3　了解酒店人力资源管理的定义、特征和重要性

一、酒店人力资源管理的定义

酒店人力资源管理作为企业人力资源管理的一个分支，按照客观规律、依据科学的原理和方法，依靠酒店组织机构和组织手段，使每位管理者和员工正确认识自己在组织中应完成的任务和担负的责任，并设法最大限度地调动其工作积极性，发挥其才能和潜力，从而达到最好效益。换言之，酒店人力资源管理就是恰当运用现代管理的计划、组织、指挥、协调和监督的功能，完成酒店内人员的录用、开发、管理和使用等工作。

二、酒店人力资源管理的特征

（一）人性化管理

酒店业是一个劳动密集型产业，酒店人力资源管理直接面对的是个性、习惯、爱好、兴趣等千差万别的员工，而员工直接面对的又是形形色色的具有不同个性的客人。只有当员工能够为客人提供令其满意的服务时，酒店才能赢得并留住客人，达到酒店管理的目标；而只有满意的员工才能自觉地为客人提供满意的服务。因此，人力资源管理必须树立以人为本的意识。首先，要认识到员工是自然人，有自然人的基本需求；其次，认识到员工也是社会人，

需要情感认同，同时其成长生活的环境对其价值取向也有着根深蒂固的影响；最后，还应认识到员工是职业人，是酒店的员工，应适应酒店的要求，具有酒店人的职业习惯和特点等。

（二）科学化管理

现代酒店人力资源管理是一项复杂、综合性的系统工程，所以，酒店人力资源管理必须建立起一套标准化、程序化、制度化和定量化的管理系统作为保证，从而使酒店管理科学化。

（三）全员管理

酒店人力资源管理是全员性管理，不仅包括酒店人力资源部或人事部对全体员工的培训与考核，还包括酒店全体管理人员对下属的督导与管理。这就是说，人力资源管理是酒店全体管理人员的职责之一。因此，酒店的每一位管理人员都应该了解和掌握人力资源的理论、方法以及人力资源管理的职能，通过选用、培训、激励员工，为员工创造展示才能的机会和条件，调动员工的工作积极性。

（四）动态管理

酒店人力资源管理的范畴相对来说是比较大的。应该说，凡是与酒店员工的需求和供应有关的问题，都是酒店人力资源管理研究的对象。酒店人力资源管理的动态特点是指管理者不仅要根据酒店的整体目标选拔合适的人才，对酒店员工的录用、培训、奖惩、晋升和离职等全过程进行管理；更要注重员工工作动态过程中的管理，其中包括如何创造一个良好的工作环境，调动员工的工作积极性，指导员工工作，改善员工生活条件，发展员工潜在的各项能力等。这就要求酒店在经营过程中，注重“软件”应用，重视员工的心理需求，了解员工的情绪变动和思想动态，并采取相应措施调动员工的工作积极性，使全体员工发挥出潜在的能力。所以，这是一种在动态中进行的全面的管理活动。

三、酒店人力资源管理的重要性

酒店要维持经营活动的运转，必须投入人力、物力、财力和信息等资源。因为一切事物的主宰是人，只有通过人，才能控制和使用酒店的其他资源。酒店的财务资源、物质资源、信息资源的使用和管理必然要受到人力资源素质的影响，人力资源决定了酒店其他资源的使用效果和酒店经营活动的效果。在酒店经营管理过程中，只有做到了“人尽其才”，才能够使“物无虚耗”。

从人力资源管理的角度来看，“以人为本”的管理理念尤其适合酒店业。人力资源管理不仅要利用人创造最高的工作绩效，实现最大的生产价值，也要为员工创造一个良好的工作环境，这也是“以人为本”思想的重要内容。

人力资源管理在酒店经营管理中的重要性还可以从酒店产品的特殊性中体现出来。酒店业是服务性行业，同时又是劳动密集型企业，对于酒店来说，人力资源管理的重要性毋庸置疑。有效地进行人力资源管理，对酒店人力资源进行科学的管理，合理的使用，能最大限度地挖掘酒店员工的潜力，充分调动员工积极性，激发员工的主动性和创造性，提高酒店的服务质量和服务效率。酒店提供的产品主要是由人提供的直接针对客人的服务。客人所需要的绝大部分服务类产品都需要靠员工提供的劳务来完成，酒店内部分工繁复，服务项目很多，酒店的生机和活力来源于员工的积极性、智慧和创造力；酒店的服务质量、劳动消耗和经济效益同劳动力的素质又有密切的联系。服务产品的质量不仅取决于服务产品生产的技能和技巧，更重要的是取决于提供服务产品的生产者的服务态度。如果一名服务员掌握了服务的技能和技巧，但是出于某种原因，没有做到“微笑服务”，则这名服务员提供的服务产品不能算是高质量的。精明的酒店管理者在管理实践中都会体会到人力资源管理是经营酒店的关键。

项目二 酒店人力资源部的重要性和任务

任务1 了解酒店人力资源部的重要性和功能

一、酒店人力资源部的重要性

人力资源是酒店资产的重要组成部分，人力资源的管理是酒店管理的核心和基础。从某种意义上讲，酒店的管理主要是通过对人的管理来实现的。因此，人力资源部的工作质量是酒店能否取得成功的关键。人力资源是酒店最重要的资源，开发人力资源的潜能可以造就一支高素质的员工队伍，从而实现酒店的经营目标。

酒店根据其不同的规模、等级、客源市场与经营管理情况，内部组织机构层次和部门设置各不相同。但是，酒店组织结构具有共性的特点，按照酒店内部各种机构或部门在酒店分工体系中的职能，可以分为业务经营部门和管理职能部门。酒店的前厅部、客房部和餐饮部等部门是直接负责组织、接待宾客，为宾客服务的机构，是业务经营部门。业务机构也称为酒店的前台部门，是酒店内部结构的主体。酒店的人力资源部与财务部、工程部、采购部等部门是计划、指导、监督和调节经营业务活动或处理日常行政事务、直接为业务经营部门服务的机构，是管理职能部门和行政事务部门。这些部门又被称为酒店的后台部门，它们是间接为酒店的接待经营业务活动服务的重要部门。

人力资源部是对酒店的人事制度、人事关系、招聘用人、劳动组织和分配制度、员工培训管理等进行一系列组织管理活动的管理职能部门。酒店的部门与工种复杂，各部门与工种对于员工的素质、能力要求各不相同。人力资源部根据酒店的经营目标，合理设置机构，对各级不同工作岗位进行工作分析、评价、设计不同的岗位职责与工作标准，并以此对员工进行招聘、选拔、定岗与调配，使各级各类员工能适合于自身的工作岗位，做到人事相宜，从而保证酒店经营的正常运转。

在酒店行业日趋激烈的经营竞争中，人力资源部承担着协调酒店内部人事关系；为员工创造良好的工作环境；激励员工，提高士气；增强酒店内部的凝聚力；充分发挥人力资源的作用等重要的管理职能，充分调动员工的主动性和积极性，激发他们的智慧和创造精神，从而保持酒店的生机和活力，以及在激烈竞争中的实力地位。人力资源部积极为酒店开发人力资源，通过员工培训，不断提高员工队伍的素质水准，建立一支稳定且高质量的员工队伍，提高酒店的劳动效率和服务质量，从而提高酒店的管理水平和经济效益。

在现代酒店的职能部门体系中，人力资源部应该属于一个中心枢纽型部门，其工作性质不仅仅是一个人事服务部门、职能部门、执行监察协调部门，同时也是围绕整个酒店根本目标工作的核心决策部门，其重要性主要体现在以下几点。

（一）酒店人力资源部提供人事服务

人力资源部的首要工作是为最高经营者和各职能部门提供及时周到的人事方面的服务。通过对员工的招聘、引进、培训、考核、福利等工作来满足其他各部门对于人员的需求，负责对人才的选、育、留、用，并针对这四点开展工作：通过开展招聘甄选工作，吸纳优秀人才进入本酒店工作；通过培训制定职业生涯发展计划教育人才；提供健康、安全的职位环境留住优秀人才；调动员工的积极性、主动性和创造性使员工的潜能最大化发挥。在工作上面努力为员工提供一个施展抱负和展示才干的平台，在生活上面使员工无后顾之忧，在情感方面给予员工高度的认同，在业余生活方面合理安排多姿多彩的业余活动，使员工发挥多方面的才干，增强企业的凝聚力。

（二）酒店人力资源部也是酒店职能部门之一

人力资源部负责拟订酒店的人力资源政策，提交给酒店最高经营委员会决议，包括员工手册、招聘简章、培训计划、绩效考核制度、员工保险、员工评估、评先评优、劳动合同的签订以及与其他行政职能部门，如劳动局、社区进行公共关系方面的工作。在现代酒店中人力资源部的管理目标，在很大程度上是要保证酒店有合理的定岗、定员、定编，保障酒店一线服务部门要有足够的服务员，同时保证酒店的劳务费用不能超标，整体费用控制在参数之内，以满足员工的需要为根本，致力于员工的潜能发挥和全面发展，使其个人发展目标能与酒店整体目标保持一致。

（三）酒店人力资源部执行监察并协调各部门之间的工作

人力资源部根据既定的价值评定标准对酒店中的大小规章制度与政策执行情况、各部门以及员工的职位业绩等工作进行监督，确保各部门员工活动有利于酒店经营总目标的实现。通过扮演仲裁者和协调者的角色来处理酒店内的各种冲突和纠纷，化解矛盾，建立团队精神，并凭借各种专业知识和技能为酒店内部各层级以及各部门的管理者提供决策咨询，为员工解读酒店的人力资源政策，为求职者提供咨询。在酒店内，任何人事的任免，员工之间的纠纷，新进员工的资料和员工的离职，都必须通过人力资源部，在完善的人力资源管理系统内，详细地记录了员工的生日、学历、身高、有无违法乱纪的事情等。人力资源部的工作特点是从微观中见宏观，小到员工的纠纷，大到整体的人力资源规划，人力资源部都要全面执行监察协调，以确保酒店整体目标的实现。

（四）酒店人力资源部是酒店发展战略的核心部门

人力资源管理发展到今天，已经使人力资源部门在企业中的地位和作用有了根本性的转变。在当前的管理战略中，许多大企业的人力资源部门已经从传统简单的人事服务部门提升到直属于总经理的人力资源部，人力资源与企业发展战略紧紧结合在一起，企业要从战略的高度上对待人力资源的开发和利用。对于酒店业来说，人力资源部围绕酒店的整体目标，通过对酒店现有人力资源的了解以及未来人力资源的需求预测，制定人力资源战略开发、管理的总规划，根据酒店发展战略进行组织结构调整，积极推动职位分工、提供健康、安全的就职体系和科学合理的薪金体系，并根据市场的需求变化不断进行人力资源调整、补充、引进以及合理配置人力资源，实现人才职业化、信息化的发展道路，以确保酒店品牌竞争整体目标的实现。

二、酒店人力资源部的功能

人才是酒店发展与成功的灵魂，人力资源部在酒店中的地位是举足轻重的，在激烈的市场竞争中，环境的变化、竞争对手的改进和自身的内部资源消耗都会影响酒店的运行和发展。酒店竞争优势的持续保障是酒店获得发展的基本条件，而这又有赖于酒店人力资源需求的科学定位和规划。人力资源部的发展在根本上影响着酒店资源的增值潜力及其竞争能力，其功能主要体现在以下三个方面。

（一）建立符合酒店特点的企业文化

企业文化是以价值为核心，以知识为基础，以事业为追求，以职业道德、相关法令、制度和政策为导向的全体职工和企业领导的长期共识。现代人力资源开发强调管理是一种控制行为，激活是一种促进措施；并把激发人的热情，增强人的能力作为现代人力资源开发的重要目标；提出要把整个人才队伍盘活，把每一个人才个体激活，通过有效而正确的激励技巧，激发出每个人内在的活力，使其始终保持一种积极进取、奋发向上、勇于拼搏、开拓创新的精神状态，把潜能最大限度地释放出来。人力资源部通过组织员工的培训、录用和考核，更新管理制度，绩效考核，开展各类活动、学习等将酒店的经营理念、服务理念、管理理念、行为理念灌输到员工的脑海中，通过对员工信念的培养，心灵的满足，精神的训练建立起个人对企业整体的认同感和凝聚力，形成强烈的"团队精神"，并努力营造一个良好的工作环境，科学的薪金体系和完善的管理制度，使员工从思想上，情感上、行动上认同酒店，使员工能够在酒店中学到新的知识，发挥自己最大的才能，形成具有酒店特色的企业文化。

酒店企业文化的建立与传播有利于酒店员工向心力和凝聚力的加强，有利于员工的稳定。酒店企业文化属于酒店的无形资产，只有将这种宝贵的无形资产转化到具体实践的过程中，才能使酒店的凝聚力和向心力不断加强，成为酒店共同价值观的核心。合理配置人才并且不断提高员工素质，是酒店企业文化建设和管理的根本所在，需要努力造就一批高素质的员工队伍，以及打造富有个性化的经营风格，使企业文化真正落到实处。酒店企业文化不是虚无的，而是实实在在的，必须从基础做起，必须从管理人员做起。酒店企业文化体现在酒店环境的布置中，体现在对客人的宣传中，更体现在酒店员工、特别是管理人员的日常管理行为中。酒店日常行为的持续创新就是企业文化的最有效载体。正是这些从细微处入手的服务行为体现了该酒店集团处处从顾客需求出发的企业文化。致力于企业文化建设的酒店企业也要抓紧时间做好不同层次、不同区域的员工行为规范，尤其是管理人员的行为规范、员工社交场所的礼仪规范，以及长期的员工文化素质提升规范等。只要酒店内员工从上到下形成统一的规范和共同的价值观念，员工间的凝聚力就会增强。

（二）酒店人力资源部是盈利部门，是创造利润的主要来源

在酒店业中，客人的满意来源于员工优质的服务，而员工的满意度则来自对整个酒店的认同感，人力资源的管理就是通过对人的开发，把人才作为企业发展的重要资本，唯才是举，任人唯贤，提高人的知识和能力，把人的智慧、知识、经验、技能、创造性、积极性当作一种资源加以发掘、培养、发展和利用。通过"人"这一宝贵的资源，使酒店的稳步发展得到保证。

（三）酒店人力资源部为管理工作提供重要保障和依据

酒店人力资源部通过人力资源规划、人员调整、人工成本控制；员工岗位知识、技能与素质培训；弘扬企业文化；建立内部沟通机制，调动员工积极性、做好人员流动的控制；劳资关系纠纷的预见与处理；领导力的开发、设计有效的绩效评估；培育员工创新的精神和激发员工的主观能动性；建立完善的规章制度并监督执行等各项工作，维持并建立了企业与员工之间的双向交流、理解、合作与认可。人力资源部参与处理了各类大小事件，扮演了公共关系者的角色，上为最高经营者提供酒店整体目标的决策和规划，中间协调其他各部门之间的联系，减少摩擦，下为员工的公共利益提供周到的服务。在整个酒店形成和谐、融洽的整

体氛围，既合理地利用了资源，提高了酒店的劳动效率和经济效益，更为整个酒店的发展与前进提供了有力的科学保障。

任务2　了解酒店人力资源部的任务

一、酒店人力资源规划

这是酒店人力资源开发与管理过程的初始环节，是人力资源开发与管理各项活动的起点。搞好酒店人力资源规划对于酒店人力资源整体管理、取得酒店人力资源效益和实现酒店的各项综合效益都具有重要作用。酒店人力资源规划有狭义和广义之分。

狭义的酒店人力资源规划是指酒店从自身的发展目标出发，根据其内部环境的变化，预测酒店未来发展对于人力资源的需求以及为满足这种需求提供人力资源的活动过程。简单地说，狭义的酒店人力资源规划是人力资源预测，并使之平衡的过程。对酒店而言，可以把它当作是酒店各类工作人员的补充规划。广义的酒店人力资源规划的内容比较广泛，可以分为酒店的人力资源目标规划、酒店变革与酒店发展规划、人力资源开发规划、人力资源供给与需求平衡计划、人事调配晋升计划、员工绩效考评与职业生涯规划、员工薪酬福利保险与激励计划、定编定岗定员与劳动定额计划等。

二、酒店人力资源配置

这是指将酒店人力资源投入到各个工作岗位，使之与物质资源相结合，形成现实的经济活动。酒店人力资源的科学配置是酒店人力资源生产与开发后的关键环节，也是酒店人力资源经济运动的核心。从经济学的角度看，每一生产要素都应当在可能的情况下得到充分运用，并要与其他要素之间有一个较好的配比关系，以取得最大效益。从宏观的角度说，酒店的人力资源配置就是达到充分就业和合理使用，以形成良好结构，保证酒店的顺利发展，取得经济的最大效益和人力资源比较高的使用效率。

三、酒店人力资源的开发与培训

酒店人力资源的开发工作十分重要，既是全民教育和职业教育的重要组成部分，同时又有利于酒店的长远发展，对于现代酒店的全面发展有着重要的意义。酒店人力资源开发主要通过对酒店员工实施培训实现的，通过培训，可以提高员工文化和技术素质，降低损耗和劳动力成本。经常对员工进行有计划、有针对性的教育培训，也可以使其提高认识，改进工作表现，缓解工作压力，降低事故的发生，从而减少员工流动，改进服务质量。对酒店的人力资源进行有效的组织和开发，在人事政策和制度的制定、员工招聘、员工考评、员工激励、员工培训、员工纪律管理、员工档案管理与人事统计等一系列日常管理业务中，为调动员工积极性，达到酒店理想的经营目标和经济效益，并始终保持旺盛的企业竞争力所进行的动态管理过程。

加强酒店人力资源开发必须树立以人为中心的管理理念。适应形势发展，彻底解放思想，吸取国内外的先进管理经验，并结合酒店实际情况改革用工制度、干部制度、工资制度、奖励制度等。在酒店内部建立起平等的竞争机制，为更多的优秀人才提供施展才能的机会。人力资源部要不断开辟员工招聘途径，努力做到吸引人才、善用人才和发展人才。这样才能最大限度地发挥人力资源的效能，使酒店保持生机和活力。

当今世界酒店业面临的最激烈的竞争莫过于人才的竞争，造就人才、保护人才、使用人才都是不可忽视的问题。酒店应把留住人才、使用人才作为提高经营利润的重要措施，因为人才可以创造价值，人才可以降低成本。酒店业追求的不是用人多少，而是人的作用，提倡一人多用、一专多能、一人多岗。这样，酒店就可以达到用最少的人去完成更多的事。因此，建立和完善酒店人才培养体系、培育一支高水平和高素质的酒店管理和服务人员队伍，对酒店提高劳动效率和服务质量、提高管理水平和经济效益起着重要的作用。

四、酒店员工绩效管理

绩效管理是一种正式的员工评估制度，它通过系统的理论方法来评定和测定员工在职务上的工作行为和工作效果；它是酒店管理者与员工之间进行管理沟通的一项重要活动。酒店绩效考核的结果可以直接影响到薪酬调整、奖金发放及职务升降等诸多员工的切身利益，其最终目的是改善员工的工作表现，在实现酒店经营目标的同时，提高员工的满意程度和未来的成就感，最终达到酒店和个人发展的“双赢”。完善的绩效管理体系可以有效地提高激励效果。酒店员工绩效管理体系的设计应当立足于酒店绩效管理的目的，这不仅要求使高绩效的老员工受益，而且要求酒店不断地引进新的人才，并通过开展有效的员工绩效管理工作，准确评价员工的个人绩效作为激励的依据，增加激励的准确性和高效性。酒店应建立分层分类的员工绩效考评体系，针对不同的员工采用不同的考评内容，实行不同的考评方式，了解员工的内在潜质与不足，力争实现对员工的个性化考评，发挥绩效考评的最大功效，促进员工工作绩效不断提升，从而达到酒店与员工的共同发展。

五、酒店员工薪酬管理

薪酬是指员工因为受雇佣而获得的各种形式的报酬。薪酬的合理确定和科学管理是酒店人力资源管理中最重要、最复杂、最核心的内容和环节。薪酬的内涵丰富，其核心部分包括工资、奖金和福利。酒店薪酬管理包括薪酬水平管理、薪酬形态管理和薪酬体系管理。酒店的薪酬设计主要考虑两个核心议题：一是对内薪酬相对公平；二是对外薪酬具有竞争力。

酒店在建立薪酬体系时应当把技能考核作为员工基本工资的重要组成部分。如酒店餐厅的后厨和管理人员是酒店的核心人员，决定了酒店菜品的质量，并进一步影响了酒店经济效益的提高。将技能考核列入薪酬考核体系之中，将会进一步激发酒店技术型人才，加强业务学习的积极性，形成良好的创新精神和奋发意识。

酒店员工的岗位不同，其履行的职能也不同，对酒店的贡献程度也不同。因此，按照对酒店的贡献度不同，对不同的岗位进行价值评定是非常重要的。这种价值评定法，将会有效提高员工的竞争意识，充分发挥其自身的特长，找到适合自己的岗位，从而为酒店的经济效益服务。因此，应对岗位进行价值评估，给予相应的岗位工资。

酒店管理者在制定酒店的薪酬激励机制时，应本着适合员工竞争和流动的角度出发，才有利于员工发现和挖掘自身的潜能。因此，在建立薪酬体系时，应当充分保障员工岗位的流动性，利于岗位轮换的顺利进行，而不能让薪酬体系成为制约员工岗位流动的因素。薪酬体系应结合酒店的经营计划和目标进行动态倾斜。特别是对于一些以“基本工资加提成”为薪酬模式的员工，其业绩提成部分应当紧密结合酒店的年度经营目标和计划进行有效分解。动态经营目标的分解，即要将酒店的经济效益和员工的个人利益紧密挂钩，达到激发员工积极性的目的。

奖优罚劣是薪酬体系构建的重要基础。完整的酒店薪酬体系设计，不仅要在结构上进行优化，突出员工的贡献和酒店效益的提升，而且还应当找到管理中存在的薄弱环节，进行相应的处罚，作为日常薪酬体系的补充。

六、酒店员工劳动关系管理

酒店员工劳动关系是指劳动关系主体双方依法享有的权利和义务。广义劳动关系是指社会分工协作关系；狭义的劳动关系是指劳动者与企业或组织之间由于交易所形成的权利义务关系，这种关系具有相对稳定性并受到法律保护。建立劳动关系应遵循平等就业原则、互选原则、公开竞争就业原则、照顾特殊群体原则、禁止未成年人就业原则、先培训后就业原则。

项目三 了解酒店人力资源部的组织结构和岗位职责

任务1 了解酒店人力资源部的组织结构

酒店人力资源部的组织结构是有效地行使各项管理职能，并提高管理效率的组织保证。组织结构的设置要做到层次分明，职权制度化；幅度合理，指挥统一化；渠道畅通，管理效率化。

酒店人力资源部的组织结构设置没有统一模式，通常取决于酒店的规模大小、人员编制、类型、对内部管理职能的具体分工和安排。通常，大型酒店的人力资源管理部门由经理全面负责，人事劳动与员工培训分别由两名副经理负责，也有酒店将人力资源部与培训部分开设置。一般来说，三星级以上酒店人力资源部由总经理直接管理，向其负责，组织结构一般包括培训部、质检部、劳资部和办公室，如图1-1所示。

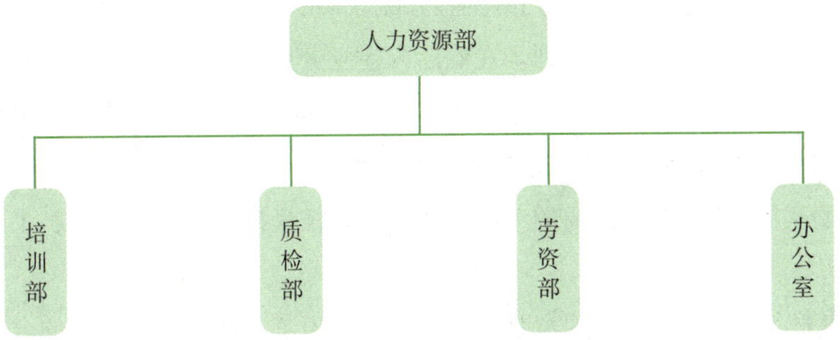

图 1-1　三星级以上酒店人力资源部组织结构图

任务2 了解酒店人力资源部的岗位职责

一、人力资源部经理

[管理层级关系]

直接上级：总经理。

直接下级：培训主管、质检主管、劳动工资主管、人力资源办公室主任。

[岗位职责]

① 执行酒店总经理的工作指令，向总经理负责并报告工作。

② 贯彻执行国家人事劳动的方针、政策和法规，全面负责酒店劳动定员定编、制定酒店人事管理、工资福利分配政策，制定和完善培训、考核、晋升、奖励等各项制度。

③ 根据酒店经营目标和工作需要，组织本部工作人员编制人力资源年度工作计划、长远规划与人工成本、培训费用核算，并组织实施和监控。

④ 主持本部门工作例会，听取、汇报、督促工作进度，协调和解决工作中的问题，提出阶段性工作计划和要求，并督促执行和落实。

⑤ 组织搜集人才（劳动力）市场信息，随时掌握员工需求、人事调配、劳动工资、人员培训等方面的动态，负责组织和合理有效运用酒店的人力资源。

⑥ 负责协调和指导酒店各部门制订人力资源需求计划，掌握和控制酒店的人员编制总量，组织制定劳动定员定编方案，按编制合理安排和调配余、缺人员，做好员工录用、调动、晋级、辞退等工作事宜。

⑦ 掌握劳动力市场价格和同行业人均收入分配水平等信息，根据酒店经济效益和工资总额情况，组织制定劳动工资管理办法和分配方案，并适时提出酒店员工工资调整方案；负责会同酒店财务部制定各营业、管理部门的奖金分配方案以及制定相关的福利政策并监督实施。

⑧ 负责人才的开发、引进和培训。在酒店内建立分层次的培训网络，负责制订培训计划和培训管理制度。重视新员工的系列培训，教育和督促员工执行酒店的各项规章制度；加强员工的在职培训，不断提高员工的业务技能和外语水平。

⑨ 负责酒店主管以上管理人员的考核、考察、聘任呈报工作和本部门员工的工作考察评估工作。

⑩ 负责建立和完善劳动用工规章制度，严格依法用工，切实保障员工的合理权益，减少劳动争议的发生，认真、妥善地处理和解决员工提出的正当合理的要求以及有关人力资源方面的问题；努力改善员工的工作环境和生活条件，不断增强员工的凝聚力。

⑪ 努力提高员工的素质，关心员工生活，做好政治思想工作，抓好部门文明建设和计划生育工作。

二、培训主管

[管理层级关系]

直接上级：人力资源部经理。

[岗位职责]

① 执行人力资源部经理的工作指令，全面负责酒店的培训工作，向人力资源部经理负责

并报告工作。

② 根据酒店经营管理和发展需要，负责拟定员工的培训规划、年度计划以及培训的各项管理制度。

③ 建立并完善酒店、部门、班组三级培训体系。

④ 根据员工培训的需要，制订教育培训大纲，设计各种培训项目。做好教师的聘用、教材的选用以及场地的落实等教学准备工作。

⑤ 负责收集各种资料，建立和健全培训档案库，为考核、评估、选拔各类人员当好参谋。

⑥ 负责对各部门举办的培训活动实施监督和控制，协助和配合酒店各部门开展各项培训活动。

⑦ 负责酒店员工的培训、评估、考核、发证等组织管理工作。

⑧ 负责酒店有关外派培训和外单位委托培训、考核的组织和管理工作。

⑨ 负责拟订酒店年度培训经费预算，严格控制培训经费，并做好教育设备器具的保管和维修保养工作。

⑩ 负责招聘考试，并组织员工进入酒店后的培训工作。

⑪ 加强酒店培训网络的沟通，充分发挥兼职培训员的积极性，做好追踪培训和教学评估工作。

⑫ 不断提高培训网络中兼职培训人员的自身素质，做好培训员的培训工作。

⑬ 做好办公室的日常清洁卫生工作，并负责安排人员清洁整理培训室，完成经理交办的其他工作任务。

⑭ 负责做好人力资源部的会议记录。

⑮ 完成上级领导指派的其他工作。

三、质检主管

[管理层级关系]

直接上级：人力资源部经理。

[岗位职责]

① 根据总经理授权，依据国家旅游局关于星级酒店评分标准、《酒店员工手册》《酒店奖惩条例》等各项规章制度以及岗位职责和服务规范对酒店各岗位进行督导检查。

② 建立三级督导检查系统，即主管级、部门经理级、酒店级质量检查系统，代表总经理行使督导职权。

③ 建立督导检查制度，采用常规检查、抽查、专项检查、夜查和暗查的方式。每天按酒店的统一质量标准进行检查，检查结果随时通报总经理，人力资源部和各有关部门经理，同

时记入《检查日报表》，作为奖惩制度的重要依据。

④ 完成《每周服务质量简报》、每月员工《奖罚明细表》、各部门《违例情况分析表》、每季度各部门经理综合考核分累计工作和每月各部门《员工评估表》的集中抽查工作。根据各种数据统计表，加以分析，并提出改进方案和建议。对质量方面的重大事故草拟专题案例报告，上报酒店总经理，并作为培训资料交给培训主任。发现问题做到“三不放过”，即对发生的问题没有搞清楚的不放过；违纪者对错误没有认识到的不放过；未对当事人按酒店规定进行正确处理的不放过。

⑤ 每日收集和整理《客人意见反馈表》，进行分析，提出改进意见，第二天早晨报送总经理。

⑥ 负责建立酒店质量管理和质量检查档案。

⑦ 完成上级领导交办的其他工作。

四、劳动工资主管

[管理层级关系]

直接上级：人力资源部经理。

[岗位职责]

① 执行人力资源部经理的工作指令，具体负责执行国家制定的有关工资、福利、劳保等方面的政策、规章和制定酒店岗位工资等规定及解决员工有关劳动人事方面的问题和投诉。

② 管理员工人事档案，负责办理员工的转正、定级、定职、考核、晋级的工资变动事宜。

③ 负责办理员工调动的工资手续，调入员工的工资标准的审定工作。

④ 负责办理员工退休、内退手续及管理工作。

⑤ 负责劳动用工年检工作，编排有关人事台账，年度人员工资报表，人员情况的卡片登记等管理工作。

⑥ 负责酒店主管以上管理人员的聘任、解聘、奖惩等相关资料的档案建立工作。

⑦ 负责各类专业技术人员的职称评定工作，建立健全技术档案并完成年度考核评估。

⑧ 负责各类技术工人等级的申报考核、评定工作，建立健全技术工人档案。

⑨ 严格酒店劳动工资管理，建立健全全体员工工资一览表，掌握各类人员的工资变动情况和人员增减情况。

⑩ 负责员工劳动保护、劳动安全、工伤申报等工作。

⑪ 负责员工奖惩、超时工作，节假日加班和各种假期工资的审核、报批工作，及时登记造册，并监督和检查其发放使用情况。

⑫ 负责酒店医药管理工作。

⑬ 负责拟定酒店员工劳保用品，各类工作服的发放范围、数量和标准。

⑭ 关心员工的工作环境和劳动条件，及时提出改进意见和建议，保障员工身心健康。

⑮ 完成人力资源部经理交办的其他工作。

五、人力资源办公室主任

[管理层级关系]

直接上级：人力资源部经理。

[岗位职责]

① 执行人力资源部经理的工作指令。具体负责执行酒店岗位工资、福利、劳保等方面的工作和员工调入调出手续、计划生育管理及内勤管理等工作。

② 负责酒店员工有关人事档案资料的管理，做好员工婚姻状况、家庭住址等的变更记录，并及时在电脑中输入调整后的有关人事资料，做到资料、档案完备准确。

③ 做好有关人事资料统计分析工作，准确及时填报各类报表。

④ 负责各类文件的文字处理工作，做好各类文件、通知、信件、报表和信息资料的收发登记、传阅及保管工作，及时分类立卷。

⑤ 做好部门或部门经理召开的各种会议的会务工作，做好会议记录，掌握会议决定的落实情况。

⑥ 处理各类往来公文及信函，接待并解决来电来访事务。

⑦ 负责本部门财产管理，做到账物相符，账账相符。制定本部门所需办公用品的计划，并做好领取、发放和登记工作。

⑧ 熟悉店内各类员工的数量、结构等基本情况，了解和掌握各部室人员余缺动态，提出店内人员余缺调剂意见。

⑨ 保持与劳动就业部门、人才交流中心、服务技校等有关业务单位的联系与沟通，保证各类用工渠道的畅通。

⑩ 负责劳动合同的管理，做好劳动合同的签证、签订、续订、终止等工作。

⑪ 负责员工的招工录用、调动、辞职，合同终止等手续办理以及人事档案的转递。

⑫ 负责酒店内部员工入店、离店、调职等手续办理。

⑬ 负责员工养老保险、医疗保险、失业保险等各项福利费用的填报、审核、管理、缴纳工作。

⑭ 检查并完成酒店每月考勤统计及每月酒店岗位工资的审报工作。

⑮ 负责每月员工餐卡发放及统计上报工作。

⑯ 负责酒店员工体检工作。

⑰ 会同各部门做好员工违纪处分或处理，做到事实清楚，适用条款合理。

⑱ 做好人力资源部经理交办的其他工作。

思考与练习

1. 酒店人力资源部的主要工作任务是什么？
2. 酒店人力资源管理的定义是什么？

模块二

酒店人力资源规划

理论目标

1．熟悉工作分析的概念和内容
2．掌握工作分析的作用和方法
3．了解酒店工作说明书的内容
4．熟悉酒店人力资源规划的作用和步骤

实践目标

1．能够编写酒店工作说明书
2．能够编写酒店人力资源规划

案例导入

香格里拉的人力资源管理

1．获取（选人）——层层筛选

在香格里拉，员工被分为5个级别，1~3级都是中高层的管理人员，他们的面试分为三轮：第一轮的面试官是人力资源部，第二轮为部门主管，第三轮则由总经理亲自面试。“面试的时候，会给他们一些案例进行分析，主要是观察他们的反应能力。然后会通过电话求证其跳槽原因以及前老板对他的评价。香格里拉不希望拥有一个频繁跳槽和不忠诚的员工。”

4~5级为基层员工，他们中除了厨房和客房人员外，其他各部门的员工必须熟练掌握英语。这些人员主要来自于应届毕业生，每年招聘数量巨大。一般在3月份，人力资源部会派人去上海、北京、大连、沈阳、青岛等地的大学或高职学校招聘学生，或是借用当地香格里拉饭店的场地举行一场招聘会，以此吸引更多的求职者来应聘。

此后的6~12月，这些人会被派往酒店的各部门进行实习，在此期间，会有专门的老师对他们进行带教和考核。每月或者每两个月，老师会将所有学员的表现向人力资源部作汇报。基本上80%的学员能够期满转正，然后正式进入饭店工作。通常，公司新进的每个员工，都会经过总经理的亲自审查，主要是通过交谈观察他们是否热情。

2. 激励（用人）——内部晋升

集团愿意让员工看到他们在集团内的发展空间。职位出现空缺，优先考虑酒店内部员工，从内部调整或晋升。香格里拉（中国）90%的管理层都来自酒店内部的晋升或调动。2005年中国地区有109名管理层在饭店之间进行调动。本着公平公开的原则，合理地进行人员调配，达到“人尽其才，才适其位”的用人宗旨。

这种内部晋升的做法，让员工看到了自己在集团内的职业生涯发展前景，使员工的工作充满了无穷的动力，对员工有着无穷的激励作用。

3. 开发（育人）——“回炉”再造

香格里拉也很重视员工的发展，每个饭店都会给员工进行英语培训，而这种培训会根据公司上下不同级别，不同部门的员工专门制订出系统的培训进程。因为各个部门有不同的用语需求，香格里拉一般会请来几名全职英语教师，让他们先同部门主管沟通，然后根据需求再专门制订出培训计划。

同时，香格里拉还给每个员工网上学习的机会。只要员工想学习，酒店都会根据集团的指示，给予员工充分的学习机会。香格里拉的网络课程与美国康奈尔大学挂钩，到学员毕业时候会颁发证书。另外，北京的香格里拉集团还设有一个香格里拉学院，提供一些证书类学习课程，如英语、前台、餐饮服务、厨房、客房服务等，也有高级人员的培训证书。这些证书将在所有香格里拉饭店内通用。香格里拉还设想在将来，所有新员工都能进入这所学院进行短期培训，然后再将他们分配到不同的区域饭店工作。

4. 保持（留人）——注重沟通

香格里拉把员工视为自己最重要的资产，因此认为定期的员工沟通是必不可少的。总经理很重视每月一次的员工大会，每个基层部门的代表都会在会前统计好本部门员工的意见和建议，有时甚至是一些很琐碎的事情，如某些员工对福利不满意、更衣室的挂钩不够用等。管理层也会通过这些会议让基层员工知道公司的决策，下一步的计划等。

香格里拉的薪水和福利还是比较具有竞争力的，能排在国内同行业的前25位。客房服务员的薪水每月1800元；餐饮部基层员工为1900多元。另外，公司也给员工额外的福利补贴，如每天有定时的班车接送，加班若赶不及班车还会给予员工一定的车费补贴，并且会给外地来沪的员工提供住宿等。

资料来源：我爱酒店网

讨论

1. 如何理解香格里拉酒店“人尽其才，才适其位”的用人宗旨？
2. 分析香格里拉酒店在人力资源规划方面值得借鉴的地方？

项目一 编制酒店人力资源规划

任务1　明确酒店人力资源规划的概念和作用

一、酒店人力资源规划的概念

所谓人力资源规划是指一个组织科学地预测、分析其人力资源的供给和需求状况，制定必要的政策和措施以确保组织在需要的时间和需要的岗位上，获得各种必需的人力资源计划。

酒店的人力资源规划是根据酒店人力资源管理理念和各岗位的工作分析所确定的分阶段的中长期目标和政策措施。它包括对酒店人力资源现状的分析、对未来人力资源需求的预测以及维持人力资源供需平衡、提高人力资源整体素质所要采取的对策和措施等。人力资源规划是一种战略规划，着眼于酒店生产经营活动的预备力量，是一种酒店人事劳动政策，指导酒店的人事劳动管理。

二、酒店人力资源规划的作用

1. 保证酒店发展中的人力资源需求得以及时满足

酒店在不同的发展阶段，有不同的人力资源需求，为保证酒店的正常运作，必须对酒店的人力资源事先进行规划，早做准备。

2. 使酒店人力资源管理活动有序化

人力资源规划是酒店人力资源管理具体活动的依据，它为酒店的人员录用、晋升、培训、人员调整以及人工成本的控制等提供了准确的信息和依据，从而使酒店的人力资源管理工作走向科学化、有序化。

3. 提高酒店人力资源的利用效率

人力资源规划可以通过控制酒店的人员结构、职务结构，避免由于酒店发展过程中的人力资源浪费而造成人力成本过高。

4. 使个人行为与酒店目标相吻合

现代酒店管理体现以人为本的思想，酒店在注重自身利益的同时，还要关注员工的利益。在人力资源规划的框架下，员工对自己在酒店中的发展方向和努力方向是明确的，从而在工作中表现出积极性和创造性，酒店的经营就会良性发展，反之，员工工作不积极，或者流失严重，酒店就会陷入经营困境。

任务2 了解酒店人力资源规划的内容和步骤

一、酒店人力资源规划的内容

酒店人力资源规划的内容主要体现在以下五个方面：

（1）战略规划　是根据酒店总体发展战略的目标，对酒店人力资源开发和利用的方针、政策和策略的规定，是各种人力资源具体计划的核心，是事关全局的关键性计划。

（2）组织规划　组织规划是对酒店整体框架的设计，主要包括组织信息的采集、处理和应用，组织结构图的绘制，组织调查，诊断和评价，组织设计与调整，以及组织机构的设置，等等。

（3）制度规划　制度规划是人力资源总规划目标实现的重要保证，包括人力资源管理制度体系建设的程序，制度化管理等内容。

（4）人员规划　人员规划是对酒店人员总量、构成、流动的整体规划，包括人力资源现状分析，酒店定员，人员需求、供给预测和人员供需平衡等。

（5）费用规划　费用规划是对酒店人工成本、人力资源管理费用的整体规划，包括人力资源费用的预算、核算、结算，以及人力资源费用控制。

二、酒店人力资源规划的步骤

酒店人力资源规划编制具体有以下几个步骤：

（1）制定职务编写计划　根据酒店发展规划，综合职务分析报告的内容，制定职务编写计划，编写计划要说明组织结构、职务设置、职位描述和职务资格要求等内容。

（2）制定人员配置计划　人员配置计划应说明酒店每个职务的人员数量，人员的职务变动，职务空缺数量等，制定配置计划的目的是描述酒店未来的人员数量和素质构成。

（3）预测人员需求　根据职务编制计划和人员配置计划来预测人员需求，人员需求中应陈述需求的职务名称、人员数量以及希望到岗时间等。

（4）确定员工供给计划　员工供给计划是人员需求的对策性计划，主要陈述人员供给的方式、人员内外部流动政策、人员获取途径和获取实施计划等，并通过对劳动力的人数、组织结构以及人员流动、年龄变化和录用等资料的分析，预测未来某个特定时刻的供给情况。

（5）制定培训计划　为了提升酒店现有员工的素质，适应酒店发展的需要，对员工进行培训是非常重要的，培训计划中包括培训政策、培训需求、培训内容、培训形式等内容。

（6）制定人力资源管理政策调整计划　计划中应明确计划内的人力资源政策的调整原因、调整步骤和调整范围等。

（7）编写人力资源部费用预算　其中主要包括招聘费用、培训费用、福利费用等方面的预算。

（8）关键任务的风险分析及对策　每个酒店在人力资源管理中都可能遇到风险，如招聘失败、新政策引起员工不满等，这些事件很可能会影响酒店的正常运转，甚至会对酒店造成致命的打击。风险分析就是通过风险识别、风险估计、风险驾驭、风险控制等一系列活动来防范风险的发生。

任务3　明确酒店人力资源预测的方法

一、人力资源预测的方法

人力资源有许多种预测方法，常用的方法有经验预测法、现状规划法、模型法、专家讨论法、定员法和自下而上法。这些方法适用于不同的人力资源预测类型。

（一）经验预测法

经验预测法是人力资源预测中最简单的方法，它适合于较稳定的小型企业。经验预测法，顾名思义就是用以往的经验来推测未来的人员需求。不同管理者的预测可能有所偏差。可以通过多人综合预测或查阅历史记录等方法提高预测的准确度。要注意的是，经验预测法只适用于一定时期内企业的发展状况没有发生方向性变化的情况，对于新的职务或者工作方式发生很大变化的职务，不适合使用经验预测法。

经验预测法可以采用“自下而上”和“自上而下”两种方式。“自下而上”就是由直线部门的经理向自己的上级主管提出用人要求和建议，征得上级主管的同意；“自上而下”的预测方式就是由酒店管理部门先拟定出酒店总体的用人目标和建议，然后由各级部门自行确定用人计划。

（二）现状规划法

现状规划法假定当前的职务设置和人员配置是恰当的，并且没有职务空缺，所以不存在人员总数的扩充。人员的需求完全取决于人员的退休、离职等情况的发生。所以，人力资源预测就相当于对人员退休、离职等情况的预测。人员的退休是可以准确预测的；人员的离职包括人员的辞职、辞退、重病（无法工作）等情况，所以离职是无法准确预测的。通过对历史资料的统计和比例分析，可以更为准确地预测离职的人数。现状规划法适合于中、短期的人力资源预测。

现状规划法的步骤主要包括：第一，分析当前的人力资源状况，确认是否需要较大的变动（如无较大变动，继续下一步；如有较大变动，换用其他方法预测）；第二，准确预测出退休人员数量；第三，大致预测出辞职、辞退、重病等离开岗位的人员数量；第四，局部是否有较小的岗位变化，如预测需要变动的人员数量；第五，用变动的人员数量对第二、三步离开岗位的人员总和进行修正后，得到的人员数量即是未来的人员需求。

（三）模型法

模型法是通过数学模型对真实情况进行实验的一种方法。模型法首先要根据企业自身和同行业其他企业的相关历史数据，通过数据分析建立起数学模型，根据模型去确定销售额增长率和人员数量增长率之间的关系，这样就可以通过企业未来的计划销售增长率来预测人员数量的增长。模型法适合于大、中型企业的长期或中期人力资源预测。

（四）专家讨论法

专家讨论法适合于技术型企业的长期人力资源预测。现代社会技术更新非常迅速，用传统的人力资源预测方法很难准确预计未来技术人员的需求。相关领域的技术专家由于把握技术发展的趋势，所以能更加容易对该领域的技术人员状况做出预测。为了增加预测的可信度，可以采取二次讨论法。在第一次讨论中，各专家独立拿出自己对技术发展的预测方案，管理人员将这些方案进行整理，编写成企业的技术发展方案。第二次讨论主要是根据企业的技术发展方案来进行人力资源预测。

（五）定员法

定员法适用于大型企业和历史久远的传统企业。由于企业的技术更新比较缓慢，企业发展思路非常稳定，所以每个职务和人员编制也相对确定。这类企业的人力资源预测可以根据企业人力资源现状来推比出未来的人力资源状况。在实际应用中，有设备定员法、岗位定员法、比例定员法和效率定员法等几种方式。

（六）自下而上法

自下而上法顾名思义，就是从企业组织结构的底层开始的逐步进行预测的方法。具体方法是，先确定企业组织结构中最底层的人员预测，然后将各个部门的预测层层向上汇总，最后确定出企业人力资源的总体预测。由于组织结构最底层的员工很难把握企业的发展战略和经营规划等，所以他们无法制定出中长期的人力资源预测。这种自下而上的方法适用于短期人力资源预测。

二、人力资源需求预测的典型步骤

人力资源需求预测分为现实人力资源需求、未来人力资源需求和未来流失人力资源需求三部分。具体步骤如下：

（1）根据职务分析的结果，来确定职务编制和人员配置；

（2）进行人力资源盘点，统计出人员的缺编、超编及是否符合职务资格要求；

（3）将上述统计结论与部门管理者进行讨论，修正统计结论；

（4）该统计结论为现实人力资源需求；

（5）根据企业发展规划，确定各部门的工作量；

（6）根据工作量的增长情况，确定各部门还需增加的职务及人数，并进行汇总统计；

（7）该统计结论为未来人力资源需求；

（8）对预测期内退休的人员进行统计；

（9）根据历史数据，对未来可能发生的离职情况进行预测；

（10）将以上两个统计步骤和预测结果进行汇总，得出未来流失人力资源需求；

（11）将现实人力资源需求、未来人力资源需求和未来流失人力资源需求汇总，即得企业整体人力资源需求预测。

三、人力资源供给预测的典型步骤

人力资源供给预测分为内部供给预测和外部供给预测两部分。具体步骤如下：

（1）进行人力资源盘点，了解酒店员工现状；

（2）分析酒店的职务调整政策和历史员工调整数据，统计出员工调整的比例；

（3）向各部门的人事决策人了解可能出现的人事调整情况；

（4）将以上两个步骤的情况汇总，得出酒店内部人力资源供给预测；

（5）分析影响外部人力资源供给的地域性因素，包括：

① 酒店所在地的人力资源整体现状；

② 酒店所在地的有效人力资源供求现状；

③ 酒店所在地对人才的吸引程度；

④ 酒店薪酬对所在地人才的吸引程度；

⑤ 酒店能够提供的各种福利对当地人才的吸引程度；

⑥ 酒店本身对人才的吸引程度。

（6）分析影响外部人力资源供给的全国性因素，包括：

① 全国相关专业的大学生毕业人数及分配情况；

② 国家在就业方面的法规和政策；

③ 酒店业全国范围的人才供需状况；

④ 全国范围从业人员的薪酬水平和差异；

（7）根据（5）（6）的分析，得出企业外部人力资源供给预测 将酒店内部人力资源供给预测和酒店外部人力资源供给预测汇总，得出酒店人力资源供给预测。

项目二 工作分析概念与方法

任务1 了解工作分析的概念与作用

酒店制定人力资源规划首先要树立“以人为本”的人力资源管理理念，要把酒店员工看成与资金、设备、信息、客源等同样重要的、具有主观能动作用的资源，而不是可有可无的，可以随意支配和控制的“工具”。这种思想，应该作为酒店经营理念的一部分，贯穿酒店管理工作的始终，灌输于各级管理人员、服务人员的头脑之中。只有这样，才能组织好人力这种重要的生产力，正确处理好人与人之间、人与物之间的关系，统筹安排，合理组织，充分发挥员工的积极性和创造性，逐步改善员工队伍的素质，不断提高酒店的质量和效益。

酒店制定人力资源规划的同时还要认真做好酒店各岗位的工作分析。酒店应对各个方面，各个环节的工作进行专业分工和任务分解，确定不同部门、不同职位的权限、责任和职能范围。在此基础上，还应对各个具体工作职位的特征、规范、要求、流程以及胜任该职位的员工的素质、知识、技能等进行描述，形成工作描述和任职说明。工作分析是开展员工招聘、培训、考核、报酬分配等工作的依据，它是酒店人力资源管理的基础性工作。

一、工作分析的定义

工作分析又称职务分析，是指全面了解、获取与工作有关的详细信息的过程，具体来说，是对组织中某个特定的工作内容和职务规范（任职资格）的描述和研究过程，制定职务说明和职务规范的过程。

人事心理学家从人力资源管理的角度出发提出了一个非常容易记忆的6W1H工作分析公式，即从七个方面对工作进行分析：

① WHO：谁来完成这项职务；

② WHAT：这项职务具体做什么事情；

③ WHEN：职务时间的安排；

④ WHERE：职务地点在哪里；

⑤ WHY：为什么职务（职务的意义是什么）；

⑥ for WHOM：为谁职务；

⑦ HOW：如何职务。

二、工作分析的作用

工作分析是人力资源管理最基本的工具。工作分析是人力资源管理的基石之一，是开展人力资源管理工作的基础。现代人力资源管理中，工作分析是人力资源获取、整合、保持与激励、控制与调整、开发等职能工作的基础和前提，只有做好了工作分析与工作设计，才能为有效完成企业设计组织机构、制定人力资源规划、人员招聘、员工培训和发展、绩效管理、薪酬管理等工作提供依据。具体的讲，工作分析有如下几个方面的作用：

（一）对绩效考核的作用

这一作用主要体现在两个方面：一是必备项目中有“岗位关键业绩指标”这一内容，这些指标指明了对该岗位任职人员应从哪些角度进行考核，也指出了岗位上人员的努力方向，而绩效考核方案的起点就是部门和岗位考核指标的选择，广义的工作分析甚至可以提供部门的关键绩效指标；二是工作分析如果包含了“沟通关系”这一项目，就可以清晰地指明绩效考核的主体与考核层级关系，因为沟通关系中明确了汇报、指导与监督的关系。

（二）对人员招聘与录用的作用

工作分析的另一项必备内容就是岗位任职资格条件，这些条件既是工作评价的重要参考要素，又是该岗位人员空缺时设计招聘要求的基础。招聘广告中一般有空缺岗位的学历、工作经验、专业技术水平、能力方向、人格特征等要求，而这些内容在工作说明书的任职资格条件项目中均可找到。

（三）对员工培训与职业生涯设计的作用

企业员工培训的一个重要特点是具有强烈的导向性，这个导向的重要依据之一就是工作分析所规定的内容，尤其是岗位职责的要求、考核指标要求、能力要求等内容，在新员工培训中，新员工本岗位的说明书甚至能成为其必修教材之一。另外在进行员工职业生涯设计时，工作分析还可以提供职业发展的路径与具体要求。

（四）对人力资源规划的作用

人力资源规划的核心工作是人力需求与供给的预测，在运用技能清单法、管理人员置换图、人力接续计划、马尔可夫矩阵法进行供给预测时，都离不开清晰的岗位层级关系和晋升、岗位转换关系，这些都是工作说明书所应该规定的。在需求观测时，除了需要对人力资源数量预测，还需要对其质量要求进行预测，说明书中的任职资格条件就成为重要的参考。

（五）对薪酬设计与管理的作用

工作评价是合理制定薪酬标准的基础，正确的工作评价则要求深入地理解各种工作的要求，这样才能根据它们对组织的价值大小进行排序。工作分析通过了解各项工作的内容、工作所需要的技能、学历背景、工作的危险程度等因素确定工作相对于组织目标的价值，也可以作为决定合理薪酬的依据。工作分析为薪酬管理提供相关的工作信息，通过工作差别确定薪酬差别，使薪酬结构与工作相挂钩，从而制定公平合理的薪资政策。

任务2　熟悉工作分析的内容和方法

一、工作分析的内容

工作分析的主要内容包括三个方面：一是岗位本身的要素分析，主要包括岗位名称、所属部门、工作关系、工作任务、工作职责、工作权限、工作强度、工作环境、劳动资料和对象等。对上述要素分析结果的书面表达通常称为工作描述。二是岗位对任职者的要求分析，包括知识水平、专业技术能力、工作经验、职业道德和身体素质等。对这部分内容分析结果的书面表达通常称为工作规范或任职资格。三是将上述两大方面的分析结果用书面形式予以表达，即撰写出各岗位的工作说明书或岗位说明书。

二、工作分析的方法

（一）工作实践法

工作实践法又称参与法，指工作分析者参与某一职位或从事所研究的工作；从而细致深入地了解和分析职务特征及要求，在工作过程中掌握有关工作的第一手资料。

工作实践法的优点在于比面谈询问、书面调查等方法更能获得真实可靠的数据资料；同时可以准确地了解工作的实际任务和体力、环境、社会方面的要求，适用于短期内可以掌握的工作。但是由于工作分析人员本身知识与技能的局限，使工作实践法运用范围很窄；同时不适用于在现代化大生产条件下，对操作的技术难度，工作频率，质量要求高及有危险性的职务。

（二）访谈法

访谈法是指酒店工作分析人员通过与员工进行面对面的交流，加深对员工工作的了解以获取工作信息的一种工作分析方法。其具体做法包括个人访谈、同种工作员工的群体访谈和主管人员访谈。

1. 访谈法的优点

（1）灵活　访谈调查是访谈员根据调查的需要，以口头形式，向被访者提出有关问题，通过被访者的答复来收集客观事实材料，这种调查方式灵活多样，方便可行，可以按照研究的需要向不同类型的人了解不同类型的材料。访谈调查是访谈员与被访者双方交流、双向沟通的过程。这种方式具有较大的弹性，访谈员在事先设计调查问题时，是根据一般情况和主观想法制定的，有些情况不一定考虑十分周全，在访谈中，可以根据被访者的反映，对调查问题作调整或展开。如果被访者不理解问题，可以提出询问，要求解释；如果访谈员发现被访者误解问题也可以适时地解说或引导。

（2）准确　访谈调查是访谈员与被访者直接进行交流，可以通过访谈员的努力，使被访者消除顾虑，放松心情，作周密思考后再回答问题，这样就提高了调查材料的真实性和可靠性。访谈调查事先确定访谈现场，访谈员可以适当地控制访谈环境，避免其他因素的干扰，灵活安排访谈时间和内容，控制提问的次序和谈话节奏，把握访谈过程的主动权，这有利于被访者更客观地回答访谈问题。

由于访谈流程速度较快，被访者在回答问题时常常无法进行长时间的思考，因此所获得的回答往往是被访者自发性的反应，这种回答较真实、可靠，很少掩饰或作假。由于访谈常常是面对面的交谈，因此拒绝回答者较少，回答率较高。即使被访者拒绝回答某些问题，也可大致了解他对这个问题的态度。

（3）深入　访谈员与被访者直接交往或通过电话、上网间接交往，具有适当解说、引导和追问的机会，因此可探讨较为复杂的问题，可获取新的、深层次的信息。在面对面的谈话过程中，访谈员不但要收集被访者的回答信息，还可以观察被访者的动作、表情等非言语行为，以此鉴别回答内容的真伪以及被访者的心理状态。

2. 访谈法的局限

（1）成本较高　访谈调查常采用面对面的个别访问，面对面的交流必须寻找被访者，路上往返的时间往往超过访谈时间，调查中还会发生数访不遇或拒访，因此耗费的时间和精力较多；另外较大规模的访谈常常需要训练一批访谈人员，这就使费用支出大大地增加。与问卷相比，访谈要付出更多的时间、人力和物力。由于访谈调查费用大、耗时多，故难以大规模进行，所以一般访谈调查样本较小。

（2）缺乏隐秘性　由于访谈调查要求被访者当面作答，这会使被访者感觉到缺乏隐秘性而产生顾虑，尤其对一些敏感的问题，往往会使被访者回避或不作真实的回答。

（3）受访谈员影响大　由于访谈调查是研究者单独进行的调查方式，不同访谈员的个人特征，可能引起被访者的心理反应，从而影响回答的内容；而且访谈双方往往是陌生人，也容易使被访者产生不信任感，以致影响访谈结果；另外，访谈员的价值观、态度、谈话的水平都会影响被访者，造成访谈结果的偏差。

（4）记录困难　访谈调查是访谈双方进行的语言交流，如果被访者不同意用现场录音，对访谈员笔录速度的要求就很高，而一般没有进行专门速记训练的访谈员，往往无法很完整地将谈话内容记录下来，追记和补记往往会遗漏很多信息。

（5）处理结果难　访谈调查有灵活的一面，但同时也增加了这种调查过程的随意性。不同被访者的回答是多种多样的，没有统一的答案，这样，访谈结果的处理和分析就比较复杂，由于标准化程度低，就难以做定量分析。

（三）问卷调查法

问卷调查法也称问卷法，它是调查者运用统一设计的问卷向被选取的调查对象了解情况或征询意见的调查方法。

问卷调查是以书面提出问题的方式搜集资料的一种研究方法。研究者将所要研究的问题编制成问题表格，以邮寄、当面作答或者追踪访问的方式填答，从而了解被访者对某一现象或问题的看法和意见，所以又称问题表格法。问卷法的运用，关键在于编制问卷，选择被访者和结果分析。

问卷调查法的最大优点是它能突破时空限制，在广阔范围内，对众多调查对象同时进行调查；便于对调查结果进行定量研究；匿名性；节省人力、时间和经费。问卷调查法的缺点就是它只能获得书面的社会信息，而不能了解到生动、具体的社会情况；缺乏弹性，很难作深入的定性调查；问卷调查、特别是自填式问卷调查，调查者难以了解被调查者是认真填写还是随便敷衍，是自己填答还是请人代劳；被调查者对问题不了解、对回答方式不清楚，无法得到指导和说明。填答问卷比较随意，有的被调查者甚至是任意打勾、画圈，或者是在从众心理驱使下按照社会主流意识填答，这都使得调查失去了真实性。回复率和有效率低，对无回答者的研究比较困难。

问卷一般由卷首语、问题与回答方式、编码和其他资料四个部分组成。卷首语是问卷调查者的自我介绍，卷首语的内容应该包括：调查的目的、意义和主要内容，选择被调查者的途径和方法，对被调查者的希望和要求，填写问卷的说明，回复问卷的方式和时间，调查的匿名和保密原则，以及调查者的名称等。为了能引起被调查者的重视和兴趣，争取他们的合作和支持，卷首语的语气要谦虚、诚恳、平易近人，文字要简明、通俗、有可读性。卷首语一般放在问卷第一页的上面，也可单独作为一封信放在问卷的前面。

问题和回答方式是问卷的主要组成部分，一般包括调查询问的问题、回答问题的方式以及对回答方式的指导和说明等。编码就是把问卷中询问的问题和被调查者的回答，全部转变成为A，B，C…或a，b，c…等代号和数字，以便运用电子计算机对调查问卷进行数据处理。

其他资料包括问卷名称、被访问者的地址或单位（可以是编号）、访问员姓名、访问开始时间和结束时间、访问完成情况、审核员姓名和审核意见等。这些资料，是对问卷进行审核和分析的重要依据。

此外，有的自填式问卷还有一个结束语。结束语可以是简短的几句话，对被调查者的合作表示真诚感谢，也可稍长一点，顺便征询一下被访者对问卷设计和问卷调查的看法。

（四）观察法

观察法是指研究者根据一定的研究目的、研究提纲或观察表，用自己的感官和辅助工具去直接观察被研究对象，从而获得资料的一种方法。科学的观察具有目的性和计划性、系统性和可重复性。观察法的优点在于它能通过观察直接获得资料，不需其他中间环节。因此，观察的资料比较真实；在自然状态下的观察，能获得生动的资料；观察具有及时性的优点，它能捕捉到正在发生的现象；观察能搜集到一些无法言表的材料。

观察法也同其他科研方法一样，有自身的局限性，具体体现在受时间的限制，某些事件的发生是有一定时间限制的，过了这段时间就不会再发生；受观察对象限制；受观察者本身限制。一方面人的感官都有生理限制，超出这个限度就很难直接观察，另一方面，观察结果也会受到主观意识的影响；观察者只能观察外表现象和某些物质结构，不能直接观察到事物的本质和人们的思想意识；观察法不适用于大面积调查。

（五）日志法

现场工作日记法也称为工作日志法，是在酒店主管人员的领导下由员工本人自行进行、按活动发生的先后顺序随时填写的一种职务分析方法。此方法所获得的信息可靠性很高，有利于酒店管理人员了解员工实际工作的内容、责任、权利、人际关系及工作负荷。

日志法的优点在于由于工作日志是在工作中不知觉状态下的忠实记录，因而资料来源比较可靠；工作记录本身非常翔实，提供的信息充分。缺点在于需要积累的周期较长，时间成本高；资料口径可能与岗位分析的要求有出入，因而整理的工作量较大；工作日志往往有夸大的倾向，不利于信息的收集。

（六）关键事件法

关键事件法是由美国学者弗拉赖根和贝勒斯（Baras）在1954年共同创立的，它是由上级主管者纪录员工平时工作中的关键事件：一种是做的特别好的；一种是做的特别不好的。在预定的时间，通常是半年或一年之后，利用积累的纪录，由主管者与被测评者讨论相关事件，为测评提供依据。

关键事件法的主要优点是研究的焦点集中在职务行为上，因为行为是可观察的、可测量的。同时，通过这种职务分析可以确定行为的任何可能的利益和作用；为向下属人员解释绩效评价结果提供了一些确切的事实证据；确保在对下属人员的绩效进行考察时，所依据的是员工在整个年度中的表现（因为这些关键事件肯定是在一年中累积下来的），而不是员工在最近一段时间的表现；保存一种动态的关键事件记录还可以获得一份关于下属员工是通过何种途径消除不良绩效的具体实例。关键事件法也有两个主要的缺点：一是费时，需要花大量的时间去搜集那些关键事件，并加以概括和分类；二是关键事件的定义是显著的对工作绩效有效或无效的事件，但是，这就遗漏了平均绩效水平。而对工作来说，最重要的一点就是要描述“平均”的职务绩效。利用关键事件法，对中等绩效的员工就难以涉及，因而全面的工作分析就不能完成。

项目三 了解工作说明书

任务1 熟悉工作描述的概念和步骤

一、工作描述的概念

工作描述又称岗位说明，是指用书面形式对组织中各类岗位的工作性质、工作任务、工作职责与工作环境等所做的统一要求。其主要功能为：让员工了解工作概要；建立工作程序和工作标准；阐明工作任务、责任与职权；为员工聘用、考核、培训等提供依据。

二、工作描述的步骤

（一）提供工作的基本资料

工作的基本资料包括工作名称、直接上级领导、所属部门、管辖人员、定员人数、工作性质等内容。

工作名称是指组织对从事一定工作活动所规定的工作名称或工作代号，以便对各种工作进行识别、登记、分类以及确定组织内外的各种工作关系。工作名称应当简明扼要，力求做到能指明工作的责任以及在组织中所属的部门，如酒店人力资源部经理就是比较明确的工作名称，而不能简单称为部门经理。

（二）提供工作内容

① 用简练的语言说明工作概要。

② 说明工作内容，包括各项工作活动的基本内容、各项活动内容所占工作时间的百分比、权限、执行依据等。

③ 分项目列出任职者的工作职责。

④ 说明任职者执行工作应产生的结果。

⑤ 描述工作关系，包括工作受谁领导、工作中的下属、职位的晋升与转换关系、常与发生联系的部门等。

⑥ 说明工作人员所使用的设备名称和信息资料的形式。

（三）描述工作环境

① 说明工作场所是在室内、室外还是其他特殊场所。

② 说明工作环境的危险性，包括危险存在的概率大小、对人员可能造成伤害的程度、具体部位、已发生的危险状况记录、危险性的形成原因等。

③ 说明从事本工作可能患上的职业病的性质及其轻重程度。

④ 说明工作环境的舒适程度，指出是否在恶劣的环境下工作，工作环境给人带来的愉悦程度。

⑤ 说明工作场所的物理条件，包括工作环境的温度、湿度、采光、照明、通风设施等。

⑥ 说明工作团队的情况、各部门之间的关系等。

（四）描述出聘用条件

主要描述工作人员在正式组织中有关工作安置方面的情况，包括工作时数、工资结构及支付方法、福利待遇、晋升的机会、进修机会等（图2-1）。

工作描述

职位：布草控制员

报告：客房部总监

目的和功能：

A. 控制和协调所收到的干净台布和餐巾并且负责根据各个餐厅的需要发放布草。这种服务的功能如下：

1. 按照洗衣房的清洗和发送的时间一天之内接收布草。
2. 检查布草是否有烧洞、破损和染色等。按照规定要保持酒店的标准。
3. 根据布草的尺寸大小、颜色和每个餐厅的不同用途将布草放在架子上。
4. 根据当天需要的数量发放布草。
5. 当对布草数量有特别要求或者特别颜色尺寸大小的布草数量不足或者没有时，与洗衣房经理进行沟通。
6. 发放只为每个餐厅设计的布草。记住：当需要时宴会部对布草的使用有优先权。

B. 适当地进行布草控制并给予正确的指导，这是对客房部正常运行布草的保证。对布草失去控制的结果会导致布草的滥用、损坏和丢失，并最终导致时间和金钱的浪费。

C. 将需要修补的布草送到布草房。

图2-1　布草控制员的工作描述

任务2 编写工作说明书

图2-2所示为某酒店前厅部经理职位的工作说明书，概括工作说明书的主要内容如下：

工作说明书

岗位名称：前厅部经理

工作关系：

直接上级 酒店副总经理

直接下级 前厅部副经理、接待部主管、商务主管、礼宾部主管、大堂副经理

平行关系 酒店各部门经理

工作内容：

① 直接对副总经理负责，贯彻执行酒店下达的营业及管理指令；

② 根据酒店计划，制定前厅部各项业务指标和规划；

③ 负责组织前厅的酒店产品销售和接待服务工作；

④ 协调平衡本部门各工种之间所出现的工作矛盾，保证各项工作的衔接；

⑤ 组织主持每周部门管理人员工作例会，传达酒店例会工作要点，听取汇报，布置工作、解决问题；

⑥ 确保员工做好前厅部各项统计工作，掌握和预测房间出租情况、订房情况、客人到店和离店情况，密切注意客情，保证前厅部提供高效、优质的服务，使客房销售到最佳状态；

⑦ 负责将客房营业日报表报送客房部、主管副总和总经理；

⑧ 检查、指导前厅部员工及其工作表现，保证酒店及部门规章制度和服务质量标准得到执行，确保前厅部各项工作正常运转；

⑨ 每月审阅各班组提供的员工出勤情况；

⑩ 对前厅部员工进行定期评估，并按照奖惩条例进行奖惩；

⑪ 做好本部门与其他部门的沟通与协调工作；

⑫ 与销售部协调，每天与进、离店的团队会议协调配合，在团队会议到达前四天及时了解该团队会议的具体要求，并通过销售部做好团队会议的善后工作；

⑬ 与客房部及工程部协调，确保大厅及公共区域的卫生状况良好，设备设施运转正常；

⑭ 与电脑房协调，确保电脑的安全使用；

⑮ 密切保持与客人的联系，经向客人征求意见，了解情况，及时反馈，并定期提出有关接待服务工作的改进意见，供酒店参考决策；

⑯ 检查 VIP 接待工作，包括亲自迎送；

⑰ 做好前厅员工的思想工作，关心员工；

⑱ 如酒店或其他部门有相应的要求，应履行其他义务。

任职要求：

① 自然条件：男 25~45 岁，女 25~45 岁；身高男 1. 75 米以上，女 1. 63 米以上，精力充沛，仪表端庄。

② 文化程度：大学本科毕业或同等学力以上，酒店管理相关专业。

③ 工作经验：曾在同档星级酒店前厅任经理职务，熟悉前厅部运作及管理规范。

④ 语言能力：流利普通话、较强的英语口语表达能力。

图 2-2 某酒店前厅部经理工作说明书

思考与练习

1. 什么是工作分析？
2. 酒店人力资源规划的内容是什么？
3. 如何确立酒店人力资源规划的步骤？

模块三

酒店员工招聘与录用

理论目标

1. 了解酒店员工招聘的程序及步骤
2. 了解有关酒店招聘的原则
3. 熟悉酒店员工招聘的方法
4. 熟悉招聘对于酒店管理的意义

实践目标

1. 掌握面试的基本程序和面试提问的技巧
2. 掌握筛选简历的方法
3. 具备设计招聘相关表格的能力

案例导入

九段HR经理你在哪个层次

拿招聘这一项业务来说，都是HR经理，结果不同，价值不同，获得的报酬也将不同，他们的职业生涯也会不同。

一段HR：“发信息，等消息”。

一段HR把招聘信息发出去，然后等待应聘的简历或消息，发布的渠道也许是网站、人才市场，猎头公司，那么，这样的HR经理一个月的月薪1000元差不多了。所以，有效的简历或消息的回复才是结果。

二段HR："紧跟踪，做分析"。

二段HR经理发出信息，注意收集来的招聘信息数量与质量，以判断招聘渠道的有效性。同时，亲自到人才市场调查，与人力资源专家、同行了解人才招聘的特定渠道，找到适合本公司、本岗位招聘工作的快速渠道，最大程度地获得高质量的应聘信息；对公司重要人才的招聘，到人才聚集的地方或通过与猎头公司合作，亲自去招聘，二段HR经理的月薪3000元可以了。

三段HR："凭经验，做判断"。

三段HR经理没有标准、没有方案、没有流程，大致有个面试提纲或领导的要求就去面试应聘者，与应聘者随心所欲地聊天、谈话，然后凭借自己丰富的经验，做出是否可以推荐的结论。面试过程本身成了结果，面试的质量却无法保证，面试的方法也不可能传承。所以，面试本身不是结果，保证稳定的质量才是结果。三段HR经理的月薪5000元不少了。

四段HR："做标准，严考核"。

四段HR经理根据岗位要求，与用人部门共同制定岗位应试标准、招聘方法和流程，提出资格、文化与业务考核操作方案，但是，这样做的结果是用人部门见到的只是一张看上去很合格的报告，而对应聘者的了解并不深刻。所以，让下一道程序的考核人了解应聘者才是结果。四段HR经理月薪8000元就可以了。

五段HR："做交底、给推荐"

五段HR经理"做交底、给推荐"。对于通过面试的应聘者，特别是特殊人才或重点人物，HR经理在提交面试报告之后，对记载的事实与数据，做一个细致的讲解，结果是让部门领导对要参加复试的人员有一个更加深刻的了解，提高下一步招聘考核的质量。但是，新员工通过试用期才是结果。五段HR经理月薪12000元相当可以了。

六段HR："做培训、做监督"。

六段HR经理通过开展系统性的培训，让新员工尽快地适应公司的文化、业务、工作节奏，帮助新员工经受住试用期的考验，努力成为正式员工；同时，定期监督新员工在各部门的表现，对于试用期间不合格、不合适的员工，建议用人部门尽快解除劳动合同，以免公司与员工最后的结果是双输。所以，通过培训与考核留下合格的员工才是结果。六段HR经理月薪18000元不为过。

七段HR："做文化、做推动"。

七段HR经理将自己定义为公司文化的主要推动者之一，协助总经理或主管领导做公司文化的建设与推动，把员工的成长放在首位，帮助员工做个人战略规划、提高职业化水平，树立公司提倡的价值观，为团队输入强大的精神动力等。所以，让员工在公司中成长起来，为客户、为公司、为自己创造更大的价值才是结果。七段HR经理22000元的月薪当之无愧。

八段HR："做战略、做梯队"。

八段HR经理首先对公司战略理解透彻，并能够根据公司战略，制定出符合总经理要求的人才规划战略，并执行到底，不但要做到“要人用时有人用”，还要做到“能人走时有人顶”，为公司战略实施提供强大的人力资源支持。所以，把招聘当成一种日常业务，做战略性人才储备，优化员工队伍才是结果。八段HR经理给25000元月薪理所应当。

九段HR：“做流程、做传承”。

九段HR经理不仅是公司执行的标兵、职业化的表率，同时也是公司的文化推动者和人才战略的实施者，本身就是战略管理者，考虑公司的持续性发展，将上面做的工作标准化、流程化、工具化，做传承。不论谁来接替他的工作，公司的招聘工作依然可以高效率地运行。九段HR经理月薪将不低于3万。

资料来源：中国迈点网

讨论

1. 从月薪1000元的HR经理，到月薪30000元的HR经理，同样的岗位，为什么报酬上的差距很大？

2. 人事部经理在招聘阶段应该做出怎样的决策？

项目一 酒店招聘概述

任务1 了解酒店招聘的意义和原则

一、招聘在酒店人力资源管理中的意义

市场竞争归根结底是人才的竞争。随着经济的发展，各行各业对于人才的需求也越来越强烈，企业的发展必须不断吸引人才。招聘就是替企业或者机构的职位空缺挑选具有符合该职位所需才能的人员的过程；求才的目的在于选择一位最适宜、最优秀的人才。

酒店的员工招聘是根据酒店的经营目标、人员编制计划及酒店运营部门对所需员工的工作要求即录用条件，由人力资源部主持进行的征聘、考核与挑选合格员工的业务活动过程。酒店人力资源部是否能够招聘、甄选与录用高质量的合格人选，是关系到整个酒店员工素质高低的第一步，直接影响到酒店的经营目标和任务的完成。

在整个酒店人力资源管理工作中，招聘工作是一项基础性的工作。所谓基础性，一是指全部的管理工作建筑在招聘之上，离开了这些员工，就无法实施其他管理工作。其次，招聘还是一项日常工作，酒店员工的流动性比较大，按照星级酒店的要求，符合条件的员工往往有较多选择工作的机会，酒店日常需要应对员工离职与聘用的几率较高。所以，对酒店人力资源管理者来说，有效地招聘是保证酒店正常运转的重要前提。

二、酒店招聘工作的原则

酒店员工招聘的黄金法则就是给事找合适的人，给人找合适的事，即能岗匹配。

（一）能岗匹配原则的含义

能岗匹配包含两个方面的含义，一是指某个人的能力完全胜任该岗位的要求，即所谓人得其职；二是指岗位所要求的能力这个人完全具备，即所谓职得其人。能岗匹配原则是指应尽可能使人的能力与岗位要求的能力达成匹配。这种匹配包含着“恰好”的意思。

“匹配”比“个体优秀”更重要。有的人硬件条件很好，但放到某一个环境中不但个体不能发挥其能力，且整体的战斗力被削弱；有的人能力一般，但放到一个适宜的环境中，工作很出色，团队的协作能力也加强了，整体效益达到最优。因此，我们把匹配原则作为招聘的黄金法则，录用的人是不是最好的不重要，重要的是最匹配。

（二）能岗匹配原则的内容

第一，人有能级的区别。狭义地说，能级是指一个人能力的大小；就广义而言，能级包含了一个人的知识、能力、经验、事业心、意志力、品德等多方面的要素。不同的能级应承担不同的责任。

第二，人有专长的区别。不同的专业和专长之间不能有准确的能级比较，一个优秀的计算机专家不能和一个优秀的建筑设计师比较他们之间优秀的等级和差别。

第三，同一系列不同层次的岗位对能力的结构和大小有不同要求。由于层次的不同，其岗位的责任和权利也不同，所要求的能力结构和能力大小也有显著的区别。例如，处于高层的管理者需要有更高的战略能力和宏观控制能力，处于基层的管理人员应有更加具体的技术能力，并对生产工艺的细节有所了解。

第四，不同系列相同层次的岗位对能力有不同要求。由于工作系列不同，虽然处于同一层次，其要求的能力结构和专业要求也有显著的不同。如人力资源部经理必须具备较强的沟通能力和协调能力；财务部经理必须具备较强的计划能力，熟知相关的财务法律知识；生产部经理则需有指导他人工作的能力和对质量的控制能力。

第五，能级高于岗位的要求，个人的才华无法施展，积极性会受到挫折，企业的人员流动率就大。能级低于岗位的要求，人心涣散，企业的凝聚力和竞争力均受到影响。

（三）能岗匹配原则在招聘中的应用

通常要作能岗匹配分析的招聘岗位都是企业中高级管理层，对于一般员工不必作能岗匹配分析，只作一般的岗位分析即可，能岗匹配分析包括以下内容：

① 岗位所需的素质、专业知识和能力；

② 岗位所需的性格偏好；

③ 第一把手的性别、性格特征、专业、兴趣和经历；

④ 曾经与第一把手共事过的成功者与失败者的经验分析，尤其是共事者的个体特征分析；

⑤ 企业经营班子的组成分析，包括性别、年龄、专业、职位、性格特征等；

⑥ 企业以往的业绩分析；

⑦ 拟招聘岗位在企业所处的组织地位。

任务2 明确酒店招聘需求

一、酒店业人力资源需求特征

从酒店业发展来看，一方面酒店业是一种劳动密集型的服务性行业，人才引入的门槛较低，不需要较高的学历和较强的专业知识，决定了酒店业的从业人员素质参差不齐，人员的低准入和复杂性在一定程度上决定了酒店业的工作氛围，行业内跳槽思想变得正常和随意化；另一方面酒店行业发展本身的波动性和脆弱性，季节性的人员流动，淡旺季的差别及突发事件对酒店业的影响，也导致了整个酒店行业的员工需求弹性较大，一些酒店根据淡旺季的员工需求来安排长期工和固定工的人数，而让其他员工停薪留职甚至“去职”，这种变动无疑增加了员工不安全和不稳定感，对有志于从事酒店业的人来说是一个很大的打击。再者，酒店行业是属于年轻人的行业，开放性强、工作节奏快、接触面广，对年龄也有一定的要求，年龄大的员工就会感到力不从心。所以，其人员流动率高于其他行业也是正常的。

二、分析酒店自身需求

根据酒店的人力资源管理规划，在掌握有关各类人员的需求信息，明确哪些职位是空缺的情况后，人力资源管理部门要考虑招聘是否是最有效的方法，因为除了招聘，酒店还可以通过以下方法解决问题：

（一）现有人员加班

如果工作任务是阶段性的，招聘正式员工进酒店会导致在繁忙阶段过去后出现冗员。因此，如果现有人员适当加班就可以解决问题，酒店就不必再招聘新员工了。

（二）工作的重新设计

有些工作岗位人手不足是由于工作流程不合理或者工作分配不合理造成的，如果对工作不合理的地方进行再设计，人手不足的问题就迎刃而解了。

（三）将某些工作外包

人力资源外包有两项重要的功能：其一，帮助稳定公司内的人才流动。当外包发生后，企业更加聚焦于关注核心职能，打造企业的核心竞争力，员工成为企业不可或缺的人才。其二，将企业中非核心的工作外包给优势更多、实力更强的专业人力资源服务公司来经营。既减轻了酒店的负担，又保证非核心工作高效、高质地完成。

针对酒店的季节性特征，酒店在经营淡季时全力保证酒店核心人才队伍，成功控制人工成本；在旺季时，酒店以核心人才队伍为主体，并通过劳务合同的形式，委托经劳动主管部门认可的法人或其他经济组织，提供经过专业化培训的员工来保证酒店在经营旺季满负荷、高效率地运作。人力资源外包为酒店的人力资源管理提供了一种新的思路，对于提高酒店人力资源管理的效果和酒店经营效益有积极的作用和意义。

项目二 酒店招聘步骤

任务1　制订招聘计划

一、招聘计划的内容

招聘计划一般包括以下内容：

① 人员需求清单，包括招聘的职务名称、人数、任职资格要求等内容；

② 招聘信息发布的时间和渠道；

③ 招聘小组人选，包括小组人员姓名、职务、各自的职责；

④ 应聘者的考核方案，包括考核的场所、大体时间、题目设计者姓名等；

⑤ 招聘的截止日期；

⑥ 新员工的上岗时间；

⑦ 费用招聘预算，包括资料费、广告费、人才交流会费用等；

⑧ 招聘工作时间表，尽可能详细，以便于他人配合；

⑨ 招聘广告样稿。

二、招聘计划的编写步骤

（1）获取人员需求信息

人员需求一般发生在以下几种情况：

① 人力资源计划中明确规定的人员需求信息；

② 企业在职人员离职产生的空缺；

③ 部门经理递交的招聘申请，并经相关领导批准。

（2）选择招聘信息的发布时间和发布渠道。

（3）初步确定招聘小组。

（4）初步确定选择考核方案。

（5）明确招聘预算。

（6）编写招聘工作时间表。

（7）草拟招聘广告样稿。

任务2 编写招聘启事

一、招聘启事的主要内容

酒店招聘启事是员工招聘的宣传材料，它以广告的方式，向征聘对象进行广泛的宣传，达到扩大酒店招聘员工的渠道，促进招聘工作顺利开展的目的。同时招聘启事也是酒店对外界社会公关宣传推销的一种途径。因此，招聘启事除了在选择传播媒介、运用广告技术等业务细节方面要加以研究与处理外，酒店人力资源部对于招聘启事的设计与编撰，尤为重要。

招聘启事因受传播媒介刊出篇幅即广告开支成本的限制，要求在富有吸引力的前提下，做到内容清楚、要求明确、文字简洁。酒店对社会公开招聘的启事，在酒店业激烈的经营竞争中，也起到宣传酒店、树立酒店社会形象的作用。因此，酒店人力资源部应该对招聘启事的设计作一番推敲，尽量做到版面美观新颖、标题醒目突出、字体大方，使读者从中感受到酒店的服务水准，在广大应聘者即酒店未来的员工心目中建立起对于酒店良好的第一印象。

招聘启事的内容一般包括：酒店介绍、招聘岗位、招聘要求、甄选方法、录取条件、报考办法、录用待遇等主要方面。

（1）酒店介绍　招聘启事介绍酒店时因受篇幅限制，文字必须简练。介绍要点包括：酒店全称、企业性质、位置地点、经营规模、星级水准等，如酒店开业前招聘，还应注明开业日期。

（2）招聘岗位与招考要求　招聘简章对征聘岗位及人数可按部门分类。招考要求可以分为基本要求与专业要求两类。对于应聘人员的基本要求主要包括勤奋上进、容貌端正、身体健康等方面；专业要求则包括年龄、性别、学历、实际工作年限、专业水准、技术等级、外语能力、体格条件（身高、视力）等方面。

（3）甄选方法与录取条件　招聘启事对应聘者必须经过报名、考试（面试与笔试）筛选，甄选合格者须经过体检，签订合同后，才能被酒店录用。

（4）报考办法　招聘启事应向应聘者宣布报考手续及报名方式。如采用书面报名方式，招聘启事要规定应聘者来函必须详细写明本人经历、学历、特长、志愿等个人资料情况，并附本人近期报名照片，在报名截止日期前寄往约定地点；如采用目测报名方式，招聘启事要规定应聘者在约定时间、地点携带本人身份证件、有关学历或技术等级证件、本人近照等办理报名手续。

（5）录用待遇　招聘启事就应聘者被考核录用后所享受的待遇的介绍对于应聘者起着重要作用。人力资源部应该如实介绍，不能片面追求招聘的效果而对应聘者虚加许愿，否则其效果会适得其反。招聘启事应对应聘者被酒店录用后的待遇包括人事编制方面、工资福利待遇及接受酒店培训的待遇等关键信息有所介绍。

以下是某酒店招聘启事的范例：

招聘启事

本酒店是由外商独资企业投资兴建，坐落于某市某区某大道，系某区首家按国家五星级标准建造的涉外豪华商务型酒店，某市重点项目工程。酒店拥有400多间设计超前，装饰豪华的套房、公寓式客房和别墅式客房。拥有近1500个餐位，酒店还特别设计了1000多平方米无柱豪华宴会大厅，可容纳600多人同时就餐或举办会议，10000多平方米的娱乐总汇，汇聚KTV、桑拿、商场等多项功能。

酒店在经营管理上全权委托跃居全球酒店集团50强的南京金陵酒店管理有限公司管理经营。其先进的管理理念和以人为本的服务宗旨，将为酒店奠定良好的社会声誉和口碑，也将为广大消费者的生活、娱乐和商务往来上提供优质、高档的服务平台。

一、招聘职位

部 门	职 位		
前厅部	前厅部经理、文员、主管、领班、总机房主管	大堂经理、大堂副理、宾客关系员	总台接待员、总机话务员、礼宾员、商务中心文员
餐饮部	中、西餐饮部经理、文员、主管、领班、咨客、宴会接待员	酒水部经理、领班、酒水员	管事部经理、管理员、服务员、中、西厨师主管、厨师
客房部	客房部经理、主管、领班、文员	公寓式酒店主管、服务员	服务员、清扫员、PA
客房部	洗衣场主管、康乐主管	布草收发领班、康乐领班	质检员、服务员
销售部、餐饮销售部	销售部经理、市场推广部经理、企划经理、高级销售经理、电子分销经理	文员	销售主任、美工
财务部	财务部经理、总账会计、出纳会计、成本会计、审计会计	电脑房主管、网管员	收银员
工程部	强（弱）电、空调、锅炉工程师、技术员	文员、值班长	万能工、维修工、水电工
安全部	安全部经理、消防、安全主管、领班	监控领班、监控员	保安员

二、任职要求

① 管理人员和技术人员星级酒店同等岗位工作三年以上，年龄不限。

② 中专以上学历，形象气质佳，男性身高1.7米以上，女性身高1.60米以上。

③ 身体健康、五官端正、反应灵敏、无不良习惯、双眼视力1.0以上。

④ 有一定的计算机操作基础，语言表达能力强，掌握一门外语者优先。

⑤ 服务意识与亲和力强，诚实上进，品行端正，工作积极主动。

⑥ 实习、正式聘用均可。

三、公司福利

① 一经录用，酒店将提供良好的职业发展机会和具有竞争力的薪资及福利待遇。

② 签正规劳动合同，按国家规定缴纳各项保险。

③ 本酒店具有完善的培训制度，为员工提供各种操作技能和知识培训，同时配备健全的健康制度，每年为员工提供免费体检。

四、报名方式

1. 携带自制简历一份、一寸照片2张、学历证明及其他相关资质证书的原件或复印件、身份证复印件（正反复印）至酒店筹备处报名。

2. 网络、信件报名：

E-mail：×××@×××.com

通讯地址：某市某酒店人力资源部

3. 联系电话：×××××××××

4. 联系人：酒店筹备处林小姐

5. 传真：×××××××××

欢迎业内有识之士和酒店管理、旅游管理、营销、空乘、文秘、外语、财会或艺术等相关专业中专以上应届毕业生加盟。

应聘材料恕不退还。

二、拟定招聘启事的原则

（1）客观准确　招聘信息是人才资源需求的客观反映，必须忠实地反映酒店人力资源需求的基本情况，反映现状和发展趋势。切忌提供无法遵守的承诺来误导求职者，对于晋升机会、挑战、责任等要诚实列出，给人以可信度，树立以诚待人的酒店形象。

（2）引人注意　设计人才招聘启事要能抓住读者的注意力，促使他们深入阅读。人的认识心理活动过程的一个特征，是人对认识事物的指向和集中注意是增强启事效果的首要因素。招聘启事要想使人理解、领会，文字要简洁、清秀、易读。标题要反复推敲，以激发读者细读启事的兴趣。

（3）内容详细　招聘启事要为读者提供一个获得更多信息的来源，包括录用条件、职位待遇等。

（4）条件清楚　招聘启事的信息具体化、鲜明化有助于增强应聘者的信心和决心。

任务3　确定招聘方法

一、内部招聘

内部招聘方法是指在组织内公布空缺职位、发布招聘启事、在职位所需技能的基础上，从现有员工的技能库中进行搜索，从内部寻找聘用者并从内部招聘员工。

（一）内部招聘的优点

① 能够鼓舞员工士气，防止人才外流。

② 酒店对员工的能力有很好的了解，从而避免出现用错人的情况。

③ 员工对酒店的情况比较熟悉，容易上手开展工作，需要的培训也比较少。

④ 员工对酒店的目标更有认同感，并且不容易辞职。

⑤ 节省招聘费用。

（二）内部招聘的缺点

① 申请了职位而没有被录用的员工的积极性可能会受到打击。

② 在空缺职位的候选人已经内定的情况下，还要与所有的申请人逐一面试，会造成时间上的浪费。

③ 可能会引起妒忌、攀比等心理问题，或引发拉帮结派等派生问题。

④ 被提升的员工会面临艰难的角色转换问题，特别是在过去的同事、朋友成为下级的情况下。

⑤ 最大的缺点是近亲繁殖，被提拔的员工缺乏创造性。

（三）内部招聘的形式

1. 提拔晋升

酒店选择可以从内部胜任空缺工作的优秀员工。这种作法给员工以升职的机会，会使员工感到有希望、有发展的机会，对于激励员工非常有利。同时内部提拔的人员对本酒店的业务工作比较熟悉，能够较快适应新的工作。然而内部提拔也有一定的不利之处，如内部提拔的员工不一定是最优秀的，有可能在少部分员工心理上产生“他还不如我”的思想。

2. 工作调换

工作调换也称作“平调”，是在酒店内部寻找合适人选的一种基本方法。这样做的目的是要填补空缺，但实际上它还起到许多其他作用。如可以使内部员工了解单位内其他部门的工作，与本酒店更多的人员有更深的接触、了解等。这样，一方面有利于员工今后的提拔；另一方面可以使上级对下级的能力有更进一步的了解，也为今后的工作安排做好准备。

3. 工作轮换

工作轮换和工作调换有些相似，但又有些不同。如工作调换从时间上来讲往往较长，而工作轮换则通常是短期的，有时间界限的。另外，工作调换往往是单独的、临时的，而工作轮换往往是两个以上的、有计划进行的。工作轮换可以使酒店内部的管理人员或普通人员有机会了解单位内部的不同工作，给那些有潜力的人员提供以后可能晋升的条件，同时也可以减少部分人员由于长期从事某项工作而带来的烦躁和厌倦等感觉。

4. 人员重聘

有些酒店由于一段时间经营效果不好，会暂时安排一些员工下岗待聘，当酒店经营状况改善时，再重新聘请这些员工。由于这些员工对于酒店有一定的了解，能很快适应工作岗位，因此能够节省大量的培训费用，同时又以较小的代价获得有效的激励，使酒店增强凝聚力。

（四）内部招聘方法

1. 内部员工推荐法

推荐是由本酒店内部员工根据企业的需要而推荐其熟悉并且合适的酒店内部人员，供用人部门和人力资源部门进行选择和考核。由于推荐人对用人部门及被推荐者的情况都比较了解，使双方很容易了解对方的信息，便于酒店的决策，此方法成功概率很大。它的缺点就是在推荐时比较主观，很容易受到个人因素的影响，进而可能影响到酒店内部的员工团结。

2. 布告法

布告法是在酒店确定了空缺岗位的性质、职责、要求的情况下，将这些信息以布告的形式，公布在酒店内部的墙报、布告栏、内部刊物、酒店网站等酒店内部信息交换或发布媒介上，尽可能使全体员工都能获得信息。一般来讲，该方法常用于非管理层人员的招聘，特别适用于普通员工的招聘。它的缺点就是时间周期长，可能导致岗位长期空缺，影响企业正常运行。

3. 档案法

酒店人力资源部门都有员工的档案，从中可以了解到员工在教育、培训、经验、技能、业绩等方面的信息，帮助用人部门与人力资源部门寻找合适的人员补充岗位空缺。需要注意的是人力资源部门在档案管理上要及时而且真实，在使用该方法时，发现有合适人员时，一定要做好与员工的沟通，了解其对空缺岗位的认知。

二、外部招聘

（一）外部招聘的优点

① 人员选择范围广泛：从外部找到的人员比内部招聘的人员要多，不论是从技术、能力和数量方面讲都有很大的选择空间。

② 外部招聘有利于带来新思想和新方法：外部招聘来的员工会给组织带来“新鲜的空气”，会把新的技能和想法带进组织。这些新思想、新观念、新技术、新方法、新价值观、新的外部关系，使得企业充满活力与生机，能帮助企业用新的方法解决一直困扰组织的问题。这对于需要创新的企业来说就更为关键。

（二）外部招聘的缺点

① 外部招聘选错人的风险比较大：这是因为外部招聘在吸引、联系和评价员工方面比较困难。

② 需要更长的培训和适应阶段：即使是一项对组织来说很简单的工作，员工也需要对组织的人员、程序、政策和组织的特征加以熟悉，而这是需要时间的。

③ 内部员工可能感到自己被忽视：外部的招聘会影响组织内部那些认为自己可以胜任空缺职位的员工的士气。

④ 外部招聘费时费力：与内部招聘相比，无论是引进高层人才还是中低层人才，都需要相当高的招聘费用，包括招聘人员的费用、广告费、测试费、专家顾问费等。

（三）外部招聘的渠道

企业外部招聘的方法按照人员产生的渠道主要可分为广告招聘、人才中介机构招聘、校园招聘、招聘会招聘、互联网招聘、自荐和推荐七种形式。

1. 广告招聘

广告是酒店从外部招聘人员最常用的方法之一。通常的做法是在一些大众媒体上刊登出酒店岗位空缺的信息，吸引对这些空缺岗位感兴趣的潜在人员应聘。酒店在设计招聘广告时必须考虑两个因素，一是传递的信息，二是传递信息的对象。最理想的结果是，看到招聘广告的人应该能够获得足够的信息来对工作以及要求做出评价，从而使他们能够判断自己是否具备招聘广告中的各项资格要求。

2. 人才中介机构招聘

随着人才流动的日益普遍，各类人才交流中心、职业介绍所、劳动力就业服务中心等就业中介机构应运而生。借助这些机构，酒店与求职者都可以获得大量的信息，同时也可传播各自的信息，其主要形式如下：

第一，人才交流中心。在我国的各大城市中，一般都设有人才交流服务机构，这些机构也常年为酒店服务，他们一般建有人才库，酒店可以很方便地在资料库中查询条件基本相符的人员资料。通过人才交流中心选择员工，有针对性强、费用低廉的特点，但是不适合酒店高级管理人才的招聘。

第二，猎头公司。作为一个国外衍生的新事物，猎头公司近年来广泛被国外的企业所沿用，也被部分大型国内企业所接受。猎头公司作为一种专业的人力资源中介机构，具有广泛的人才搜索网络，它会根据酒店所需人才的职业和职位的不同，为酒店推荐不同的人才。在推荐的同时，猎头公司会帮助酒店对推荐的人才进行初步的资质审查，技术技能的评测。由猎头公司来推荐人才，具有效率高，有的放矢，节省人力的优点。在人员的从业素质、职业道德上也有一定的保证。通过猎头公司进行招聘的一个最大的缺点就是成本过高。招聘成功后，猎头公司一般收取招聘成功人员年薪的30%~50%的中介费用，职位较高或者稀缺型的人才推荐成功后，甚至会收企业该人才一年的年薪。利用猎头公司进行的招聘还会造成企业本身缺乏人员储备的弊端。

对于酒店来说适合通过猎头公司招聘的人员包括酒店中高层管理人员及部分要求较高的基层管理人员如：副总经理、销售总监、餐饮总监等。

3. 校园招聘

校园招聘属于酒店外部人员招募的具体形式之一，同时，由于校园招聘作为一种特殊的招聘形式，与其他社会招聘形式相比，又具有很多优势，如学生的可塑性强；选择余地大；

候选人专业多样化，可满足酒店多方面的需求；招募的成本低；有助于在青年一代中树立自己的品牌，培养一批新的服务对象等。不足之处在于，在校学生缺乏实际工作经验，对于工作和职位的期望值较高，一旦录用后，容易产生较高的人员流失率。

4. 招聘会招聘

招聘会是一个比较现实的招聘方式，参加的方式也很简单，酒店只需要提供酒店的相关证件，交纳各项费用，然后将自己招聘的要求提供给招聘会的主办方，就可以在招聘的时间审核应聘者简历，对应聘者现场进行审查和评测。招聘会比较直观，可以见到应聘者本人，通过交流也可以了解应聘者本人的一些相关的信息，现场进行选拔。由于参加招聘会的人员较多，可选择的余地也较大。

招聘会由于时间较短，不能当场对应聘者进行详细的审查和评测，还需要进行下一步的面试或者笔试的环节。由于现场招聘者个人的因素（现场招聘人员往往是秘书或者助理），也容易造成对应聘人员的把握不准，使真正优秀的人才流失。

5. 互联网招聘

互联网招聘经过不断地发展和完善，以其方便快捷、低成本、无区域限制、资源丰富等优点，越来越受到酒店和求职者的青睐。对于酒店来说，网络招聘的优点众多，而且招聘成本低，同时还具有不受地域限制、资源丰富、信息量大等特点。酒店通过网络进行招聘时，可以采取两种方式。一种是在酒店网站上建立一个招聘渠道，由酒店来进行求职者资料的获取和筛选；另一种方式是在公共招聘网站上进行招聘。

6. 求职者自荐

自荐是应聘者在没有得到内部人员推荐的情况下，直接到招聘单位求职，有人称这种求职者为随机求职者。这种招聘渠道确实存在着很大的随机性，酒店很难预测何时有人前来毛遂自荐，所以不能将其作为主要的招聘手段。但是，敢于自荐的人，往往具有勇气，而勇气往往源于他们的优秀。因此，自荐渠道可以作为一个重要的补充渠道，不定期地为酒店找到优秀人员。

7. 推荐

这里的推荐指的是酒店内部的人员或者和酒店存在联系的外部人员推荐给酒店合适的酒店外部的人员，它的好处在于成本较低，节奏较快，推荐者一般比较熟悉酒店的经营概况，所以在推荐人员时也会有的放矢，所推荐的人员基本具有酒店业的从业经验，经推荐招聘到的人员工作上手较快，由于和推荐人本身存在一定关系，融入团队的速度也会较快。

其缺点在于通过内部人员或者外部人员的推荐来招聘，可选择的面较小，由于是经过内部人员或者外部人员的推荐，所以招聘者在审查方面或多或少会有些松懈，造成所招聘的人员素质参差不齐。这种招聘形式还存在另一个较大的弊端，内部人员推荐来的人员往往容易和推荐者形成“小团队”，而外部人员推荐来的人员也会因为和推荐者的千丝万缕的关系，给以后的管理工作造成困难。

任务4　准备招聘所需的相关材料

酒店人力资源部在正式招聘之前，需要准备相关的材料和表格，包括制定招聘政策（招聘整体实施、招聘纪律、招聘经费等）、明确小组内部分工、准备面试相关的表格、准备酒店宣传资料等。

以下是酒店招聘常用的表格范例：

1. 求职申请表

某酒店求职登记表

<table>
<tr><td>姓　　名</td><td></td><td>性别</td><td></td><td>出生年月</td><td></td><td>文化程度</td><td></td></tr>
<tr><td>政 治 面 貌</td><td></td><td>婚否</td><td></td><td>民　　族</td><td></td><td>健康状况</td><td></td></tr>
<tr><td>家 庭 地 址</td><td colspan="4"></td><td>联 系 电 话</td><td colspan="2"></td></tr>
<tr><td>户口所在地</td><td colspan="4"></td><td>档案所在地</td><td colspan="2"></td></tr>
<tr><td>毕 业 学 校</td><td colspan="4"></td><td>学　　制</td><td colspan="2">年</td></tr>
<tr><td>第一外语语种</td><td></td><td>程度</td><td></td><td>第二外语语种</td><td></td><td>程度</td><td></td></tr>
<tr><td>现任职务（工种）</td><td colspan="3"></td><td>现有工龄</td><td></td><td>身高</td><td></td></tr>
<tr><td>本人
简历</td><td colspan="7"></td></tr>
<tr><td>家庭
主要
成员</td><td colspan="7"></td></tr>
<tr><td>本人
求职
意向</td><td colspan="7"></td></tr>
<tr><td colspan="2">用人部门意见

年　月　日</td><td colspan="3">人力资源部意见

年　月　日</td><td colspan="3">总经理批示

年　月　日</td></tr>
</table>

2. 员工登记表

某酒店员工登记表

<table>
<tr><td rowspan="3" colspan="2">照　片</td><td colspan="2">姓名</td><td></td><td>性别</td><td></td><td>民 族</td><td></td><td>出生年月</td><td></td></tr>
<tr><td colspan="2">文化
程度</td><td></td><td>政治
面貌</td><td></td><td>身份证
号　码</td><td colspan="3"></td></tr>
<tr><td>部门</td><td></td><td>工号</td><td></td><td>职务</td><td></td><td>入职
时间</td><td></td><td>工作
时间</td></tr>
<tr><td colspan="2">籍　贯</td><td colspan="9"></td></tr>
<tr><td colspan="2">当前住址</td><td colspan="5"></td><td>联系电话</td><td colspan="3"></td></tr>
<tr><td rowspan="6">家
庭
主
要
成
员</td><td>关系</td><td colspan="2">姓名</td><td>性别</td><td>出生日期</td><td colspan="3">工作单位、职务、政治面貌</td><td colspan="2">电话</td></tr>
<tr><td></td><td colspan="2"></td><td></td><td></td><td colspan="3"></td><td colspan="2"></td></tr>
<tr><td></td><td colspan="2"></td><td></td><td></td><td colspan="3"></td><td colspan="2"></td></tr>
<tr><td></td><td colspan="2"></td><td></td><td></td><td colspan="3"></td><td colspan="2"></td></tr>
<tr><td></td><td colspan="2"></td><td></td><td></td><td colspan="3"></td><td colspan="2"></td></tr>
<tr><td></td><td colspan="2"></td><td></td><td></td><td colspan="3"></td><td colspan="2"></td></tr>
<tr><td rowspan="3">学
习
简
历</td><td colspan="2">何年何月至
何年何月</td><td colspan="3">学校名称</td><td colspan="2">专业</td><td colspan="3">懂何种外语及程度</td></tr>
<tr><td colspan="2"></td><td colspan="3"></td><td colspan="2"></td><td colspan="3"></td></tr>
<tr><td colspan="2"></td><td colspan="3"></td><td colspan="2"></td><td colspan="3"></td></tr>
<tr><td rowspan="4">工
作
简
历</td><td colspan="2">何年何月至
何年何月</td><td colspan="5">工作单位、部门、职务</td><td colspan="3">离职原因</td></tr>
<tr><td colspan="2"></td><td colspan="5"></td><td colspan="3"></td></tr>
<tr><td colspan="2"></td><td colspan="5"></td><td colspan="3"></td></tr>
<tr><td colspan="2"></td><td colspan="5"></td><td colspan="3"></td></tr>
<tr><td colspan="4">用人部门意见

年　月　日</td><td colspan="4">人力资源部意见

年　月　日</td><td colspan="3">总经理批示

年　月　日</td></tr>
</table>

3. 面试情况记录表

某酒店面试情况记录表

<table>
<tr><td colspan="2">姓　名</td><td colspan="2"></td><td>性　别</td><td></td><td>编号</td><td></td></tr>
<tr><td colspan="2">报考部门</td><td colspan="2"></td><td>报考工种</td><td colspan="3"></td></tr>
<tr><td colspan="2">志　愿</td><td colspan="6">1.
2.
3.</td></tr>
<tr><td colspan="2">评分等级</td><td colspan="6">1. 优　2. 良　3. 中　4. 差</td></tr>
<tr><td colspan="2" rowspan="2">项　目</td><td colspan="3">第一次面试</td><td colspan="3">第二次面试</td></tr>
<tr><td colspan="2">评分</td><td>评语</td><td>评分</td><td colspan="2">评语</td></tr>
<tr><td colspan="2">外貌 / 仪表</td><td colspan="2"></td><td></td><td></td><td></td><td></td></tr>
<tr><td colspan="2">性格 / 个性</td><td colspan="2"></td><td></td><td></td><td></td><td></td></tr>
<tr><td colspan="2">礼貌 / 态度</td><td colspan="2"></td><td></td><td></td><td></td><td></td></tr>
<tr><td colspan="2">灵活性 / 反应</td><td colspan="2"></td><td></td><td></td><td></td><td></td></tr>
<tr><td colspan="2">自 信 心</td><td colspan="2"></td><td></td><td></td><td></td><td></td></tr>
<tr><td colspan="2">智慧 / 判断力</td><td colspan="2"></td><td></td><td></td><td></td><td></td></tr>
<tr><td colspan="2">工作知识</td><td colspan="2"></td><td></td><td></td><td></td><td></td></tr>
<tr><td colspan="2">健康状况</td><td colspan="2"></td><td></td><td></td><td></td><td></td></tr>
<tr><td rowspan="3">外语</td><td>英语</td><td></td><td></td><td></td><td></td><td></td><td></td></tr>
<tr><td>日语</td><td></td><td></td><td></td><td></td><td></td><td></td></tr>
<tr><td>其他</td><td></td><td></td><td></td><td></td><td></td><td></td></tr>
<tr><td colspan="2">面试意见</td><td colspan="3">□录取 / 推荐部门
□推荐第二次面试 / 笔试</td><td colspan="3">□可以考虑
□不接受</td></tr>
<tr><td colspan="2">主考签名</td><td colspan="3">年　月　日</td><td colspan="3">人力资源部意见
年　月　日</td></tr>
</table>

4. 招聘人员业务技术考核登记表

某酒店招聘人员业务技术考核登记表

<table>
<tr><td>姓　　名</td><td></td><td>性　　别</td><td></td><td>出生年月</td><td></td><td>文化程度</td><td></td></tr>
<tr><td>工作单位</td><td></td><td>原 工 种</td><td></td><td>技术等级</td><td colspan="3"></td></tr>
<tr><td>家庭住址</td><td colspan="3"></td><td>技术职称</td><td colspan="3"></td></tr>
<tr><td colspan="8">考核内容：</td></tr>
<tr><td colspan="8">考核经办人评语：

部门领导签名：
年　月　日</td></tr>
<tr><td colspan="8">人力资源部意见：

部门领导签名：
年　月　日</td></tr>
<tr><td colspan="8">备注：</td></tr>
</table>

5. 招聘录用通知书

某酒店招聘录用通知书

__________先生（小姐）：

感谢您对我酒店的信任与支持，您在应聘我酒店______一职中脱颖而出，经过认真筛选与考核，我们决定录用您为该职位人选。

请您接此通知后迅速准备下列资料，并按下列提示准时报到：

报到日期： 年 月 日 时 分

报到地点：××××××

请携带以下资料

1. 身份证原件和复印件；
2. 学历、学位证书原件和复印件；
3. 离职证明；
4. 指定医院的体检表；
5. 本人近期免冠照片 × 寸 × 张。

若您不能前来或不能按时报到，请于 月 日前及时告知本酒店。

欢迎加入某酒店大家庭!

我们的联系方式如下：

地址：××××××（邮编：××××××）

部门：酒店行政人事部

电话：××××××

传真：××××××

E-mail：××××××

酒店行政人事部

年 月 日

任务5 人员甄选

一、筛选简历

（1）分析简历结构 简历的结构在很大程度上反映了应聘者组织和沟通能力。结构合理的简历都比较简练，一般不超过两页。

（2）重点看客观内容 简历的内容大体上可以分为两部分，主观内容和客观内容。在筛选简历时注意力应放在客观内容上。客观内容主要分为个人信息、受教育经历、工作经历和个人成绩四个方面。

（3）判断是否符合职位技术和经验要求　在客观内容中，首先要注意个人信息和受教育经历，判断应聘者的专业资格和经历是否与空缺岗位相关并符合要求。

（4）审查简历中逻辑性　在工作经历和个人成绩方面，要注意简历的描述是否有条理，是否符合逻辑。

（5）对简历的整体印象　通过阅读简历，问问自己是否留下了好的印象。另外，标出简历中感觉不可信的地方，以及感兴趣的地方，面试时可询问应聘者。

二、笔试

笔试是一种与面试对应的测试，是考核应聘者学识水平的重要工具。这种方法可以有效地测量应聘人的基本知识、专业知识、管理知识、综合分析能力和文字表达能力等素质及能力的差异，因此笔试至今仍是酒店使用频率较高的人才选拔方法。

笔试在员工招聘中有相当大的作用，尤其是在大规模的员工招聘中，它可以一下子把员工的基本活动了解清楚，然后划分出一个基本符合需要的界限。适用面广，费用较少，可以大规模地运用。但是分析结果需要较多的人力，有时，被试者会投其所好，尤其是在个性测试中显得更加明显。

笔试的优点是一次能够出十几道乃至上百道试题，考试的取样较多，对知识、技能和能力考核的信度和效度都较高，可以大规模的进行分析，因此花费时间较少，效率高，报考人的心理压力较小，较易发挥水平，成绩评定比较客观。笔试的缺点主要表现在不能全面的考察应聘者的工作态度、品德修养以及组织管理能力、口头表达能力和操作技能等。因此，笔试虽然有效，但还必须采用其他测评方法，如行为模拟法、心理测验法等，以补其短。一般来说，在企业组织的招聘中，笔试作为应聘者的初次竞争，成绩合格者才能继续参加面试或下一轮测试。

在设计笔试试卷时，要注意以下一些原则：第一，自始至终符合目标。知识考试的目标是什么，在设计试卷时要从头到尾贯彻执行，这样才能得到应有的效果。第二，各种知识考试类型可以结合起来运用。例如，在一张试卷上既可以有百科知识的内容，又可以有专业知识的内容，也可以有相关知识的内容，这样可以节省时间，在较短时间内全面了解一个应试者各方面的水平。第三，充分重视知识的实际运用能力。设计试卷时，要尽量多用案例以及讨论等方式出题。

三、面试

（一）面试的种类

面试是酒店人员选拔中的基本方法，是测查和评价人员能力素质的一种考试活动。面试是一种经过组织者精心设计，在特定场景下，以考官对考生的面对面交谈与观察为主要手段，由表及里测评考生的知识、能力、经验等有关素质的一种考试活动。面试给酒店和应聘者提供了进行双向交流的机会，使酒店和应聘者之间相互了解，从而双方都可更准确做出聘用与否、受聘与否的决定。

1. 非结构化面试

非结构化面试就是没有既定的模式、框架和程序，主考官可以“随意”向被测者提出问题，而对被测者来说也无固定答题标准的面试形式。主考官提问问题的内容和顺序都取决于其本身的兴趣和现场应试者的回答。这种方法给谈话双方以充分的自由，主考官可以针对被测者的特点进行有区别的提问。虽然非结构化面试形式给面试考官以自由发挥的空间，但这种形式也有一些问题，它易受主考官主观因素的影响，面试结果无法量化以及无法对被测者的评价结果进行横向比较等。在非结构化的面试条件下，面试的组织非常“随意”。关于面试过程的把握、面试中要提出的问题、面试的评分角度与面试结果的处理办法等，面试官事前都没有进行精心准备与系统设计。非结构化面试颇类似于人们日常非正式的交谈。除非面试考官的个人素质极高，否则很难保证非结构化面试的效果。目前，非结构化的面试愈来愈少。

2. 结构化面试

结构化面试又称标准化面试，它指面试前就面试所涉及的内容、试题评分标准、评分方法、分数使用等一系列问题进行系统的结构化设计的面试方式。结构化面试的一项主要要求是对报考相同职位的应试者，应测试相同的面试题目，使用相同的评价标准。考官根据应试者的应答表现，对其相关能力素质做出相应的评价。

正规的面试一般都为结构化面试，所谓结构化，包括三个方面的含义：一是面试过程把握（面试程序）的结构化。在面试的起始阶段、核心阶段、收尾阶段，面试官要做些什么、注意些什么、要达到什么目的，事前都会进行相应的策划。二是面试试题的结构化。在面试过程中，面试官要考察应聘者哪些方面的素质，围绕这些考察角度主要提哪些问题，在什么时候提出，怎样提，在面试前都会做好准备。三是面试结果评判的结构化。从哪些角度来评判应聘者的面试表现，等级如何区分，甚至如何打分等，在面试前都会有相应规定，并在众考官间统一尺度。

（1）结构化面试的设计原理及步骤

结构化面试的设计原理是对同类应聘者，用同样的语气和措词、按同样的顺序、问同样的问题，按同样的标准评分。问题的结构就是招聘岗位所需要的人员素质结构。它的设计遵循以下几个步骤：

第一，分析应聘岗位对应聘者的素质要求。人员招聘的目标是为了及时满足企业发展的需要，弥补企业岗位的空缺，因此其最直接的目标是获得在该岗位所需要的人，对岗位的分析则尤为重要。根据工作说明书对从事该工作的人员所必须具备的一般要求、生理要求和心理要求给予分析说明。一般要求包括年龄、性别、学历、工作经验等。生理要求包括健康状况、力量与体力、运动的灵活性等。心理要求包括观察能力、集中能力、记忆能力、学习能力、解决问题能力、数学计算能力、语言表达能力、性格、气质、态度等。经过分析可以衡量某些具体要求的重要性，并分配权重，运用于实际面试。

第二，确定录用标准，设计面试问题。在岗位要求与素质分析的基础上，确定录用应聘者的基本标准。所谓基本标准也就是应聘者必须具备的、主要的素质要求。根据其素质要求设计问题，并且使所提及的问题能覆盖应聘岗位所必需、主要的素质要求；通过对应聘者答案的分析能明确地了解他与本岗位的适应度。

第三，合理安排问题的顺序，确定由谁提问。完成问题的设计之后，将对问题进行排列。原则上是先易后难，循序渐进，先熟悉后生疏，先具体后抽象，从应聘者能够预料的问题出发，让其逐渐适应、展开思路，进入角色。此外把问题分配给特定的考官，由合适的人提出合适的问题，以免面试提问次序混乱。

第四，明确评分标准和评分人，设计规范的评分卷。规定了特定的提问考官，当然就得赋予其一定的权力，在这个问题上，本考官就有绝对的决定权。首先，对于常识性的问题，一般只存在正确与否，那么可以安排一名非专业考官进行提问，各位考官的打分都有相同的权重。而对于专业性的问题，则由该专业资深的考官提问，并赋予其较高的权重。当然也可以专业问题就直接由专业考官打分，结构化面试中并不需要每位考官都予打分。其次，如果有多名考官进行评分，评分就应当有一定的合理性，避免出现其他考官的“陪考”现象，这样使面试失去了极大的公平公正性。每位考官的最大权重最好保持在50%，当然这具体的权重由具体的面试要求所决定。再次，赋予每个问题的分值应当合理，可以以10分制，也可按五段分值1、3、5、7、9，这样有利于应聘者档次的拉开，便于最终录用的决策。最后，在评分表的设计上要有规范的格式和明确说明，让考官明确自己在某个阶段的具体行动和某个问题上的决策权重，并在规定的打分栏后留有空余，给予考官对应聘者回答的记录以及补充对某些问题的个人看法，便于面试的评估总结或再次面试。

（2）结构化面试的功能

第一，结构化面试中提出的问题仅与工作的要求有关，客观地收集并评价候选人的信息，尽量避免了由于各种评价误差，如：主观印象、第一印象和随机性等结果产生的偏差。

第二，结构化面试有较高的有效性，同时成本也较低。实践证明，结构化面试在判断人的态度和行为方面有比较好的效果，增加了面试的可靠性和准确性。

第三，结构化面试易于为人们所接受。由于结构化面试让所有的应聘者回答同样的问题，并依据客观的标准对应聘者进行比较，对应聘者的工作能力作出决策，通过比较选择合适的人员，不易造成由于民族或性别而产生的不公平现象，保证了一种不偏不倚、所有应聘者都可以接受的方式进行筛选。

第四，结构化面试需要在面试前事先进行工作分析，建立题库，设计评分程序等，这也是其与传统面试的根本区别，同时也使结构化面试工作显得更有条理，更有准备。

（3）结构化面试的特点

第一，面试问题多样化。面试问题应围绕职位要求进行拟定，可以包括对职位要求的知识、技术和能力，也可以包括应试者工作经历、教育背景，可以让应试者对某一问题发表见解或阐述自己的观点。

第二，面试要素结构化。根据面试要求，确定面试要素，并对各要素分配相应权重。同时，在每一个面试题目后，给出该题测评要素（或考察要点），并给出答题要点（或参考答案），供考官评分时参考。

第三，评分标准结构化。具体体现在与面试试题相配套的面试评价表上。

第四，考官结构化。一般考官为5~9名，依据用人岗位需要，按专业、职务、年龄及性别按一定比例科学化配置，其中设主考官一名，具体负责向应试者提问并总体把握面试的进程。

第五，面试程序及时间安排结构化。结构化面试应按照严格的程序进行，时间一般在30分钟，具体视面试题目的数量而定，同时对每一题目也应限制时间，一般每题问答时间在5分钟左右。

（4）结构化面试的测评要素

结构化面试测评要素的确定应依据对面试的具体要求（如面试达到的目的、职位的具体要求等）而定。一般有以下三大类：

第一,一般能力。

① 逻辑思维能力：通过分析与综合、抽象与概括、判断与推理，揭示事物的内在联系、本质特征及变化规律的能力。

② 语言表达能力：清楚流畅地表达自己的思想、观点，说服动员别人，以及解释、叙述事情的能力。

第二，领导能力。

① 计划能力：对实际工作任务提出实施目标，进行宏观规划，并制定实施方案的能力。

② 决策能力：对重要问题进行及时有效的分析判断，作出科学决断的能力。

③ 组织协调能力：根据工作任务，对资源进行分配，同时控制、激励和协调群体活动过程，使之相互配合，从而实现组织目标的能力。

④ 人际沟通能力：通过情感、态度、思想、观点的交流，建立良好协作关系的能力。

⑤ 创新能力：发现新问题、产生新思路、提出新观点和找出新办法的能力。

⑥ 应变能力：面对意外事件，能迅速地做出反应，寻求合适的方法，使事件得以妥善解决的能力。

⑦ 选拔职位需要的特殊能力（该能力测评要素根据不同职位要求确定）。

第三，个性特征。

在面试中表现出来的气质风度、情绪稳定性、自我认知等个性特征。

3. 情景模拟面试

情景模拟面试，是设置一定的模拟情况，要求被测试者扮演某一角色并进入角色情景中，去处理各种事务及各种问题和矛盾。考官通过对考生在情景中所表现出来的行为，进行观察和记录，以测评其素质潜能，或看其是否能适应或胜任工作。

（1）情景模拟面试的特征

第一，针对性。由于模拟测试的环境是拟招岗位或近似拟招岗位的环境，测试内容又是拟招岗位的某项实际工作，因而具有较强的针对性。

第二，直接性。由于情景模拟测试的内容通常与拟招岗位业务有直接关系，而且使考评人员能够直接观察应试者的工作情况，直接了解应试者的基本素质及能力，所以更具有直接性。

第三，可信性。由于模拟测试接近实际，考察的重点是应试者分析和解决实际工作问题的能力，加之这种方式又便于观察了解应试者是否具备拟任岗位职务的素质，因此普遍反映模拟测试比笔试和其他面试形式更具有可信性。

（2）情景模拟面试的功能

第一，为考察应试者的业务能力提供依据。无论是模拟测试的内容，还是模拟测试的方式，都较之笔试和面试答辩更接近拟招岗位的工作实际。这一点，使得模拟测试在考核应试者业务能力方面发挥着笔试和面试答辩难以替代的作用。

第二，有利于避免高分低能现象。模拟测试注重于业务能力的考核，考核的标准是依据实际工作的要求拟定的，考评人员一般由用人单位的业务骨干担任。这些因素决定了模拟测试不仅能够为实践经验丰富，具有实际工作能力，胜任拟招岗位工作的应试者提供“用武之地”，而且可以避免笔试成绩较高，实际业务能力差的应试者进入录用行列。

第三，为用人单位安排录用人员的具体工作岗位提供依据。实践表明，应试者在模拟测试中表现出的个体能力差异，与他们的实际工作能力往往呈高度正相关。因此，模拟测试的成绩一般都被用人单位作为安排录用人员具体工作岗位的依据。

（二）面试的基本程序

1. 面试前的准备阶段

本阶段包括确定面试的目的，科学地设计面试问题，选择合适的面试类别，确定面试的时间和地点等。面试考官要事先将面试需要的事项写出提纲。并且在面试前要详细了解应聘者的资料，发现应聘者的个人社会背景、性格特征、教育背景以及能否具有发展潜力等。

2. 面试开始阶段

面试时应从应聘者可以预料到的问题开始发问，如工作经历、文化程度然后再过渡到其他问题，以消除应聘者的紧张情绪。只有这样才能营造和谐的面试气氛，有利于观察应聘者的表现以求全面客观的了解应聘者。

3. 正式面试阶段

采用灵活的提问和多样化的形式交流信息，进一步观察和了解应聘者。此外，还应该察言观色，密切注意应聘者的行为与反应，对所提的问题、问题间的变换、问话时机以及对方的答复都要多加注意。所提问题可根据简历或应聘申请表中发现的疑点，先易后难逐一提出，尽量营造和谐自然的环境。

4. 结束面试阶段

在面试结束之前，面试考官确定问完了所有预计的问题之后，应该询问应聘者是否有问题要问，是否有要加以补充或修正之处。不管录用还是不录用，均应在友好的气氛中结束面试。如果对某一应聘者是否录用有分歧意见时，不必急于下结论，还可安排第二次面试。同时，要整理好面试记录表。

5. 面试评价阶段

面试结束后，应根据面试记录表对应聘人员进行评估。评估可采用评语式评估，也可采用评分式评估。评语式评估的特点是可对应聘者的不同侧面进行深入的评价，能反映出每个应聘者的特征，但缺点是应聘者之间不能进行横向比较。评分式评估则是对每个应聘者的相同方面进行比较，其特点正好与评语式评估相反。

（三）面试的特征

1. 面试以谈话和观察为主要手段

谈话是面试过程中的一项非常重要的手段。在面试过程中，主考官向应试者提出各种问题，应试者要对这些问题进行回答，主考官能否正确地把握提问技巧十分重要。他不仅可以直接地、有针对性地了解应试者某一方面的情况或素质，而且对于驾驭面试进程，营造良好的面试氛围，都有重要影响。

比如针对应试者的特长，提出一些启发性问题，使应试者进一步思索，展示其才华；当应试者的回答文不对题时，可利用提问调整话题；当应试者讲完后，可以通过短暂的沉思或补充性的追问，形成一个“缓冲区”。这对于振奋应试者的精神，引发新的思路，转移话题都有益处。

观察是面试过程中的另一个主要手段。在面试中，要求主考官善于运用自己的感官，特别是视觉，观察应试者的非语言行为。主考官在面试中要善于观察应试者的非语言行为，而且要能指明应试者的行为类型，进而借助于人的表象层面推断其深层心理。对应试者非语言行为的观察，主要有面部表情的观察和身体语言的观察。

国外一项研究表明，在求职面试中，从应试者面部表情中获得的信息量可达50%以上。面试过程中，应试者的面部表情会有许多变化，主考官必须能观察到这种表情的变化，并能判断其心理。例如，应试者面部涨得通红、鼻尖出汗，目光不敢与主考官对视，反映其自信心不足，心情紧张。应试者的目光久久盯着地面或盯着自己的双脚，默不作声，反映其内心的矛盾或正在进行思考。当主考官提出难以回答或窘迫的问题时，应试者可能目光暗淡，双眉紧皱，带着明显的焦急或压抑的神色。总之，主考官可以借助对应试者面部表情的观察与分析，判断应试者的自信心、反应力、思维的敏捷性、性格特征、情绪、态度等素质特征。

在面试过程中，除面部表情外，身体、四肢等在信息交流过程中也发挥着重要作用。比如手势，它具有说明、强调、解释或指出某一问题、插入谈话等作用，它是很难与口头语言分开的。

在面试过程中，具有不同心理素质的人，其身体语言的表现形式各不相同。一个情绪抑扬的人，他可能两肩微垂，双手持续地做着某个单调的动作，身体移动的速度相对较慢。而一个性格急躁的应试者，常常会无休止的快速运动手脚，双手还可能不断颤抖。一个缺乏自信和创新精神的人，会始终使他自己的双手处于与身体紧密接触的部位，头部下垂。一个人紧张或焦躁不安时，往往会出现膝盖或脚尖有节奏地抖动，手指不停地转动手里的东西，摆弄衣服，摸头发等。

在面试过程中，听觉的运用也十分重要，主考官应倾听应试者的谈话，对应试者的回答进行适度的反应，当应试者的回答与所提问题无关时，可进行巧妙的引导。在倾听应试者谈话时，应边听边思索，及时归纳整理，抓住关键之处。对应试者的谈话进行分析，比如是否听懂了主考官的提问，是否抓住了问题的要害，语言表达的逻辑性、层次性、准确性等。还可根据应试者讲话的语音、语速、腔调等来判断应试者的性格特征等。比如声音粗犷、音量较大者多为外向性格；讲话速度快者，多为性格急躁者；爱用时髦、流行词汇者大多虚荣心较强等。

2. 面试是一个双向沟通的过程

面试是主考官和应试者之间的一种双向沟通过程。在面试过程中，应试者并不是完全处于被动状态。主考官可以通过观察和谈话来评价应试者，应试者也可以通过主考官的行为来判断主考官的价值判断标准、态度偏好、对自己面试表现的满意度等，来调节自己在面试中的行为表现。同时，应试者也可借此机会了解自己应聘的单位、职位的情况等，以此决定自己是否可以接受这一工作。所以面试不仅是主考官对应试者的一种考察，也是主客体之间的一种沟通、情感交流和能力的较量。主考官应通过面试，从应试者身上获取尽可能多的有价值信息。应试者也应抓住面试机会，获取关于应聘单位及职位的信息。

3. 面试内容灵活性

面试内容对于不同的应试者来说是相对变化的、灵活的，具体表现在以下几个方面：

（1）面试内容因应试者的个人经历、背景等情况的不同而无法固定　例如，两位应试者同时应聘酒店前厅部经理助理岗位，一位有多年从事酒店前厅部工作的经历，一位是应届酒店管理专业的大学本科毕业生。在面试中面试官对前者应侧重于询问其多年来从事前厅管理方面的实践经验，对后者则应侧重于了解其对该专业基础知识掌握的情况以及在校学习期间的情况。

（2）面试内容因工作岗位不同而无法固定　不同工作岗位，其工作内容、职责范围、任职资格条件等都有所不同，例如国家技术监督局的有关技术监督岗位和国家人事部的考录岗位，无论其工作性质、工作对象，还是任职资格条件，都有很大差别。因此，其面试的内容和形式都有所不同，面试题目及考察角度都应各有侧重。

（3）面试内容因应试者在面试过程中的表现不同而无法固定　面试的题目一般应事先拟定，以供提问时参照。但并不意味着必须按事先拟定好的题目逐一提问，毫无变化，而要根据应试者回答问题的情况，来决定下一个问题问什么？怎么问？如果应试者回答问题时引发出与拟定的题目不同的问题，主考官还可顺势追问，而不必拘泥于预定的题目。

总之，从主考官角度看，面试内容既要事先拟定，以便提问时有的放矢，又要因人因“事”（岗位）而异，灵活掌握；既能让应试者充分展示自己的才华，又不能完全让应试者海阔天空地自由发挥，最好是在半控制、半开放的情况下灵活把握面试内容。

4. 面试对象的单一性

面试的形式有单独面试和集体面试。在集体面试中多位应试者可以同时位于考场之中，但主考官不是同时向所有的应试者发问，而是逐个提问逐个测评，即使在面试中引入辩论、讨论环节，评委们也是逐个观察应试者表现的。面试的问题一般要因人而异，测评的内容应侧重个别特征，同时进行会相互干扰。

5. 面试时间的持续性

面试与笔试的一个显著区别，面试不是在同一个时间展开，而是逐个地进行。笔试是无论报考人数有多少，均可在同一时间进行，甚至不受地域的限制，例如每年七月的高考，尽管报考人数数百万，且分布在全国几十个省市，而考试时间却是统一的，因为笔试的内容有统一性。笔试侧重于知识考察，考察内容具体，答案客观标准，主观随意性较小，面试则不同。

（1）面试要因人而异　主考官提出问题，应试者针对提问进行回答，考察内容不像笔试那么单一，既要考察应试者的专业知识、工作能力和实践经验，又要考察其仪表、反应力、应变力等，因此只能因人而异、逐个进行。

（2）面试一般由用人部门主持　各部门、各岗位的工作性质、工作内容和任职资格条件等不同，面试差异大，无法在同一时间进行。

（3）应试者的面试时间不能作硬性规定　应试者的面试时间应视其面试表现而定，如果应试者对所提问题对答如流，阐述清楚，主考官很满意，在约定时间甚至不到约定时间即可结束面试；如果应试者对某些问题回答不清楚，需进一步追问，或需要进一步了解应试者的某些情况，则可适当延长面试时间。

6. 面试交流的直接互动性

与笔试、心理测验等人员甄选方式不同，面试中应试者的语言及行为表现与主考官的评判是直接相连的，中间没有任何中介形式。面试中主考官与应试者的接触、交谈、观察也是相互的，是面对面进行的。主客体之间的信息交流与反馈也是相互作用的。而笔试、心理测验中，一般对命题人、评分人严加保密，不让应试者知道。面试的这种直接性提高了主考官与应试者间相互沟通的效果与面试的真实性。

（四）面试中的误区

1. 不清楚合格者应具备的条件

酒店在面试员工时，往往把重点放在问一些能使他们洞悉应试者是否能够成功的问题。可是在很多情况下，对于是什么原因能使他们获得成功并不明确。对于员工来说，胜任工作的能力，是符合本岗位所必需的相关知识、技能、能力和动力各范畴。

2. 面试缺少整体结构

在很多酒店中，中高级人员录用都是靠熟人介绍或是猎头公司。所以面试官也就愿意相信熟人或猎头公司的一面之词；就算是公司吸引的应试者，他们也不愿意通过一个完整的过程去收集正确的信息来面试，而是简单地根据其履历表问几个问题。这样会给酒店造成很大的损失，浪费了时间和金钱，同时可能破坏酒店的形象。应该事先根据岗位必需的才能制定出面试提纲，包括所需提出的问题和面试整体结构。

3. 偏见影响面试

每一个面试官，个人的偏爱和过去的经历常常对面试有很大的影响，如个人喜好、信仰、好恶等与工作无关的因素，会在一定程度上影响他正确地挑选应试者。

（五）面试的发展趋势

1. 形式的丰富化

面试早已突破那种两个人面对面，一问一答的模式，而呈现出丰富多彩的形式。从单独面试到集体面试、从一次性面试到分阶段面试，从非结构化面试到结构化面试，从常规面试到引入了演讲、角色扮演、案例分析、无领导小组讨论等情景面试。

2. 程序的结构化

以前对面试的过程缺乏有效地把握，面试的随意性大，面试效果也得不到保证。目前许多面试的操作过程已逐步规范起来。从主考官角度，面试的起始阶段、核心阶段、收尾阶段要问些什么、要注意些什么，事先一般都有一个具体的方案，以提高对面试过程和面试结果的可控性。

3. 提问的弹性化

以前许多面试基本等同于口试，主考官提出的问题一般都事先拟定好，应试者只需抽取其中一道或几道题来回答即可，主考官不再根据应试者对问题的回答情况提出新问题。主考官评定成绩仅依据事先拟定的具体标准答案，仅看回答内容的正确与否，实际上这只不过是简单地笔试口述形式而已。

现在面试中主考官问题的提问虽源于事先拟定的思路，但却是适应面试过程的需要而自然提出的，前后问题是自然相接的，问题是围绕测评的情景与测评的目的而随机出现的。最后的评分不是仅依据内容的正确与否，还要综合面试者总体行为表现及整个素质状况评定，充分体现了因人施策与发挥主考官主观能动性的特点。

4. 面试结果的标准化

以前面试的评判方式与评判结果没有具体要求，缺少可比性。近年来面试结果的处理逐渐标准化、规范化，基本上趋于表格式、等级标度与打分形式等。

5. 面试测评内容的全面化

面试的测评内容已不仅限于仪表举止、口头表达、知识面等，现已发展到对思维能力、反应能力、心理素质、求职动机、进取精神、身体素质等全方位的测评。并且由以一般素质为测评依据发展到主要以拟录用职位要求为依据，包括一般素质与特殊素质在内的综合测评。

6. 面试考官的专业化

以前面试主要由组织部门的人专门主持，现在实行组织人事部门、具体用人部门和人事测评专家共同组成面试考评小组。

许多单位实行用人部门人员培训面试测评技术。人事部门培训业务专业知识，并进行面试前的集中培训，面试考官的素质有了很大提高。面试考官的素质对于提高面试的有效性、保证面试的质量有着至关重要的作用。

四、评价中心技术

评价中心技术是应用现代心理学、管理学、计算机科学等相关学科的研究成果，通过心理测验、能力、个性和情境测试对人员进行测量，并根据工作岗位要求及企业组织特性进行评价，从而实现对人个性、动机和能力等较为准确的把握，做到能岗匹配，确保人员达到最佳工作绩效。目前酒店招聘员工采用的评价中心技术主要包括无领导小组讨论、公文处理、角色扮演等。

（一）无领导小组讨论

1. 无领导小组讨论的内涵

无领导小组讨论是评价中心技术中经常使用的一种测评技术，采用情景模拟的方式对考生进行集体面试。它通过一定数目的考生组成一组（6~9人），进行一小时左右时间的与工作有关问题的讨论，讨论过程中不指定谁是领导，也不指定受测者应坐的位置，让受测者自行安排组织，评价者来观测考生的组织协调能力、口头表达能力，辩论说服能力等各方面的能力和素质是否达到拟任岗位的要求，以及自信程度、进取心、情绪稳定性、反应灵活性等个性特点是否符合拟任岗位的团体气氛，由此来综合评价考生之间的差别。

2. 无领导小组讨论的特点

无领导小组讨论作为一种有效的测评工具，和其他测评工具比较起来，能够测试出笔试和单一面试所不能检测出的能力或者素质；观察到应试者之间的相互作用；依据应试者的行为特征来对其进行更加全面、合理的评价；能够涉及应试者的多种能力要素和个性特质；能使应试者有平等的发挥机会从而很快地表现出个体上的差异；节省时间；能应用于非技术领域、技术领域、管理领域和其他专业领域等。其主要缺点在于对测试题目的要求较高；对考官的评分技术要求较高，考官应该接受专门的培训；对应试者的评价易受考官各个方面特别是主观意见的影响（如偏见和误解），从而导致考官对应试者评价结果的不准确；应试者有做戏，表演或者伪装的可能性；指定角色的随意性，可能导致应试者之间地位的不平等；应试者的经验可以影响其能力的真正表现。

3. 无领导小组讨论的方法

在评价中心技术中，用于评估和选拔管理人员的情境模拟测试有两种：第一，小组作业（group work）：参与者处于这样一种情境，任务的圆满完成需要参与者们的密切协作。第二，个人作业（individual work）：测试要求参与者独立完成任务，无领导小组讨论属于前者，是评价中心里常用的一种技术，也是一种对应试者进行集体测试的方法。通过给一定数目的应试者一个与工作相关的问题，让他们进行一定时间长度的讨论，来检测应试者的组织协调能力，洞察力等的技巧，非言语沟通能力（如面部表情等）等各个方面的能力，以及自信程度等个性特点和行为风格，以评价应试者之间的优劣。

无领导小组讨论由一组应试者组成一个临时工作小组，讨论给定的问题，并做出决策，由于这个小组是临时拼凑的，并不指定谁是负责人，目的就在于考察应试者的表现，尤其是看谁会从中脱颖而出，成为自发的领导者。在无领导小组讨论中，或者不给应试者指定特别的角色（不定角色的无领导小组讨论），或者只是给每个应试者指定一个彼此平等的角色（定角色的无领导小组讨论），但这两种类型都不指定谁是领导，评价者只是通过安排应试者的讨论题目，观察每个应试者的表现，给应试者的各个要素评分，从而对应试者的能力、素质水平做出判断。

4. 无领导小组讨论的论题形式

（1）开放式问题　所谓开放式问题，是其答案的范围可以很广，很宽。主要考察应试者思考问题时是否全面，是否有针对性，思路是否清晰，是否有新的观点和见解，例如：你认为什么样的领导是好领导？关于此问题，应试者可以从很多方面如领导的人格魅力、领导的才能、领导的亲和力、领导的管理取向等来回答，可以列出很多的优良品质，开放式问题对于评价者来说，容易出题，但是不容易对应试者进行评价，因为此类问题不太容易引起应试者之间的争辩，所考察应试者的能力范围较为有限。

（2）两难问题　所谓两难问题，是让应试者在两种互有利弊的答案中选择其中的一种。主要考察应试者分析能力、语言表达能力以及说服力等。例如，你认为以工作为取向的领导是好领导呢，还是以人为取向的领导是好领导？一方面此类问题对于应试者而言，不但通俗易懂，而且能够引起充分的辩论；另一方面对于评价者而言，不但在编制题目方面比较方便，而且在评价应试者方面也比较有效。但是，此种类型的题目需要注意的是两种备选答案一定要有同等程度的利弊，不能是其中一个答案比另一个答案有很明显的选择性优势。

（3）多项选择问题　此类问题是让应试者在多种备选答案中选择其中有效的几种或对备选答案的重要性进行排序，主要考察应试者分析问题实质，抓住问题本质方面的能力。此类问题对于评价者来说，比较难于出题目，但对于评价应试者各个方面的能力和人格特点则比较有利。

（4）操作性问题　操作性问题，是给应试者一些材料，工具或者道具，让他们利用所给的这些材料，设计出一个或一些由考官指定的物体来，主要考察应试者的主动性，合作能力以及在实际操作任务中所充当的角色。如给应试者一些材料，要求他们相互配合，构建一座铁塔或者一座楼房的模型。此类问题，在考察应试者的操作行为方面要比其他方面多一些，同时情境模拟的程度要大一些，但考察言语方面的能力则较少，同时考官必须很好地准备所能用到的一切材料，对考官的要求和题目的要求都比较高。

（5）资源争夺问题　此类问题适用于指定角色的无领导小组讨论，是让处于同等地位的应试者就有限的资源进行分配，从而考察应试者的语言表达能力，分析问题能力，概括或总结能力，发言的积极性和反应的灵敏性等。如让应试者担当各个分部门的经理，并就有限数量的资金进行分配，因为要想获得更多的资源，自己必须要有理有据，必须能说服他人，所以此类问题可以引起应试者的充分辩论，也有利于考官对应试者的评价，但是对讨论题的要求较高，即讨论题本身必须具有角色地位的平等性和涉及材料的充分性。

5. 无领导小组讨论实施中应注意的问题

（1）测评对象应有指向性　无领导小组讨论并非对所有岗位的人员选拔及培训都适用，其主要适用于中高级管理岗位。这是因为从测评效度（测评的有效性）来看，无领导小组讨论的测试要素，主要集中在与中高级管理岗位相适应的能力和个性品质上，如沟通能力、分析能力、应变能力、说服论辩能力、情绪稳定性等。而基层岗位人员所需要测试的要素指标，一般可以通过普通的测评方法得到。从成本来看，无领导小组讨论前期的题目编制、实施过程中的测评以及后期对被评价者的评估，都需要专业测评人员的介入，需要投入大量的人力与时间成本，较高的测评费用决定了其更适用于中高级管理者。

（2）测试领域不应局限于选拔　无领导小组讨论具有评价和诊断的功能。在实际应用中不应将它仅仅局限于管理干部的选拔。在人员培训、配置、规划等方面，无领导小组讨论也可以发挥出很好的作用。比如在组织培训前进行无领导小组讨论，通过测评具体管理者的实际管理技能水平和品质表现，从中发现其需要进一步改进的地方，然后针对他们的弱项进行培训，提高其工作技能和水平。也可以把无领导小组讨论本身作为一种培训工具，比如作为提高团队合作意识的培训手段。在无领导小组讨论过程中，培训人员会很快发现谁的表现欲望最强、谁不易接受别人的观点、谁缺乏良好的倾听习惯等影响团队合作的因素，然后通过对培训对象进行逐一的点评和指导，达到良好的培训效果。

（3）测评指标体系必须完善　无领导小组讨论的测评体系设计必须具有系统性，针对一定的岗位或职位，设计出合理的测评要素体系，是测评工作取得成功的基石。然而，目前许多组织在实施无领导小组讨论时，测评指标选择都带有盲目性和主观性。首先，依据岗位的需要，通常测评的指标应选择在4~6个为宜。为了更有利于测评者客观地评分，在设计指标体系的时候，需要进一步细化每个指标要素，可以把每个指标要素再细分为二级指标并界定其内涵。其次，与测评相关的各个要素确定之后需要对要素进行权重分配，最终形成适合于某一具体岗位的测评指标体系。

（4）测评计分坚持标准化　通常的无领导小组讨论计分方法是根据测评要素的内涵划分若干评分段，并对几个评分段进行详细的界定，然后将分数分配到这几个评分段中。测评者根据被测评者的具体表现，结合界定好的评分段对被测评者进行计分。但这种方法的计分幅度范围大，对测评者的判断要求很高。为解决这一问题，可运用二级思维的方法。例如采用3×3制二级判断计分法，测评者先按被测评者可能的表现情况划分出优秀、一般、较差三个等级并列出相应标准，然后在此基础上分析被测评者符合该等级的上、中、下哪一水平，最后按等级内规定的分数范围给出测评分数。二级判断评分法将主观因素控制在较小幅度内，因而在一定程度上降低了一级判断评分法所造成的误差。

（5）题目设计应突出针对性　无领导小组讨论题目的设计，必须建立在对职位要求全面了解的基础上。测试题目所呈现的测评点，要可测评出职位所要求的关键能力。即要求讨论题目必须与拟任岗位的特点相结合，所设计的讨论题目应能有针对性的反映拟任岗位的工作特点；应是现实工作中已发生的或与现实相似的事件或问题；应能够体现具体的现实工作情境特点和所需具备的各种技能、品质等要素。另外，题目的针对性还反映在题目内容与职位的相关度上，相关题目内容要被每个被测对象所熟悉，才能有利于讨论的展开，有利于被测对象的充分表现，体现出公正、公平的测评原则。

（6）讨论题材要具有可争辩性　无领导小组讨论的过程是从分歧到最后达成相对一致的过程。讨论题目的题材要能够让被测试对象产生争辩，在争辩中测评参与者的某些管理特征、人际能力以及其他特征。没有争辩，就无法观察被测对象面对不同意见的分析能力、面对矛盾的协调能力、面对决策时的判断能力；无法观察到谁有影响力、谁善于吸取不同观点、谁更成熟等。所以无领导小组面试讨论题目的设计必须体现出它的争辩性，使每个人都有话可讲，讨论题材能够引起被评价者激烈的讨论行为，使其在讨论中将真实的能力与个性展现无余。

（7）不可忽视评价者的选择与培训　无领导小组讨论中评价者的水平是决定这种测评最终效果的一个关键环节，而评价者的选择与培训则是关键环节顺利完成的重要保证。评价者的选择方面，应注意人员搭配的合理性，选择范围应主要集中在人事测评专家、人力资源部门主管和选拔岗位的直接上级等，因为这种测试对评价者要求较高，一般应以评价专家为主。在评价者培训方面，培训评价者主要从无领导小组讨论测试的基本涵义、特点、测评功能、适用对象、讨论题目的设计与形式；测评的实施程序、评价标准、行为观察技术、评分方法等方面出发，使评价者的评判标准统一起来，并尽可能消除评价者个人主观因素对测评造成的影响。

（8）注重实施操作流程的规范　无领导小组讨论是对测试形式要求比较严格的一种测评方式，但在实际使用中，很多测评者忽视了测评程序和时间规范化的要求。在正式测试之前，主考官应先对被测试者宣读无领导小组讨论测试的指导语，即介绍测试步骤和考察要求，然后宣布无领导小组讨论开始，测试时间一般为40分钟左右。其流程一般分为以下几个阶段：① 准备阶段：被测对象拿到试题后，独立思考，列出发言提纲，一般为5分钟左右。② 表述阶段：被测对象轮流发言阐述自己的观点，一般为3分钟左右。③ 讨论阶段：被测对象相互讨论，继续阐明自己的观点，或对别人的观点提出不同的意见，并最终得出小组的一致意见，一般为30分钟左右。④ 汇报阶段由小组推荐一位被测者向主考官汇报讨论结果，一般为2分钟左右。

（9）要规避性格倾向导致的误差　一般而言，外向型人在人际关系处理与语言表达方面更容易吸引人的注意。在这种以讨论为主和需要人际沟通的测评中，内向型的人可能会处于劣势。而事实上，有些人的组织能力和影响力并不在于其言辞而在于其优秀的判断和决策能力上，这种判断、决策能力构成了他的影响力。内向型人的这种性格特征，可能会影响他在讨论过程中各种能力的展现，也容易被评价者所忽视。另外，熟悉无领导小组讨论测评方法的人比不熟悉的人更具有优势，他会刻意地抓住机会去表现自己，会在“影响力、合作意识”等测评指标上，获得高分。

（10）强化集体评价的环节　无领导小组讨论的后期测评最好采用集体评价的方式。由多名评价者对每个被测对象的所有测评指标进行评分，取其平均值作为被测对象的最后得分。评价者要及时召开一个评分讨论会，在讨论会上，对每个被测对象的表现进行逐一点评，评价者报告他们各自观察到的该被测对象的典型行为以及对该对象表现的评价，并充分交换意见。通过交换意见，考评者可以补充自己观察时的遗漏，对被测对象做出更加客观全面的评价。

（二）公文处理测试

1. 公文处理测试的内涵

公文处理测试将测评者置于特定职位或管理岗位的模拟环境中，由评价者提供一批该岗位经常需要处理的文件，要求被评价者在一定的时间和规定的条件下处理完毕，并且还要以书面或口头的方式解释说明这样处理的原则和理由。在实际运用中，公文处理测试主要通过从业务和技能各个角度对管理人员进行测试来帮助企业选拔优秀的管理人才或考核现有管理人员。公文处理的测评方法具有便于操作，效度高等特点。

2. 公文处理测试的形式

（1）所需处理的公文已有正确结论，是已经处理完毕归入档案的材料，用这样的公文让候选人处理，是要检验候选人处理得是否有效、恰当、合乎规范。

（2）所需处理的公文条件已具备，要求候选人在综合分析的基础上作出决策。

（3）所需处理的公文尚缺少某些条件或信息。考察候选人是否能够发现问题和提出进一步获得信息的要求。

公文处理的测评方法便于操作，效度也很高，因为测试情景与工作情景几乎一致。对于候选人的处理方式的评估，由几名评估员在评分基础上讨论决定。有研究表明。两个评估员对同一候选人公文处理情况的案卷及解释的相关系数高达0.92。

3. 公文处理测试的优缺点

公文处理测试的优点：

（1）考察内容范围十分广泛　公文处理测试测评受测者的依据是文件处理的方式及理由，是静态的思维结果。因此，除了必须通过实际操作的动态过程才能体现的要素外，任何背景知识、业务知识、操作经验以及能力要素都可以涵盖于文件之中。借助于受测者对文件的处理来实现对受测者素质的考察。

（2）表面效度很高　公文处理测试中采用类似应聘职位中常见的文件，甚至有的直接就是应聘职位中所需的文件。因此，受测者如果能够妥善处理测试公文的话，那么就能推测他具备职位所需的素质。

（3）应用范围大　考察内容范围的广泛使得公文处理测试具有广泛的实用性，并且表面效度高，易为人所接受。因此，公文处理测试是在众多公选考试测试中普遍使用的一种。

（4）高度似真性　公文处理测试完全模拟现实中真实发生的经营、管理情景，对实际操作有高度似真性，因而预测效度高。

（5）综合性强　公文处理测试的测试材料涉及日常管理、人事、财务、市场、公共关系、政策法规等行政机关的各项工作，因此，能够对高层及中层管理人员进行全面细致的测评与评价。

公文处理测试的缺点：

（1）对公文的编制人员要求很高　编制文件的人员应由测试专家、管理专家和行业专家（实际工作者）三部分组成，三类专家相互配合才能完成公文的编制工作。

（2）花费的精力和费用都比较高　公文处理测试的试题不论从设计、实施到评分都需要较长时间的研究与筛选，都必须投入相当大的人力、物力和财力才能保证较高的表面效度，因此成本会很高。

（3）评分难度大　由于不同的组织具有不同的机构、氛围和管理观念。文件处理结果的评价往往受多种因素的影响。在公文处理测试的评分确定过程中，由于专业人员和实际工作者往往存在理解上的差异。所以评价标准一般不会相同。

（4）在缺少人际沟通能力评价的公文处理测试中，由于被评价者是单独作答，因此很难看到他们的人际交往能力。

4. 公文处理测试的步骤

（1）成立测试小组　由测试方面和管理方面及相关岗位的实际工作者三类人员组成。需要他们相互配合，负责全程测试工作。

（2）编制测试所需的文件和材料　进行职位分析，明确招聘岗位的工作内容、职责及任职条件，提炼出胜任能力特征和测试要点及范围，据此提出测试方案，选择编排相关的文件和背景材料。

（3）选择测试场地，并作适当布置。

（4）安排受测人员进场，宣布测试注意事项　向受测者介绍有关背景材料，并告知：现在你们就是这个岗位上的任职者，全权负责处理文件筐里的所有材料，要从管理者的角度，运用自身的知识经验在规定的时间内处理完每项事情，解决好每一个问题，所处理过的文件资料将反映你们的成绩。

（5）开始测试　测试小组成员负责监督维护考场秩序，也可视情形插入提问，例如：前任是否胜任，企业有何主要问题，准备采取什么挽救措施，处理公文的依据等。也可观察受测者的工作方法，如：受测试者是将一堆文件，从上到下逐份处理，还是先浏览一遍，分出轻重缓急，先处理重要而紧急的事务等。还可扮演上级来检查工作，在情景中引入一种权力关系，增加压力，扩大测试范围。文件处理完毕后，还要让受测者填写行为动机问卷，说明为什么这样处理。对不清楚的情况，测试人员可进一步提问交谈。

（6）测试结束　整个时间控制为120分钟左右，到时应回收文件资料。

（7）评定测试成绩　测试小组根据回收的测试资料，按考评维度和标准进行评分。通常是五分制，考评维度有七个：个人自信心、企业领导能力、计划安排能力、书面表达能力、分析决策能力、敢担风险能力、信息的敏感性。但也可按具体情况增减，如加上创造性思维能力，工作方法的合理性等。总之，应将岗位胜任能力与远期发展潜质作为测试评分的重点。

（三）角色扮演法

1. 角色扮演的概念

角色扮演是一种情景模拟活动。所谓情景模拟就是指根据被试者可能担任的职务，编制一套与该职务实际情况相似的测试项目，将被试者安排在模拟的、逼真的工作环境中，要求被试者处理可能出现的各种问题，用多种方法来测评其心理素质、潜在能力的一系列方法。情景模拟假设解决方法往往有一种以上，其中角色扮演法是情景模拟活动应用比较广泛的一种方法，其测评主要是针对被试者明显的行为以及实际的操作，还包括两个以上的人之间的相互作用和影响。

2. 角色扮演法的功能

角色扮演法具有两大功能：测评功能和培训功能。

（1）角色扮演法具有测评的功能　通过角色扮演法可以在情景模拟中，对被试者的行为进行评价，测评其心理素质以及各种潜在能力。测出被试者的性格、气质、兴趣爱好等心理素质，也可测出受试者的社会判断能力，决策能力，领导能力等各种潜在能力。

（2）角色扮演法具有培训的功能　在日常工作中，每个人都有其特定的工作角色，但是，从培养管理者的角度来看，需要角色的多样化。因此，在培训条件下，进行角色实践同样可以达到较好的效果。同时，通过角色培训还可以发现被试者行为上存在的问题，及时做出有效的修正。

3. 角色扮演法的优缺点

角色扮演法的优点：

（1）角色扮演是一项参与性的活动　作为受试者，可以充分调动其参与的积极性，为了获得较高的评价，受试者一定会充分表现自我，施展自己的才华。作为受训者都知道怎样扮演指定的角色，是明确的有目的的活动。在扮演培训过程中，受训者会抱有浓厚的兴趣，并带有娱乐性功能。

（2）角色扮演具有高度的灵活性　从测评的角度看，角色扮演的形式和内容是丰富多样的，为了达到测评的目的，主试者可以根据需要设计测试主题、场景。在主试者的要求下，受试者的表现也是灵活的，主试者不会把受试者限制在有限的空间里，否则不利于受试者真正水平的发挥。从培训的角度看，实施者可以根据培训需要改变受训者的角色，与此同时，培训内容也可以做出适于角色的调整。在培训时间上没有任何特定的限制，视要求而决定长短。有关人际关系的培训，从培训设计上就已经消除了由于人际交互作用所产生的不利影响。

（3）角色扮演是在模拟状态下进行的，因此受试者或受训者在做出决策行为时可以尽可能的按照自己的意愿来完成，也不必考虑在实际工作中决策失效会带来工作绩效的下降或失败等问题。它是一种可反馈的，反复的行为。受试者或受训者只要充分地扮演好角色就行，没必要为自己的行为担心，因为这只是角色扮演行为，其产生的影响可以控制在一定的范围内，不会造成不良影响，也没必要在意他人对你的看法。

（4）角色扮演过程中，需要角色之间的配合、交流与沟通，因此可以增加角色之间的感情交流，培养人们的沟通，自我表达，相互认知等社会交往能力。尤其是同事之间一起接受培训进行角色扮演时，能够培养员工的集体荣誉和团队精神。

（5）角色扮演培训为受训者提供了广泛地获取多种工作生活经验，锻炼能力的机会。这一优点是针对培训而言的，因为在培训过程中，通过角色扮演，受训者可以相互学习对方的优点，可以模拟现实的工作生活，从而获得实际工作经验，明白本身能力的不足之处，通过培训，使各方面能力得到提高。

角色扮演法的缺点：

（1）如果没有精湛的设计能力，在设计上可能会出现简单化，表面化和虚假人工化等现象。这无疑会造成对培训效果的直接影响，使受训者得不到真正锻炼提高的机会。同样的，在设计受试者角色扮演场景时，如果设计不合理，设计的场景与测评的内容不符，就会使受试者摸不着头脑，更谈不上测出受试者的能力水平来。

（2）有时受训者由于自身的特点不乐意接受角色扮演的培训形式，而又没有明确的拒绝，其结果是在培训中不能够充分的表现出他们自己。而另一种情况是受训者的参与意识不强，角色表现漫不经心。这些都会影响培训的效果。在测评的过程中，由于受试者参与意识不强，没有完全进入角色，就不能测出受试者的真实情况。

（3）对某些人来说，在接受角色培训时，表现出刻板的模仿行为和模式化行为，而不是反映他们自身特征的行为。这样，他们的角色扮演就如同演戏一样。偏离了培训的基本意义。在测评受试者角色扮演中，如果受试者也表现得刻板或行为模式化，测评就失去其意义。

（4）由于角色扮演时，大多数情况有第三者存在，这些人或是同时接受培训的人，或是评价者，或是参观者，自然的交互影响会产生于受训者和参观者之间，这里的影响是很微妙的，但绝不容忽视。

（5）有些角色扮演活动是以团队合作为宗旨的，在这种情况下可能会出现过度的突出个人的情况，这也是角色扮演中很难避免的，因为，一旦某个人表现太富于个性化，就会影响团队的整体合作性。

4. 角色扮演法的操作步骤

（1）进行充分的准备工作

第一，事先要做好周密的计划，每个细节都要设计好，不要忙中出错，或乱中出错。

第二，事先训练好助手，讲什么话，做什么反映，都要规范化，在每个被试者面前要做到基本统一。

第三，编制好评分标准，主要看被试者的心理素质和实际能力，而不要看其扮演的角色像不像，是不是有演戏的能力。

（2）实施评估　角色扮演的评估，其实就是一个收集信息、汇总信息、分析信息，最后确定被试者基本心理素质和潜在能力的过程。

第一，观察行为。每一位主试要仔细观察，及时记录一位或两位被试者的行为，记录语气要客观，记录的内容要详细，不要进行不成熟的评论，主要是进行客观的观察。

第二，归纳行为。观察以后，主试要马上整理观察后的行为结果，并把它归纳为角色扮演设计的目标要素之中，如果有些行为和要素没有关系，就应该剔除。

第三，为行为打分。对要素有关的所有行为进行观察、归纳以后根据规定的标准答案对要素进行打分。

第四，制订报告。给要素有关的所有行为打分以后，每一位主试对所有的信息都应该汇总，形成报告。每位主试要宣读事先写好的报告，报告对被试者在测评中的行为做一个简单的介绍，以及对要素的评分和有关的各项行为。在报告时其他的主试可以提出问题，进行讨论。

第五，重新评分。当每一位主试都报告完毕，大家进行了初步讨论以后，每位主试可以根据讨论的内容，评分的客观标准，以及自己观察到的行为，重新给被试者打分。

第六，初步要素评分。等每一位主试独立重新评分以后，再把所有主试的评分进行简单的平均，确定被试者的得分。

第七，制订要素评分表。

项目三 酒店员工录用

任务1 了解酒店员工录用的原则

一、因事择人原则

因事择人就是以酒店发展经营的需要、岗位的空缺为出发点，按照岗位对担任职务者的资历要求来选择人员。通常要求酒店雇用员工应是按照工作的需要来进行，应严格按照人力资源的供需规划来吸纳每一位员工，人员配备布置不可出自部门领导的个人需要或意志，也不能借工作需要达到个人的某种目的。只有这样，才能事得其人、人适其事。

二、任人唯贤原则

是否能够做到任人唯贤是权衡管理人员是否称职的标准之一，在人员的使用过程中，要克服错误心态，避免用人上的失误。任人唯贤原则，还需要有其他条件来配套，如要求酒店的部门经理对每个工作岗位的责任、义务和要求非常明确，要学会人才鉴别，掌握基本的人才试验、考核、选拔的方法，并能及时发现人才，得当使用，才能使每个人都充分施展本身的才能。

三、用人不疑原则

这个原则要求管理者对员工要给予充分的信任与尊敬，如果对部下怀有疑虑，不如不用。同时，试用人员与正式员工在对待工作上并无本质的差异，关键是管理者能不能给他们以充分的信任与权力，大胆放手让他们在岗位上发挥本身的才能。

四、严爱相济原则

员工在试用期间，管理者必须为其拟定工作标准与绩效方针，对其进行必要的考核，考核可从几个方面进行：能力及能力的提高、工作成就等；对试用期的员工在生活上应当给予更多的关注，在工作上要指导帮助员工取得进步，用情感吸引他们留在酒店中；同时从制度上保证员工享受应有的权力，这些对员工是否愿意积极努力地、长期不变地为酒店工作是很重要的。

任务2　熟悉酒店员工录用的程序

一、公布录用名单

此阶段的任务是依照人员录用的原则，把甄选阶段多种考核和面试结果组合起来，进行综合评价，从中择优确定录用人员名单，录取名单确定后，张榜公布，公开录用，以提高透明度。这样做的好处是，一方面接受社会的监督，切实落实雇佣政策，另外一方面也可纠正雇佣过程中的弄虚作假。

二、办理录用手续

酒店雇佣录用员工，应向本地劳动人事行政主管部门办理录用手续，证明录用员工的正当性，受到国家有关部门的认可，并且使雇佣工作接受劳动人事部门的业务监督。酒店办理雇佣录用手续应向劳动行政主管部门递送员工登记表，填写内容包括：员工姓名、年龄、性别、民族、籍贯、文化程度、政治面目、个人简历、面试的结果、酒店赞成录用的原因等，经劳动行政主管部门检查核对赞成，并在登记表上加盖赞成录用的印和章以后，录用手续即办理完成。

三、通知面试者

通知面试者是录用工作的一个重要部分。通知有两种，一种是录用通知，一种是辞谢通知。

（一）通知被录用者

在通知被录用者方面，最重要的原则是及时，录用决议计划一旦做出，就应该马上通知被录用者。在录用通知书中，应该明确报到时间、地点；应该附上如何抵达报到地点的详细申明，和其他应该申明的信息；当然还包括欢迎新雇员加入酒店，让被录用者知道他们的加入对于酒店经营和前景的重要意义等内容。

（二）谢绝面试者

在人员甄选过程中的任何一个阶段，求职者均可能被拒绝。一般而言，许多酒店会选择以拒绝信的方式通知面试者，写拒绝信的做法的好处是，针对个人的信件通常会减少被拒绝的失落感及落选面试者对酒店发生的否认情绪。如果用电话通知某面试者没有被录用，那么所有的申请者都应该用电话予以通知，每个参加了面试的人都应该接到一个及时的回答。

（三）存眷拒聘者

不管酒店如何努力吸引人才，都仍然会发生接到录用通知的人不能来酒店报到的情况。对于那些看重优异面试者的酒店，人力资源部或者最高层管理人员应该主动打电话询问，并暗示积极的争夺立场，如果酒店被许多面试者拒聘，就应该考虑本身的待遇是否太低，通过了解拒聘的原因可以获得一些有效的信息。

四、签订合约

（一）员工试用

员工进入酒店后，酒店要为其选择合适的岗位。一般来讲，员工的岗位均是按照雇佣的要求及面试者的面试意愿来设置的。员工试用是对于员工的能力与潜在力量、个人品位与心理素质的进一步查核，一般使用期是3~6个月。

同时，员工还要与酒店签订相应的试用合约，员工试用合约是对员工与酒店两边的约束与保障。试用合约应包括：试用的岗位、试用的期限、员工在试用期的薪酬、员工在试用期应接受的培训、员工在试用期的工作绩效方针与应负担的义务和责任、员工在试用期应享受的权力、员工转正的条件、试用期酒店解聘员工的条件与负担的义务和责任、员工辞职的条件与义务、员工试用期被延伸的条件等内部实质意义。

（二）正式录用

正式录用即我们通常所称的“转正”，是指试用期满，且试用合格的员工正式成为该酒店成员的过程，员工可否被正式录用关键在于试用部门对其查核的结果如何。酒店对试用员工应坚持公允、择优的原则进行录用，正式录用过程中酒店用人部门与人力资源部门应完成以下首要工作：员工试用期的查核判定；按照考核情况进行正式录用决议计划；与员工签订正式的雇用合约；给员工供给相应的待遇；拟定员工发展规划；为员工提供必要的帮助与咨询事宜等。

思考与练习

1. 酒店招聘工作的意义和原则是什么？
2. 酒店招聘工作的具体步骤是什么？

模块四

酒店员工培训

理论目标

1. 了解酒店员工培训的内涵、特点、意义、目标
2. 熟悉酒店员工培训的内容、方法及技巧
3. 掌握酒店员工培训效果的评价
4. 掌握酒店员工的职业发展设计

实践目标

1. 能够制定酒店培训的内容，采用的方法与技巧
2. 能够评价酒店员工培训的效果
3. 能够设计酒店员工的职业发展规划

案例导入

小张为什么离开这家餐厅

小张是某校酒店管理与服务专业的毕业生，到一家酒店去参加他的第一次培训，这个酒店位于开发区，是一家拥有八个餐厅的小公司，小张对他的新工作异常兴奋，期待从酒店学习到管理及运行机制方面的实践知识。

早上7：30，他准时到了酒店（这是录用通知书上要求的时间），发现餐厅里一片漆黑，前门还锁着。他敲了敲门，里面没有人应答，他只好在外面等着。到了八点多，酒店王经理终于来了，但当他听完小张的自我介绍和来参加雇员培训的说明时，表示很吃惊，显然王经理不知道这件事情。王经理把小张领进餐厅，让他在门边的一张桌子旁等着，甚至没有为他

打开灯就走了。小张在黑暗中又等了半个小时，王经理回来了，递给他一份菜单和一本员工手册，然后说他一会儿就回来。当小张读完这两份资料，起身去找经理时，王经理却告诉小张，他今天就可以作为正式员工上班，因为今天当班的那个服务员请病假了。因此，没有经过任何培训，小张就开始了艰难的工作，接电话、迎送客人、领客人就座、回答客人的问题等。下班时，小张问经理能不能回答他一些问题，可是经理却说没有时间，但要他第二天早上同样的时间到餐厅上班。第二天，小张再也不想去这家酒店上班了。

讨论

小张为什么第二天不想再去这家酒店工作了呢？主要的原因是什么？

项目一 酒店员工培训概述

任务1 了解酒店员工培训的内涵

酒店员工培训是指酒店为了使员工获得或改进知识、技能、态度和行为等，而有计划、系统实施的教育训练活动，其最终目的是为了达到提高组织的效益和实现员工自身发展的双重目的。从这个定义来看，酒店人力资源培训至少包括以下含义：

（1）酒店人力资源培训是一个有计划的系统的实施活动 它的实施是在组织周详的计划和严密的控制下进行的，包括对培训时间、培训内容、培训对象、培训师资等都应有详尽的安排。现代许多酒店组织在没有培训经历的前提下，往往会随大流，刻意模仿竞争对手的培训活动，对自己员工所欠缺的知识不甚了解，培训没有一个事前计划，培训不择时机，以致培训效果不理想，这是与现代培训的意义相违背的。

（2）酒店人力资源管理培训的最终目的是提高组织的效益 培训从形式上看是提高了员工的知识、技能、态度和行为等，但提高员工个人素质的目的是改进其目前和将来的工作绩效，并由此提高员工个人或小组、团队所效力的组织效益。培训虽然是一个教育、训练、学习的过程，但其根本目的还在于提高企业效益。因此，对员工培训效果的衡量不仅应包括员工培训学习以后自身能力提高的程度，也应包括员工培训后运用所学知识、改善工作绩效的效果情况。

（3）酒店人力资源培训有助于员工的自身发展　一个酒店有效的、真正的培训是既能达到酒店组织的目的，又能有利于员工的职业生涯发展，实现组织与员工的双赢。组织的培训不能只考虑到组织的利益，还要结合员工具体情况来进行。

任务2　熟悉酒店员工培训的特点

（一）培训目的的针对性和实用性

员工培训是以工作为中心，针对其职位的具体要求，向受训者传授专门知识和特殊技能，其目的是使受训者掌握职业岗位上所必需的知识、能力和技巧，以提高工作效率和水平，它对改进工作效果的作用是直接的。从长远来看，科学的员工培训将为酒店企业带来十分积极的效应：第一，培训可以不断地更新员工的知识和技能，适应新的工作，从而跟上技术的更新步伐；第二，培训可以使员工现有工作做得更好，改进不正确的操作，提高产品质量，特别是目前市场竞争激烈，需要不断开拓新领域，开发新技术，通过培训为企业的发展奠定坚实的人才基础。

（二）培训对象的广泛性和复杂性

员工培训是一种终身回归的继续教育，是属于“第二教育过程”的再教育，因此，酒店所有员工都是培训对象。从培训结构上看，上至企业的决策层，中至管理层，下至一般员工的操作层，都是企业的受训者。从培训内容上看，凡属酒店发展的各种计划、财务、营销、生产、技术等都可作为企业的培训内容。另一方面，员工培训的对象是成人，他们在年龄、学历、专长、阅历、信念、价值观、兴趣、习俗、经历与时间等方面都存在不同程度的差异。这种差异不仅决定了他们学习动机的复杂性和兴趣志向的多样性，而且决定了他们对所学知识和技术具有不同的要求。

（三）培训内容的层次性和系统性

一方面，酒店员工要分层次进行培训。对于不同的对象，不同等级水平和不同需要的员工，由于他们承担的工作任务不同，知识和技能需要各异，因而培训的内容也应当有所不同。例如，一线服务人员主要根据员工工作的需要，加强基础知识的学习，掌握本岗位必须具备的基本技能，解决基础知识和技能掌握不到位的问题；中层人员主要解决拓宽技术知识面，实现一专多能的问题；高层人员侧重于通过培训活动，及时掌握国内外同行业的最新情况和发展动向。

另一方面，酒店员工培训又是一个系统的工程，这就要求各结构的环节、层次要协调运转、系统整合，而不能“头疼医头，脚疼医脚”。首先，要从酒店生产经营的实际出发，来确定培训模式、培训内容和培训对象；其次，根据酒店发展的规模、速度和方向，合理确定酒店培训员工的总量与结构，使培训的规模与酒店的发展速度相适应；再次，要准确的根据员工的培训人数，合理的调配培训时间；最后，根据酒店培训的总体设计，进行各层次培训的分解。

（四）培训形式的灵活性和多样性

酒店员工培训可以根据市场竞争程度、现代企业制度和员工自身的特点，立足于现实需要，采取灵活多样的培训形式。在期限上，既有较长时间的定期培训，又有不定期的短期培训；在方式上，既有脱产培训，又有不脱产的在职培训；在方法上，既有一般的理论讲授，又有讨论、研究、案例分析、实际操作、考察了解等，以充分发挥员工的主动参与精神；在组织上，既有内部培训，也有外部培训等。

任务3　明确酒店员工培训的意义

酒店是劳动密集型的服务型企业，竞争的焦点就在于人才。做好员工的培训工作，不仅有助于酒店员工掌握服务、营销和管理工作的知识和技能，从而提高服务质量，而且有助于酒店形成高度重视人力资源开发工作的良好声誉，实践证明，只有那些愿意投资做好培训工作的酒店，才能真正开发人力资源，才能在激烈的人才竞争和市场竞争中取得长期优势。

（一）培训可以提高员工生产率

通过培训，可以使普通工成为熟练工，其劳动效率自然会提高。毋庸置疑，经过培训的服务员可比未经培训的服务员多清扫几间客房、多照管几张餐桌。即使是一些难以直接用数量表示的工作，如行李员和维修工的相关工作，也可以从顾客的满意程度来反映培训的效果。

（二）培训可以提高服务质量

人们生活水平不断提高，顾客的需求在不断变化，因而服务水平的提高是没有止境的。酒店的任何员工都不能停留在“胜利工作”这一水平上，而要不断提高服务质量，以满足甚至引导顾客不断变化的需求。提高服务质量的最有效方法就是培训。培训可以使员工掌握良好的技能与工作方法，以及丰富的行业知识，使员工工作起来得心应手。

（三）培训可以降低损耗和劳动成本

对酒店来说，某些浪费和损耗是可以避免的。例如，在客房清洁、洗涤的过程中，除了自然损耗外，还有人为因素。其中很多浪费与损耗是由于员工未经训练和没有经验所致。有研究表明，有效的培训可以减少73%左右的浪费与损耗。培训可以使员工建立爱店如家和浪费可耻的观念，从而在工作中自觉节约、杜绝浪费。

通过培训，还可以减少事故的发生，保证员工的人身安全和酒店财产的安全。有调查统计表明，未经培训的员工，其事故发生率几乎是受过培训员工的三倍。酒店设施设备日益更新，许多岗位都有一定的危险性，许多酒店发生的事故，如由于漏电引起的火灾，由于操作不规范引起的工伤事故等，缺乏培训往往是原因之一。

培训还可以使员工了解酒店的规章制度，自觉遵守纪律，提高出勤率。有资料表明，酒店员工培训后的出勤率一般提高30%以上。

（四）培训是形成酒店文化建设的重要渠道

酒店文化是指酒店内部全体员工的共同价值观念、信念和行为准则。对酒店来说，酒店文化的核心就是服务文化，即为外部顾客和内部员工提供优质服务是酒店全体员工最重要的信念、行为准则和价值观念。酒店文化建设是一个系统工程。服务意识的灌输、酒店精神的培养、酒店目标的宣传、酒店凝聚力的加强等都需要教育相引导，培训是形成酒店文化的最佳途径之一。

（五）培训可以为员工的职业发展提供条件

培训不仅对酒店有利，对员工本身也有好处。员工在接受培训——工作——再培训——再工作的过程中，熟悉了业务，成为内行，提高了胜任本职工作的信心，从而增强了职业安全感。此外，员工通过培训可以扩大知识面，拓展工作领域，并接受新的管理理论的学习，为其自身的晋升与发展创造了必要的条件。

任务4　掌握酒店员工培训的目标

酒店人力资源培训目标是指酒店通过对员工的培训而期望达到的目的。不同的培训活动会有不同的培训目标。例如，对餐饮服务员的技能操作培训目的主要是提高他们的实际操作技能，而对部门主管人员的管理素质培训的主要目标是提高他们的领导协调等管理素质。

罗伯特·伍兹博士（美国内华达大学威廉·W哈拉饭店管理学院的教授）将酒店业培训的主要目标分为以下四种：反应式培训目标、学习式培训目标、工作行为式培训目标和结果导向式培训目标。

（一）反应式培训目标

反应式培训目标指受训人如何看待培训过程。有时培训活动仅仅是为了提高员工对培训的感情，如教员工读写、戒烟、减肥等都属于反应式培训项目，这种培训结果往往是间接地作用于企业发展，而直接给受训人带来好处。所有培训项目都应通过反应式评估，而不仅限于那些直接使员工收益的培训项目。

（二）学习式培训目标

学习式培训目标指在培训中学习掌握知识的过程，并以掌握知识为最终培训目的，像培训服务员对葡萄酒的知识和服务技能（这是一种涉及酒水服务的知识和技能）。这类培训目标最常见于管理人员培训和正规的教室培训。

（三）工作行为式培训目标

工作行为式培训目标是工作相关行为的目标培训，如服务质量经常用与客人接触的员工的热情程度为指标进行衡量，因此饭店经常制定一些以积极地为客人服务的行为为目标的培训计划。

（四）结果导向式培训目标

结果导向式目标是最常见的一类培训目标。在这类培训中，培训目标是可量化的个人或团体工作，如以提高出纳和前台的工作速度、减少厨房的浪费、提高回头客数量为目标的培训都属此类。

有些培训是单一目标的，有些是多目标的，如有一种培训计划能使受训人中的成绩优秀者得到奖金，这就是反应式、结果导向式和工作行为式三种目标结合的培训。

在确立培训目标时，最重要的是认清想要达到的具体的、可量化的目的。像“提高雇员满意度”这种很模糊的目标指导下的培训是很难成功的；而“减少员工流失率”（雇员满意度的一种衡量指标）就是一个具体的目标。

项目二 酒店员工培训的内容、方法与技巧

任务1 熟悉酒店员工培训的内容

酒店员工培训教育的基本任务和作用就是要员工树立为酒店经营管理服务的思想，真正解决酒店最需要解决的问题，尤其是那些在经营和服务中遇到的一些难点、热点、或者是普遍性的问题，直接有效地为饭店服务。在培训内容上强调学用结合，按需施教，其核心是学习的内容与工作需要相结合、理论和实际相结合、当前与发展相结合、多样性与时效性相结合。

（一）职业道德培训

职业道德是指从事一定职业的人，在执业活动的整个过程中必须遵守的行为规范和行为准则。良好的职业道德包括职业道德认识、职业道德情感、职业道德信念、职业道德意志、

职业道德行为和习惯五个因素。因此，培训要达到以下目的：

1. 提高职业道德认识

使员工认识职业活动中各项内容的正确或错误，增强员工工作的责任感和使命感。

2. 提高职业道德情感

促使员工在加深职业道德认识的基础上热爱本职工作，具体到热爱工作对象、劳动资料、岗位环境、合作伙伴，一点一滴积累经验，精通业务，从中品尝奋斗和成功的喜悦，增强职业的光荣感和责任感。

3. 鉴定职业道德信念

要求员工要做到“干一行、爱一行、专一行”，围绕目标不松懈。勤勤恳恳、兢兢业业，为实现职业理想而奋斗不息。

4. 磨练职业道德意志

在酒店服务性工作中，在遇到各种各样的磨难甚至受到责难与刁难时要具备坚强的意志，努力克服，冷静对待，逐渐养成高尚的人格。

5. 培养良好的职业道德和习惯

要求酒店员工将职业义务和责任变为内在的责任感，随时调整自己的行为，在服务工作中有高度的道德自觉性，言行一致。即使是独立操作，也能自觉接受职业规范的约束。

（二）文化知识培训

作为酒店员工，必须掌握和知晓多方面的相关文化知识，才有对顾客服务和经营管理的基础。因此，文化知识的培训是酒店员工培训的重要内容和基础。

酒店员工培训的知识包括核心专业知识和相关基础知识。核心专业知识是指旅游酒店及本岗位、本专业所需运用的知识。一般包括：酒店常识（包括酒店的发展、性质、类别）、酒店产品和服务质量知识、服务的程序和标准、岗位职责和素质要求、社交礼仪与人际沟通、酒店规章制度及企业精神、客源国概况、酒店市场营销、卫生安全等，管理者还需掌握决策、管理与督导等有关知识。相关基础知识主要是指人文、地理、历史、风俗、城市交通、经济、商贸、景区景点、旅游企业及政策法规等最基本的信息和常识。

（三）操作技能培训

这是酒店员工培训的重点和关键。酒店服务工作虽然是和人们日常生活有关的一些平凡的甚至是琐碎事，但是要达到优质、高效并使客人满意的程度，其中就包含千锤百炼提炼出来的被证明是较为科学的规范、程序和标准，这就是所谓的操作技能，操作技能培训就是按这些既定的规范、程序、标准而进行的对顾客服务的训练。

一般的操作技能培训都是紧密结合本岗位、本专业而进行的，如客房服务员的客房清扫、做床、对顾客服务的培训，PA服务员对公共区域的清洁、卫生与保养技术的培训，前厅服务员的接待、问询、收银结账、疑难问题解答和投诉应对技巧的培训，餐饮服务人员领位、摆台、看台、上菜、撤盘的培训，厨师烹饪技术的培训，工程部员工的设施设备安装、修理、维护、保养等培训，安全部员工安全保卫、消防灭火技能的培训等。

此外，酒店还要适时开展“一专多能”、“一能多用”的“复合型”、“交叉式”技能培训和轮岗锻炼培训，如商务中心与总机、客房服务员与清扫、中餐宴会与西点之间的交叉技能培训、客房与餐厅、财务与前厅、财务与采购等之间的交叉技能培训。

对管理人员来说，除了专业技能，还应重点进行组织管理能力、组织决策能力、沟通协调能力的培训。

任务2　掌握酒店员工培训的方法

培训的效果在很大程度上取决于培训方法的选择。采用适当的培训方法可以提高员工的兴趣和注意力，取得最佳的培训效果。

（一）讲授法

讲授法是传统的培训方法，也是目前最常用的培训方法，主要是由教师或专业人员对受训者授课，要求授课人能有效组织材料并进行讲解。

讲授法的优点是时间集中，讲课不易受干扰，传授的知识比较全面、系统、容易接受。其缺点是单向输入，受训者不能主动参与。要使讲授法发挥好的效果，培训者一要善于使用视听设备，将内容形象化、立体化，激发受训者的学习兴趣；二要采用启发式教学方法，利用教师逐个提问、集体思考、重点回答的方式，可以活跃课堂气氛；三要在授课中语言精练，注意系统性和逻辑性；四要对所讲授的原理、概念作出论证，具有说服力，令人信服。

（二）讨论法

讨论法是对某一专题进行深入讨论的培训方法。讨论法又分问题讨论法和案例讨论法。问题讨论法是由培训者提出问题，并设定一定的限制条件，组织和引导参加者开展讨论并得出正确结论的一种方法。案例讨论法是让受训者对实践中的案例进行分析、研究，并提出自己的见解，最终通过分析比较找出最佳解决方案的方法。讨论法较适用于中、高级管理人员的培训。

讨论法有利于启发和挖掘员工的分析能力、判断能力、比较能力、决策能力和创造能力，是一种省时而且有效的培训方法。讨论法在实施过程中有一定的难度，因此培训者在主持讨论时应注意：

① 讨论前应对讨论主题进行充分准备，提出的问题或案例应具有典型性、普遍性、实用性、指导性；

② 讨论过程中应让每位受训者参与讨论，启发受训者发言，防止个别受训者夸夸其谈，

独占讨论时间；

③ 控制好讨论会的气氛，不使讨论偏离主题，也不要对细小问题过于纠缠；

④ 在结束阶段，培训者应对问题或案例进行剖析和归纳总结，给出清晰而明确的结论。

（三）角色扮演法

角色扮演法是让受训者模拟实际情景，扮演各种角色的一种训练法。这种培训方法多用于关于人际关系的训练。部门经理与主管、主管与领班、领班与服务员之间，销售人员、服务人员与客人之间，由于所在职位不同，感受与态度也常不同。因此，角色扮演法的做法是让员工扮演与自己工作相关的另一职位上的角色，并进行模拟，亲自体验对方的感受，从中认识到不良做法的害处，消除员工之间、员工与管理者之间、管理者之间的隔阂，以达到相互沟通与理解的培训目的。

角色扮演法也常用于服务员扮演客人的训练，在模拟的工作环境中，让服务员亲自体验做客人的感受，并以客人的身份评论服务员的工作表现，从中获得对客人需求的理解，以达到提高服务质量的培训目的。

案例

准确把握客人的话语意思

一位客人饭后正在喝一杯咖啡，服务生看见咖啡喝光了，就走了上去。

服务生："您还要一杯咖啡么？"

客人："好了。"

可是服务生又端上一杯咖啡。

客人："嗯？我不是说过不要了么？"

服务生："但您不是说还想要一杯么？"

客人："我说'好了'，就是'不要了'的意思。"

服务生："啊，是么？真对不起。"（沮丧地回去了）

（四）管理游戏法

管理游戏法是针对酒店较高层次管理人员的一种较先进的训练方法。管理游戏法具有生动、具体的特征。在运用这种方法进行训练时，员工会面临许多酒店经营管理过程中的实际问题，决策成功与失败的可能性同时并存，需要受训人员积极地参与训练，运用有关的管理理论和与原则、决策力与判断力对游戏中所设置的种种遭遇进行分析研究，采取有效办法解决问题，争取游戏的胜利。管理游戏的设计很重要，必须使员工在游戏般的气氛中有所领悟，有所收获。

（五）操作示范法

操作示范法是最有效、最常用的基层培训方法，除由教师亲自示范外，还包括教学电影、幻灯和参观学习。这种方法较适用于机械性的工作，如餐厅、酒吧服务员的摆台、上菜、调酒或客房服务员的铺床、清扫等实务操作训练。

操作示范法的程序是：先由教师讲解操作理论与技术规范，并按照岗位规定的标准、程序进行示范表演。对于操作中的重点和难点可以反复强调示范。然后由员工模仿训练，同时教师应进行指导，纠正错误动作，直到员工符合操作标准。

（六）情景培训法

情景培训法是提出一些工作中有代表性的问题，并假设几种解决问题的方法，让员工讨论和选择正确答案，并说明理由，最后由指导教师作出综合分析的一种方法。

案例

应怎样回答

某餐厅，一位顾客没有看菜单就点了一道常吃的菜，结账时，他却说餐厅多收了6元钱。因为此菜价是刚调上去的，而餐厅也没有提示顾客这一点，最后，顾客感到很尴尬和恼怒，作为餐厅的服务人员你该怎么办？下面有四种不同的回答：

① 非常抱歉先生，我只是这里的一名职员，价格是由我们经理制定的。

② 对您不了解我们价格的变动深表歉意，没有提醒您注意确实是我的失误。

③ 没有转告您价格的变动是很抱歉，但作为特殊情况，这次就按原价收费。

④ 让我与经理联系，因为您是老主顾，或许经理会按原价收费。

（七）对话训练法

对话训练法是把服务员在工作中与客人的对话录下来，在培训课上播放并进行讨论分析，以增强员工语言能力和解决问题能力的一种培训方法。对话的内容主要是针对服务员不讲礼貌、态度粗暴、不懂业务、不懂推销常识等方面而设立的来自于顾客与服务员、管理人员与服务人员的实际接触的对话，通过播放录音可以提高员工的学习兴趣和学习效果，增强员工的工作信心和工作能力。

（八）四步培训法

四步培训法来源于第二次世界大战时美国在职训练规划提出的一个职工培训方案。其特点是实践性强，培训者应用起来简便易行，员工容易掌握。如果培训目标是为了提高员工的能力、技能，这种方法最为有效。四步培训法的步骤如下：

① 讲解：做好学习动员，使学员安心学习，轻松自如。讲述工作情况，解说操作要领，了解员工对该项工作的认识，说明掌握操作要点的重要性，提高员工对培训的兴趣。

② 示范：讲授、解释与表演每一个操作动作。在示范中，速度控制要适当，太快，员工不能理解，跟不上；太慢，时间又显紧张。进行一次完整的操作示范后，重点内容可反复示范。应注意示范的动作不要过多，以免超过员工一次能接受的能力范围。

③ 实习：让受训者实习所学的操作内容。在员工实习操作过程中，培训者要认真注意观察，对准确动作予以肯定与赞扬，对错误动作提出改进建议，直到员工能够正确掌握为止。

④ 操作：在员工已初步理解、领会和基本掌握正确的操作要领后，鼓励员工独立上岗操作，并耐心解答提问，经常检查，定期对员工在日常工作中的操作情况进行跟踪、复查，确保操作要领的领会和运用。

（九）心理训练法

健康的心理状态、良好的心理素质有助于人们有效地开展工作和处理各种人际关系，是提高工作业绩、获得个人事业成功和个人发展的重要因素。心理训练可以帮助人们建立和增强自信心，提高对挫折的承受力和战胜挫折的能力，以积极的态度对待工作和生活。尤其是酒店的员工，职业特点决定了他们要与不同的顾客打交道，并为顾客提供了优质的服务。自己遇到了不顺心的事还得“赔笑脸”；受到某些顾客的误解，自己感到很委屈还要对客人表示歉意；看到客人“享乐”自己却在一旁伺候，心中产生沮丧感都是正常的。通过心理训练，员工可以学会控制自己的情绪，以理性的想法去思考问题，保持健康的心理，从而给顾客提供一贯性的优质服务。心理训练可分为正向（激励）和逆向（挫折）训练两类，其中激励训练从培养人的健康心理出发，以积极、愉快和善意的方式激发人的自信心和成功欲；挫折训练一般采用学员受到打击、经历磨练的方式，通过完成向心理、体能极限挑战的课程，训练他们的心理素质，以提高其自信心、意志力和承受力。

案例

要禁得起当众羞辱

张月是餐饮部的一名服务员，每次张月都被评为顾客最满意的员工。张月平时很能干、很完美，并且在各方面都做得很好。可是上次晚餐时，张月有点累，走了神，忘记通知厨房顾客补点的菜肴，顾客当众对张月大发雷霆，张月觉得其他顾客和同事都在窃笑。她心里想，哎！身为优秀员工竟然犯下不可原谅的错误，真是太丢脸了，这么一点小事都做不好的人，一定不会有前途的，我真没用。

任务3 熟悉酒店员工培训的技巧

（一）把握培训技巧的着眼点

培训技巧，其实质是管理技巧的一部分。培训内容的设定可按重要度作如下分类：

① 员工必须学的；

② 员工应该学的；

③ 员工可以学的。

任何培训中，都必须包括“必须学”、“应该学”和“可以学”的内容，以提高员工兴趣，帮助理解，并丰富其背景知识。时间分配上，应保证“必须学”的讲解时间，而“应该学”和“可以学”的分配时间应次之。

培训应循序渐进，进度的快慢应根据员工的学习能力而定。一般顺序规则为：

① 已知→未知；

② 简单→复杂；

③ 整体→部分→整体。

此外，还要让员工参与教学，以提高兴趣。如在适当时机停止，以便于他们参与，或通过提出问题、回答问题的方式帮助他们参与。

（二）课堂讲解

课堂讲解，就是在课堂上提出观点，教授原则，并进行操作指导和说明。上课时，培训者将用大量时间对员工讲述“实际情况”、“概念原理”、“价值观念”等，并以此影响员工的思维、态度、情绪和对培训者的看法。因此，选择适当的语言模式至关重要。

语言模式，一般可归为两类。

① 间接扩展式语言模式：大量采用员工用语，或澄清并扩展一些观点，或进一步提问，肯定员工的正确观点等，都属于此类。

② 直接限制性语言模式：要求员工根据讲课的思路进行思考，或只讲清课内的概念原理，或较少提问，或不提问。

显然，前者通常更有效，是酒店提倡的。但在实际培训中，常常不限哪一种，而是适时交替使用两种模式。因此，适时调整语言逻辑，非常关键。

（三）课堂研讨

开始研讨时，就要提出明确的题目，讲明大家要通过研讨达到什么目的。研讨应使员工们感到轻松，能够畅所欲言，对问题的各个方面，能够想到哪就说到哪，并积极开动脑筋寻找解决问题的方法。

这样的研讨过程非常重要，因为每个人都能参加，并感到自己为寻找到正确答案贡献了一份力量，更容易形成员工未来的自觉行动。

比如，当我们面对以下问题时，可能会得出种种答案，如果简单讲解，可能一带而过，成为说教，如果研讨，便可能事半功倍。

问题1：酒店的客房均已售出，没有空房。这时一位顾客走到前台要求登记住宿。前台的服务员应该怎么办？

员工可能回答：

“对不起，没有客房。”

“你应提前预定。”

“请到其他酒店碰碰运气。”

问题2：客人说他已预订，但没有确认，前台服务员应该怎么办？

员工可能回答：

“谁接受的预定？”

“预定进行确认了吗？”

“什么时候进行的预定？”

“预定时提出何时到达？”

“抱歉，预定时出了差错，我们设法在别的酒店为您找房间。”

“没法解决。”

问题3：酒店客房均已售出，顾客预订后已进行确认，并按时到达。顾客执意要住房并大吵大闹，拒绝收回预定，前台服务员应该怎么办？

员工可能回答：

“报警。”

“把他赶出酒店。”

“听他把话讲完。”

“对他进行一定的安慰。”

“找车把他送到其他酒店。”

列出员工答案后，请大家逐个讨论，找出最有效的方法。然后，培训者针对员工答案作总结，并提出解决问题的原则和方法。

在讨论中，培训者所扮演的角色不应是指导者，而应是领导者。讨论开始时，员工可能涉及管理层的问题，这时，培训者应设法使员工产生亲临领导岗位的感觉，并要求员工以管理人员的身份提出原则，如果员工对某一问题束手无策，培训者可把问题留下，作为以后研讨的题目。

（四）因势利导

对新员工来说，培训是他们迅速了解工作性质，并按酒店标准为客人提供服务的重要途径。一般而言，他们工作经验少、热情高，比较容易吸收培训内容。

相反，那些老员工由于已熟悉酒店工作内容、方法等，常常认为自己已掌握的知识、技能已够用，容易对培训作出拒绝的反应。面对这种消极抵触的做法，如果采取不恰当的培训手段或方法，不仅无法实现培训目的，还会损伤老员工的自尊心。

无论新老员工，都需要培训者因材施教，因势利导，做好培训指导工作。此过程中，培训者要注意以下技巧：

① 对于员工表现出来的某些行为的正误，应首先请其他员工进行判断。这对员工树立自信心非常重要，同时也表示了培训者对员工个人想法的尊重。通常，员工易于接受同事提出的建议，而不是上级主管或高于自己职位的人。

② 培训者最后提出自己的意见。受训人员常常对培训者提出的意见带有警觉性，因而，培训者的做法应当是先对各种问题及其意见做一总结，然后再提出富有建设性的建议。在提出自己的意见、看法之前，应对员工的正确行为给予肯定和鼓励。如果严厉的批评或斥责受训者，不仅会使受训人员产生紧张情绪，而且还会使他们产生厌学心理。

③ 针对工作表现提出意见。懂得如何培训员工的培训者，只对不符合要求的行为或工作表现提出建议，而不是借批评把员工贬低。

④ 对未来的工作提供特别的指导。培训者就如何提高工作表现，向受训员工提供一些特别指导，就是讲解“诀窍”，这非常有助于实现培训目的。

此外，作为培训者，还要把握好以下细节：

① 简明扼要；

② 说话尽量慢；

③ 清晰；

④ 尽量给员工提供体验成功喜悦的机会；

⑤ 示范过程要干净利落；

⑥ 要使员工清楚地看见示范的全过程；

⑦ 允许员工提问题；

⑧ 严禁训斥员工或发表有失培训者身份的言论。

（五）分级进行

新员工培训是分级培训的最初阶段。之后，随着工作的进展，随着个人职位的变更，对知识能力的培训需求也将发生变化，为使有能力的人占有有效的位置，或者说为了形成这样的气候，酒店必须随时制定相应的计划，培训晋级的候选者，从基层走上来，拾级而上，每一点都是基础，而培训正是夯实这个基础的基本手段。

分级培训，还要根据各酒店具体的晋级制度和组织形态，发挥自身的特长，取得这方面的成效。

（六）自我培训

每个部门都有自己的“职位说明书”、“工作规范书”和“岗位职责”，而“岗位职责”是培训的重要教材之一。为使这些酒店内部文件更加有效，便要对它们进行定期修改，以反映组织、操作和责任方面的变化。此过程，便是一个最好的培训机会。

项目三 酒店员工培训效果的评估与反馈

任务1 了解酒店员工培训效果的评估

培训效果评估是根据组织的培训目标和需求，运用科学的理论、方法和程序从培训项目中收集数据，对培训制度、培训过程、培训计划、培训内容和培训费用进行综合分析，评估培训效果，来确定培训的质量和价值的过程。培训效果既有有形效果和无形效果之分，又有长期效果和短期效果之分，还有直接效果和间接效果之分。培训效果的评估要经历一个十分复杂的过程。

培训效果评估在整个培训系统中起承上启下的作用，既是对上次培训的总结又是对下次培训的铺垫。培训评估的最终目的是为了验证培训是否发挥了作用，避免酒店在培训上的无效投资，有利于对培训的全面管理和质量控制。

（一）培训效果评估概述

虽然培训的重要性得到了大多数组织的重视，但是培训效果难以用直观手段测量，而且很难实现量化，这样就可能使得组织对培训投资失去信心。因此，培训效果评估的实施和完善是培训系统良好运转的重要环节。

1. 培训效果评估的作用

培训效果评估在酒店培训和发展体系中具有以下作用：

（1）证明培训活动的成就，凸显培训的价值　通过培训评估，可以使酒店决策者、培训管理部门、管理层和受训者对成功的培训或工作作出肯定评价，清楚地认识到培训活动为酒店带来的实际效果，提高培训投资和受训者参与培训的积极性。

（2）提供比较和判断的依据　培训效果评估可以提供比较和判断的依据，使受训者意识到培训给个人能力和业务水平所带来的提高，增强受训者继续参与培训的信心和学习欲望。从经营者角度来说，通过培训效果评估和判断标准的确定，可以使其对培训投入产生心理安全感，以更加支持的态度实施培训。

（3）提升信息利用能力和促进培训设计能力　评估是对相关培训信息处理和应用的过程。通过对这些信息的重新审定和评估，可以使培训管理者提升信息利用能力，从而增强培训设计能力。

（4）实现对培训者的有效监督　培训评估可以较为可观的评价培训者的工作，对其培训水平、职业素养、培训质量和效果做出正确的评价，达到对培训者进行柔性监督的目的。

（5）促进培训基金的有效使用　通过评估，可以掌握培训资金的具体使用情况，从而进一步分析培训活动的支出与收入，使培训资金得到更合理的配置，并产生更积极的效用。

2. 培训效果评估的原则

（1）客观性　客观性原则是指评估的实施者在评估过程中，要坚持实事求是的态度，避免主观臆断和刻板印象的影响，尽量保持评估的可靠性、真实性和客观性。

（2）一致性　一致性原则是指在评估过程中要使评估标准与培训目标、培训主题、培训计划、受训者水平相一致的原则。这一原则要求评估者根据培训的各个环节和培训的具体环境制定标准，保证评估的公正合理性。

（3）实用性　实用性原则指评估方法要具有可操作性，评估标准要有具体落脚点，避免评估方法和评估标准的不切实际。评估者要把握好评估的最佳时机，采用操作性强、简单有效的评估方法进行培训效果的评估。

（4）连续性　连续性原则是指评估工作不是一次性事件，而是一项前后衔接的长期培训管理环节之一。唯有保持评估的连续性，才能使评估发挥积极作用，使培训工作达到预期效果。

（二）培训效果评估方案设计

进行培训效果的评估，首先要选择一种适合需求的培训效果评估模型，进而利用选择的评估模型对培训效果进行全面评估。

1. 培训效果评估方案设计类型

（1）柯克帕特里克的司机评估模型　国内外应用最为广泛的培训效果评估方法是由柯克帕特里克在1959年提出的培训效果模型。他以评估的深度和难度为两个维度将培训效果分为四个递进的层次。一级评估是反映层：针对受训者对课程及学习过程的满意度调查，包括对培训内容、培训师、方法、材料、设施、场地等进行的评估；二级评估是学习层：在受训者完成培训后，对其所保留的学习效果进行评估，可以通过笔试、技能操作或工作模拟的方式进行评估；三级评估是行为层：重点是评估受训者对培训内容的运用及运用的熟练程度，评估培训给受训者行为带来的改变以及改变程度，评估受训者在工作中可观察到的变化及培训实施前后的变化程度；四级评估是结果层：其重点是评估培训内容（个人绩效和组织绩效）是否有了提升，以及提升的速度和程度，分析行为变化产生的具体结果对组织和个人所产生的效益。

（2）CSE评估模型　CSE（Center for Study of Evaluation）是加利福尼亚大学评价研究中心的简称，由该中心研究出来的评估模式称为CSE评估模型，它对整个培训过程进行非阶段的评估，从而有效获得评选过程中各阶段、各环节的可靠信息，及时对实施中的培训进行控制、调整和改进，使培训达到预期的目标。

CSE评估模型的四项评估为：培训需求评估，主要是对已完成的培训需求结果与培训课程效果进行比较，评估现实与目标之间是否一致；培训计划评估，分析培训计划中涉及的培训项目能否实现相应的培训目标，针对每一项培训目标分析；评估所用培训方法是否合适，检查培训项目是否有遗漏和问题，及时修正和补充；培训形成性评估，以确定的培训项目为基础，结合培训跟踪记录，对培训教学过程状态及影响效果进行评估，利用反馈机制达到促进教学过程的优化；培训总结性评估，是在培训结束后，对培训者的教学水平和受训者的学习效果进行最终评定，并对被评估者做出某种“登记”或“资格”的认证。

（3）CIPP模型　CIPP模型是由情景（Context）、输入（Input）、过程（Process）和成果（Product）的首字母构成的，代表模型中最基本的四种评估。经过四十多年的不断完善和修正，它已经比较成熟，国际上一些有影响力的项目采用了这一评估模型。CIPP模型所包含的四种评估是：情景评估，旨在确定与评估相关的环境，鉴别其需求和机会，并对特殊的问题进行诊断，有助于确定培训目标；输入评估所提供的信息资料可被用于确定如何最有效地使用现代资源才能达到培训项目的目标，有助于确定项目规划和设计的总体层面是否需要外部协调；过程评估是为那些负责实施项目的人员提供信息反馈，进而指导实施过程；成果评估是对目标结果进行衡量和解释，包括对预定目标和非预定目标进行衡量和解释，有助于审查决策。

2. 培训评估方案的选择

评估方式的选择不仅取决于组织的评估目的，也取决于以下几个因素：

① 评估方案的可行性。

② 评估方案所提供信息的准确性。

③ 评估方案对评估目标群体的可信度。

④ 实施评估方案的具体成本。

⑤ 评估方案实施过程中对正常活动的干扰程度。

⑥ 评估方案需要占用受训者和管理人员的时间。

（三）培训效果评估的实施

培训评估的开展要遵循科学的程序，做到全面、客观，只有这样才能收到预期的评估效果，达到评估目的。

1. 培训效果评估的步骤

培训效果评估一般可分为以下五个步骤：

（1）作出评估决定　一般是由培训管理部门根据整体培训体系的进度和要求，结合培训实施的具体进度而做出评估决定。作出评估决定是培训评估的第一步。

（2）制定评估方案　制定评估方案是培训评估的实施前提，应根据评估的具体要求和目的，选择适合评估需求的培训评估方案，并结合组织的实际，最终确定培训评估方案的实施途径和方法。

（3）收集评估信息　收集评估信息是进行评估的重要环节，也是耗时最长的环节，信息的质量决定着培训评估的信度和效度。要选择适当的信息收集方法和收集渠道。

（4）整理分析收集的数据　一般来说，应先对收集来的数据进行整理，然后再对整理好的数据进行分析。可以采用趋势曲线进行分析，在此基础上进行趋势预测。

（5）撰写评估报告　最后一步就是在前面四个步骤的基础上，综合相关信息对培训评估结果和趋势作出分析，形成培训效果评估报表（表4-1）。

表4-1　培训效果评估表

编号:　　　　　　　　　　　　　　　　　　　　　　　年　月　日

说明：本调查的目的是检验培训课程的效果，以便今后做进一步的修改和完善。您的意见对我们至关重要！请您根据本次培训的实际情况客观填写（在表格中请按5分制打“√”），感谢您所给予的真实评价。

培训时间:　　　　　培训地点:　　　　　所在部门:　　　　　参训人姓名:

项　目	评　分				
	5	4	3	2	1
1. 对本次培训课程内容设计的满意程度					
2. 对讲师的授课方法及技巧的满意程度					
3. 本次培训对您今后工作的指导程度					
4. 对本次培训时间及场地安排的满意程度					

★本次培训您认为收获最大的地方：

★本次培训后，您将在工作岗位上运用的内容：

★您认为此次培训在哪些方面还需要改进?

★您希望今后参加哪些培训课程?（请打“√”或具体说明）

□管理类　□销售类　□个人职业生涯规划　□IT技术　□其他

★如果满分为100分，您认为这次培训可以得____分。（100~85非常满意；84~75比较满意；74~60尚可；60以下不满意）

（6）评价结果的转移　结果的转移是指把培训的效果转移到工作实践中去，即工作效率提高多少。评价结果的转移是最重要的步骤，也是许多培训项目容易忽视的步骤。

2. 培训效果评估的范围

培训效果评估的范围包括以下几个方面：

① 培训需求评估、培训计划与方案评估、培训过程评估、培训效果评估。

② 受训者的反应、知识技能的增长、工作表现、组织效益评估。

③ 对培训目标与内容、培训工作过程进行评估，培训后的受训者考核评估，培训收益评估。

3. 培训效果评估方法

常用的培训效果评估方法有以下几种：

（1）测试比较评价法　培训实施前和结束后分别用难度相同的测试题对受训者进行测试。如果受训者在结束培训时的测试成绩比开始时有明显提高，则表明经过培训确实提高了受训者的知识、技能或能力。

（2）工作绩效评价法　培训结束后，每隔一段时间（如3~6个月）以问卷调查或面谈形式了解受训者在工作上取得的成绩。通过调查比较，确认培训工作是否有成效。

（3）工作态度考察评价法　对受训者在接受培训前后的工作态度进行比较，如果受训者的工作态度在经培训后有明显好转，表明培训工作是有效的。

（4）工作标准对照评价法　通过判断受训者在工作数量、质量、态度、效率等方面能否与工作标准相吻合来确定培训工作是否有效。

（5）员工横向比较评价法　对同级员工中受训者与未受训者的工作情况进行比较，根据比较结果判断培训工作的成效。如果二者工作情况差别较大，受训者好于未受训者则说明培训工作是成功的；反之，则说明培训效果不能满足需求。

（6）纵向参照评价法　培训结束一段时间后，培训管理部门向受训者的上级或下属了解其在工作上的具体表现。如果对其评价为正向积极的评价，则说明培训效果良好，同时，培训管理部门要充分考虑这种评价的公正性和可观性。

任务2　熟悉酒店员工培训效果的测定与反馈

培训效果的测定与反馈对员工培训十分重要。通过测定与反馈，既可以了解培训产生的效益，又可以为未来的培训打好基础，以利于进一步开发人力资源。表4-2所示为培训评估采访调查表。

表4-2 培训评估采访调查表

课程名称：服务营销原理及技巧培训
评估目的：明确参加者从培训活动中所学知识及其积极影响
授课目的：了解服务营销的相关理论及技巧，提高营销能力
授课内容：服务营销体系、消费者行为分析、面对面服务技巧、关系营销、服务性酒店的基本竞争策略、市场定位策略等。
姓名： 工作部门： 职位： 培训日期：

1. 你为什么参加学习？
2. 你希望能学到什么？（1与2在学习前调查）
3. 上完培训课后你对课程的综合评价如何？
4. 哪些课程在实践中有所应用，经常否？
5. 哪些课程没有应用，为什么？
6. 你学到哪些有用的知识和技能？
7. 请你谈一谈学有所用的切身经历。
8. 学习与应用培训课程后，对实际工作有无影响？如果有，请尽量作量化说明。
9. 是否实现管理者对你的培训期望？
10. 你希望你的上级或酒店进一步给你提供什么样的帮助？

（1）培训效果测定的层次

① 反应层次：为培训效果测定的最低层次。主要利用问卷来进行测定，可以问受训者以下问题：是否喜欢这次培训？是否认为培训者很出色？是否认为这次培训对自己很有帮助？哪些地方可以进一步改进？

② 学习层次：为培训效果测定的第二层次。可以运用书面测试、操作测试、情景模拟等方法来测定。主要测定受训者与受训前相比，是否掌握了较多的知识、较多的技能，是否改变了态度。

③ 行为层次：为培训效果测定的第三层次。可以通过上级、同事、下级、顾客等相关人员对受训者的业绩进行评估来测定，主要测定受训者在受训后行为是否改善，是否在工作中运用了培训中的知识、技能，是否在交往中的态度更正确等。

④ 结果层次：为培训效果测定的最高层次。可以通过事故率、产品合格率、产量、销售量、成本、技术、利润、离职率、迟到率等指标来测定。主要测定内容是个体、群体、组织在受训后是否改善，这是最重要的测定层次。

（2）培训效果的量化测定

培训效果的量化测定方法较多，其中运用较广泛的为下列公式：

$$TE=(E_2-E_1)\times T_S\times T-C$$

式中 TE——培训效益；

E_1——培训前每个受训者1年产生的效益；

E_2——培训后每个受训者1年产生的效益；

T_S——培训的人数；

T——培训效益可持续的年限；

C——培训成本。

项目四 酒店员工的职业发展

任务1 掌握酒店员工职业发展概述

（一）职业发展含义

职业发展又称职业生涯。从不同的角度对其定义有不同的含义。从一般意义上讲，它是指一个人一生中从首次参加工作开始直到退休离开某一组织的所有工作活动与工作经历。按时间的顺序连接而成的一个总的行为过程，这是其客观含义；从另外一个角度上看，职业生涯包含了一个人一生中随年龄增长而产生的价值观、态度以及积极性等方面的变化，这是其主观含义。总体来说，它与组织和员工个体密切相关。职业发展包含两个方面的含义。

第一，酒店组织中的绝大多数员工，作为一个个体，都有从自己现在和未来的工作中得到成长、发展和获得满意的强烈愿望和要求。为了实现这种愿望和要求，他们不断地追求着理想的职业，并希望在自己的职业生涯中得到顺利的成长和发展，从而制定了按照一定的目标不断成长和发展以及不断地追求这一目标的职业计划。

第二，从酒店组织的角度来看，在广大员工希望得到不断成长、发展的强烈要求下，酒店人力资源管理部门为了了解员工个人成长和发展的方向及兴趣，不断地增强他们的满意感，并使其能与酒店组织的发展和需要统一协调起来，相应地开发了一个新的职能——职业管理。总之，由酒店组织一方，即酒店人力资源管理部门或人事部门制定协调有关员工个人成长、发展的计划与组织需求和发展相结合的计划，就称为职业管理；而员工个人自己希望从职业生涯的经历中不断得到成长和发展的计划，为其个人职业计划。一般来说，一个酒店组织对个人的职业计划提出指导，而员工个人也希望在听取组织意见的情况下制定职业计划。

（二）职业发展的重要作用

1. 有利于促进员工的成长和发展以及增加他们的满意感

随着社会和经济的发展，酒店组织中越来越多的员工强烈的要求改善和提高工作生活质量。他们不但希望在经济发展时提高工作生活质量，而且希望在经济停滞、萧条时也能改善工作生活质量。酒店员工要求改善或提高工作生活质量的含义不只是要求得到一个工作和提高福利的待遇，而更重要的是：

第一，工作要有兴趣性和挑战性，要求在工作中能不断地成长和发展，并能在工作中不断地提高自己的满意程度。

第二，希望在工作中有独立性和自我决策性，希望参与管理，对自己上司的有关决策有越来越大的影响力。

酒店组织的实践经验表明，凡重视了解、开发员工兴趣，又不断地给员工提供具有挑战性的工作任务，并为他们的成长发展以及参与管理创造机会和有利条件，即重视职业计划，才能使员工的满意程度增加，才能留住人才和吸引人才；否则，员工的不满意就会增强，就会引起员工流失。

2. 适应现代酒店组织有效地使用人才的迫切需要

现代科学技术的迅猛发展和市场竞争的日趋激烈，一方面使酒店企业面临着严峻的挑战，另一方面又给酒店组织的发展和变革提供了机会。如果一个酒店组织不善于培养和调动本组织的员工去迎接挑战，去从事发展和变革所带来的新工作，就必然会失掉酒店发展的良机，就必然会被自己的竞争对手击败。同时，如果一个酒店组织不了解自己员工的职业兴趣以及他们对自己成长与发展的方向和要求，也就无法培养和调动本组织的人才去适应发展和变革的需要。实践证明，积极的职业发展既是为员工提供成长和发展的机会，提高员工满意度的有效途径，又是现代酒店组织培养人才最经济、最有效的方法之一。一个人职业发展过程的决定因素中有着客观的成分，也有被称为机遇的偶然性因素的影响，但人们的主观因素也会起着相当大的作用。多数人对自己未来发展有一定的愿望、设想、预计与准备，还为实现个人抱负设置了目标，并为实现此目标而努力创造条件。完全凭命运摆布的人毕竟是少数，对个人职业发展道路影响最大的还是他们所工作的组织。如果酒店看不到这一点，或者不重视职业发展在酒店人力资源管理与开发中的重要作用，就会在严峻的挑战面前束手无策，就会丧失发展的机会。

3. 有利于把员工个人需要与酒店组织需要统一起来

从酒店的微观管理方面来看，围绕着酒店人力资源管理活动的几个方面，人才选拔、聘用、培训和考评等具体职能的实施，从根本上离不开酒店员工的自主性和员工的内在积极性这一基础。酒店必须首先鼓励并帮助他们完善和实现自己的个人目标；同时设法引导其个人目标与组织需要相匹配。使这一过程不再是完全随机的，而是成为组织与员工个人双方的合作努力，使组织需要与员工个人职业发展相符合的对员工个人进行培养的过程。也就是说，酒店要想真正调动员工为酒店服务和奉献的积极性，就必须能够站在员工的角度，真正为员工的切身利益着想，在尽力帮助员工谋求自我发展的同时获得员工的尊敬，赢得人心，这样才能从根本上取得酒店人力资源方面的竞争优势。

（三）职业发展的内容

1. 职业管理

组织所从事的职业发展方面的活动，称为职业管理，其目的在于把员工的个人需要与组织的需要统一起来，做到人尽其才并最大限度地调动员工的积极性；同时使他们感到在组织中能够有所作为，从而极大地提高其对组织的归属感。此活动涉及一系列人力资源管理职能的发挥：

（1）人力资源规划　包括通过详细评估与选拔找出重点培养对象，认真安排他们的岗位与升迁路线。

（2）指导与考评　包括帮助他们做好自我分析，提供酒店中可供选择的发展途径的信息，考核他们的绩效并及时给予反馈。

（3）培训与开发　给员工以提高自己的机会，组织要有预见地拟定出正式的培养计划。

（4）奖励措施　包括合理奖酬制度的建立与实施，鼓励员工在发展道路上的任何可取进展。

酒店职业管理的一个主要问题，是在酒店中谁来承担这项重任的问题。应该说，酒店中承担这项重任的，首先是各级管理人员，因为他们最了解自己下级的长、短、喜、恶、需要与抱负以及他们的过去和现状，又了解酒店中存在的机会与备选发展途径，便于向下级介绍前景，从而指导、监督、培养和鼓励他们。人力资源管理部门在这方面也起着重要作用，可以当好各级主管的助手与参谋，向他们提供信息、技术与建议，如介绍全酒店存在着哪些发展选择，这些备选途径间的相互关系，每条途径的前提要求及连接顺序等。

从理论上讲，酒店有责任在发展方面照顾到每位员工，但限于实际可行的条件，往往要分清主次。最重要的是领导层的后备梯队问题，做好接任计划，然后才顾及中层和基层。

2. 职业计划

员工个人所承担的职业发展的活动称为职业计划。这种计划中包含了一系列职业生涯中重大转折性的选择，如专业发展方向的选择、就业单位的选择、职务的选择等。首先需在做好自我分析（包括个人的优势、劣势、经历、绩效、能力等）的基础上，在本人价值观的指导下，确定自己的长期与近期发展目标，并进而拟定具体的发展道路规划。个人职业计划应具有一定的灵活性，以便根据自己实际的表现加以调整。

个人发展计划的成功还在于组织的扶持。美国以管理优异而闻名的IBM公司有一句名言：“员工能力与责任的提高，是公司的成果之源。”现代酒店已经体会到员工职业发展道路的开发对酒店的巨大利益：能发现人才，尤其是后备干部，保证了酒店领导层质量的连续性，实现人尽其才，充分开发本酒店人力资源的潜力，满足员工个人荣誉、自尊与自我发展需要，引导其个人目标与组织目标一致，保证了员工的积极性、创造性与对组织的忠诚度与归属感。

（四）职业发展的阶段

职业生涯发展的阶段不同，职业发展计划的类型及其内容也会有所不同。按不同的年龄段可以把职业发展阶段划分为四种类型，即职业探索性阶段、立业与发展阶段、职业中期阶段和职业后期阶段。

1. 职业探索性阶段

职业探索性阶段开始于青年人刚涉足社会工作到25岁左右的时间里。这一时期职业计划的主要特点是个人在试探性地选择自己的职业，并试图通过变动不同的工作或单位而选定自己一生将从事的职业。因此，青年员工调换工作的愿望十分强烈，如在本单位得不到满足，则往往会“跳槽”。对酒店来说，应了解就业初期青年员工的这一特点，给予选择职业方面的指导，并努力为他们提供多种工作，特别是有挑战性又能吸引他们兴趣的工作，使他们有自我探索和考察的机会。

2. 立业与发展阶段

立业与发展阶段一般在25~44岁。在经历了职业探索以后，逐渐选定了自己的职业，这一阶段的员工主要是在工作中的成长、发展或晋升，成就感和晋升愿望特别强烈，工作的成就、发展和晋升对他们的激励作用最大。一般来说，处于这一阶段的员工，都有自己的成长和发展计划，并会为实现目标而竭尽全力。酒店组织对处于这一阶段的员工要多给他们提供在知识、技能上具有挑战性的工作和任务，并放手让他们大胆的工作；让他们拥有更多的自主决策和自我管理权，充分发挥他们的创造精神。同时，要对他们的工作提供各方面的支持，创造良好的发展条件，使他们在工作中得到成长和发展，满足他们的需要，并对他们的成果给予表扬和鼓励，使他们朝着更高的目标前进。

3. 职业中期阶段

职业中期阶段的年龄一般在45~58岁，处于这一阶段的员工，对成就和发展的期望相对减弱，而维持或保住自己已有地位和成就的愿望增强。同时，他们也希望更新自己专业领域的知识和技能，学习一些其他领域的知识和技能，以免遭裁员或便于被裁员时另作选择。对组织来说，要关心他们的学习要求，并提供他们更新知识和技能的学习机会。

4. 职业后期阶段

职业后期阶段一般指58岁以后。处于这一阶段的人准备退休，并希望为适应退休后的环境而培养自己在某一方面的爱好，如书画、音乐、棋艺等有利于身心健康的活动。从组织方面来讲，要关心他们的身心健康，为他们创造条件，以增强他们对某一娱乐活动的兴趣和爱好，并有计划地为退休员工开展一些有利于身心健康的活动。表4-3所示为职业发展各阶段员工的需求。

表4-3 职业发展各阶段员工的需求

职业发展阶段	对工作方面的要求	情感方面的要求
职业探索性阶段（25岁以前）	1. 希望从事多种不同的工作 2. 希望自己探索	1. 进行试探性的职业选择 2. 在比较中逐渐选定自己的职业
立业与发展阶段（25~44岁）	1. 希望做具有挑战性的工作 2. 希望在某一领域发展自己的特长 3. 希望在工作中有所创新 4. 希望在经历3~5年内转向其他领域	1. 希望面对各种竞争，敢于面对成败 2. 能处理工作和人际关系的矛盾 3. 希望互相支持 4. 希望独立自主
职业中期阶段（45~58岁）	1. 希望更新技能 2. 希望在培训和辅导青年员工中发挥自己的技能 3. 希望全面了解组织的工作情况和发挥自己在组织中的重要作用 4. 为准备转向其他工作而学习新知识和技能	1. 具有中年人较稳健的思想感情 2. 对工作、家庭和周围的看法有所改变 3. 自我陶醉，竞争倾向减弱
职业后期阶段（58岁以后）	1. 计划好退休 2. 转向咨询和指导性工作 3. 寻找自己的接班人 4. 寻找组织外的其他活动	1. 希望把咨询看做是对他人的帮助 2. 希望能接受和欣赏组织外的其他活动

任务2 熟悉酒店员工职业发展设计

组织为员工的职业生涯进行规划的目标之一是帮助员工了解自己，结合组织实际需要为员工设计合理且可行的职业生涯发展目标，并协助员工达到和实现个人目标，同时实现组织目标。它的设计一般要经历以下四个步骤。

（一）员工情况分析

员工职业生涯规划的第一步是员工情况分析。了解员工个人条件和情况是职业生涯规划的基础工作，对个人的了解可以通过员工个人评估、组织对员工的评估以及分析影响个人条件和情况的环境因素。

1. 员工个人评估

员工对个人条件分析的准确与否关系到职业生涯规划的成败，不同的员工对自己的认识程度有所不同，例如，文化水平较低的员工在初次就业时，往往没有对个人的能力、兴趣进行分析，而盲目选择工种。而职业生涯规划是以员工个人的能力、兴趣为出发点，通过分析个人性格、兴趣、特长与需求等，寻找和满足个人职业生涯需要。由于个人对自己的情况最了解，所以对员工的分析要从个人评估入手，酒店组织要提供条件给员工，引导他们正确地分析自己，例如，可以设计员工自我评价表等（表4-4），帮助员工了解自己。员工个人分析的重点是个人条件，要考虑个人性格与职业的匹配、兴趣与职业的匹配以及特长与职业的匹配等。

2. 组织对员工的评估

组织对员工评估的正确与否也关系到员工职业生涯能否实现。因为组织要根据自己对员工的评估结果执行组织安排的开发、利用人才计划，这些计划与员工的职业生涯发展密切相关。组织对员工的评估主要是根据当前的工作情况（包括绩效评估结果、晋升记录以及参加各种培训情况等），利用个人评估的结果等渠道对员工的能力和潜力进行评估。目前，许多国际著名的公司都建立或使用评估中心来直接测评员工将来从事某种职业的潜力。通过员工自我评估及评估中心的测评，集主观与客观测评于一身，能较准确的测评出员工的能力和潜能，为制定员工个人职业生涯计划提供科学依据。

3. 环境分析

环境对个人的发展具有很大的影响作用，它为每个人提供了活动的空间、发展的条件、成功的机遇。对环境的分析主要是通过对组织环境、社会环境、经济环境等有关问题的分析与探讨，弄清环境对职业发展的作用、影响及要求以便更好地进行职业选择与职业目标规划。

（二）确立职业生涯目标

职业生涯目标的确立关系到员工职业发展的方向，这个目标主要包括职业选择和职业生涯路线的选择两个方面的内容。职业的选择是事业发展的起点，选择的正确与否，直接关系到事业的成败；组织应开展必要的职业指导活动，通过对员工与组织岗位的分析，为员工选择适合的职业岗位。职业生涯路线是指一个人选定职业后从什么方向上实现自己的职业目标，是向专业技术方向上发展，还是向行政管理方向上发展，发展方向不同，要求也就不同。因此，职业生涯路线选择也是人生发展的重要环节之一。职业生涯路线选择的重点是组织通过对职业生涯路线选择要素的分析，帮助员工确定职业生涯路线。值得注意的是，组织帮助员工设立的职业生涯目标可以是多层次，分阶段的，这样既可以使员工保持开放灵活的心境，又可以保持员工的相对稳定性，提高工作效率。

（三）制定职业生涯策略

职业生涯策略是指为争取职业目标的实现，而采取的各种行动和措施。职业生涯策略的制定需根据员工的具体情况来进行。作为酒店组织，可以结合调查员工的具体情况制定几种方案以供员工作为参考来选择。

（四）评估与修正职业生涯规划

由于种种原因，最初组织为员工制订的职业目标往往都是比较抽象的，有时甚至是错误的。经过一段时间的工作以后，有意识的回顾员工的工作表现，检验员工的职业定位与职业方向是否合适，这样，在实施职业生涯规划的过程中，评估现有的职业生涯规划，组织就可以修正对员工的认识与判断，通过反馈与修正，纠正最终职业目标与分阶段职业目标的偏差。同时，通过评估与修正，还可以极大的增强员工实现职业目标的信心。

表4-4 员工自我评价表

1. 从下述第三条所列项目中选出你近期最感兴趣的项目。
2. 从下述第三条所列项目中选出你近期最不感兴趣的项目。
3. 填写出下列表中未列出，而你又最感兴趣或最想干的工作：
（1）有自由支配时间的工作；
（2）具有权利性的工作；
（3）工资福利待遇高的工作；
（4）具有独立自主性的工作；
（5）有趣味性的工作；
（6）具有安全性的工作；
（7）有专业性地位的工作；
（8）具有挑战性的工作；
（9）无忧无虑的工作；
（10）具有广泛接触性，能广交朋友的工作；
（11）具有声誉性的工作；
（12）能表现自己且能让别人看得见的工作；
（13）具有地区选择性的工作；
（14）有娱乐活动性的工作；
（15）环境气氛和谐的工作；
（16）有教育设施和机会性的工作；
（17）领导性的工作；
（18）具有专家性的工作；
（19）带有旅行性的工作；
（20）可与家人有更多时间在一起的工作。
4. 你目前从事着哪一性质的工作，它能满足你下一步的要求么？说说为什么能，为什么不能的理由。
5. 请具体描述你下一步最希望从事的工作。
6. 根据你的实际爱好和能力，说明你最希望从事工作的各种具体活动或内容，不要描述其工作的头衔，而要说明其具体的工作活动和内容。说明你将如何去实现自己的愿望。
7. 为了你下一步从事的工作，你是否需要接受培训或自学等形式的学习以掌握新的知识或技能？如果需要的话，请详细说明，并说明学习或获得这方面知识和技能的途径或方法。
8. 你的这些要求是否可在你目前从事的工作以外的方面得到满足？如果可能的话，你是否希望发展或晋升到更重要或更高一级的岗位上？
9. 概述你自己的希望和你希望从事的工作？

思考与练习

1. 酒店员工培训的内容有哪些？
2. 论述酒店员工培训的方法与技巧？

模块五

酒店员工绩效考核

理论目标

1. 理解酒店绩效考核的含义、功能与原则
2. 熟悉酒店绩效考核的方法、技巧与步骤
3. 掌握酒店员工绩效考核结果管理及运用

实践目标

1. 能够针对酒店内某一岗位，设计绩效考核指标
2. 能够评价酒店员工绩效考核的效果并加以修正
3. 能够分析酒店业绩评定是否合理

案例导入

人力资源经理为什么感到无奈

客户服务部员工李小茹向HR经理李若兰投诉：每月都要做绩效考核，但从来就没见考核结果起过作用，对自己的工作质量提升没有任何影响，认为纯粹是浪费时间。

2010年2月21日上午，客户服务经理吴静把长达几页的绩效考核表格分发给所属的7名员工，要求员工在两天内填好并上交给她。出乎吴静的意料，当天下午，这些复杂的考核表格全都悉数上交回给了她，所得的自评分数均为70~80分，有3名员工在自评后，即在上司评分栏里签下了自己的名字。在下班前，吴静召集员工开会，她指出，这种提前签名的做法有悖于以往的考核管理，是不合理的。她要求员工重新拿回表格，同时强调：HR已经明确发文，

考核结果将作为年底奖金发放及末位淘汰的参考依据。

第二天下午，吴静顺利地回收了7名员工的考核表格。结果员工自评还是全都在80分以上，绩效表现均为优，而这不符合HR制定的强制分布原则：每个部门只有20%的员工得优。吴静根据月初制定的KPI指标，逐一对7名员工进行了评分。最后，她和往常一样，把考核表格发还给员工，交代员工如有异议，可找她做绩效面谈。

见到分数后，李小茹主动找吴静要求面谈，因为吴静给了她一个最低分。李小茹非常坦诚的问她的上司：这个月她的KPI指标完成情况的确不够理想，也遭到了几个客户的投诉，得了部门的最低分，她心里非常难过。但她希望知道自己如何做，才能避免这种情况？缺乏绩效面谈准备的吴静一时无言以对。她只是简单地安慰李小茹，至于如何调整考核指标、提供什么样的帮助，吴静表示自己正在考虑中。李小茹对吴静的态度感到不满，认为吴静的答复对她没有任何价值。她认为，这样下去，自己肯定是第一个被淘汰的员工。

感到异常无助的李小茹，把绩效面谈的情况及结果以邮件的方式告诉了HR经理李若兰，对公司的绩效考核目的及直接上司的绩效面谈方式均提出了质疑。“她显然认为，部门经理对她工作绩效改善漠不关心。实际上这是由于部门经理缺乏面谈技巧与准备所造成的一个误解。”李若兰说。

而吴静对李小茹的投诉非常反感。李若兰对此非常无奈，“后来二人的关系一直处得不甚愉快，李小茹的工作绩效也没有起色。”

讨论

酒店如何进行有效地绩效考核，并帮助李小茹提高绩效？

项目一 绩效考核的含义、功能与原则

任务1 了解绩效考核的含义

（一）绩效的含义

绩效一般分为组织绩效、部门绩效和个体绩效三个层次，但无论是组织层次还是部门层次，绩效的根基都来源于员工的绩效。因此，本书中的绩效是指员工层次的绩效。

关于绩效的含义，学界主要有三种观点：第一种观点认为绩效是结果，绩效是指工作的结果，因为工作的结果与组织的战略目标、顾客满意度及投资的关系最密切。第二种观点认为绩效是行为，即绩效包括认为绩效和关系绩效两方面，认为绩效指被规定的行为或与特定的工作熟练有关的行为，关系绩效指自发的行为或与非特定的工作熟练有关的行为。第三种观点认为绩效即包含行为，也包含结果，即绩效指行为与结果。行为由从事工作的人表现出来，将工作认为付诸实施。行为不仅仅是结果的工具，行为本身也是结果，是为完成工作认为所付出脑力和体力而形成的结果，并且能与结果分开进行判断。

对于绩效的定义，虽然目前学界还没有形成一个统一的看法，但我们认为，如果将绩效定义为一种行为而不涉及结果的话，是不够合理的。因为并不是行为确定绩效标准，而是与行为相关的组织确定绩效标准。假如不使用结果标准的话，很难想象应该制定什么样的标准去评估绩效。进一步讲，现在很多研究者将绩效定义为一种行为，实际上就抹杀了行为结果在绩效考核中的作用。因此，将前两种观点加以融合而得出的第三种绩效观更加完善。

根据上述分析，我们认为绩效是员工在一定时间和条件下完成工作认为所表现出的工作行为和所取得的工作结果，它是执行工作任务的过程、行为与结果的融合。

（二）绩效考核的含义

绩效考核又称绩效评估或绩效评价，是指在员工工作一段时间或工作完成之后，对照工作说明书或绩效标准，采用科学的方法，检查和评定员工对职务所规定的职责的履行程度以及员工个人的发展情况，对员工的工作行为和工作结果进行评价，并将评定结果反馈给员工的过程。

绩效考核的原理非常简单：设定清晰的工作目标和合理的考核办法，给予员工公正的报酬和激励，让员工知道他要做什么、怎么做以及怎样获得回报。绩效考核是重视工作的过程还是结果，取决于酒店的文化，取决于酒店想通过绩效考核达到什么样的目的，针对不同的关注重点，考核的内容各有侧重。

关注过程的绩效考核注重员工的工作态度和能力，考核的内容主要集中在员工工作过程中的行为、努力程度和工作态度。它营造的是一种比较感性、和谐的文化氛围。在这样的考核体系下，员工依照酒店的期望和要求付出努力。由于是对员工多方面的考核，考核难度相对比较大，无论是对考核体系本身还是对考核人员要求都比较高。

关注结果的绩效考核注重工作的最终业绩，以工作结果为导向，考核内容主要集中在工作的实际产出。它营造的是一种比较理性、任务导向的文化氛围。典型的以结果为导向的绩效考核通常出现在制造型企业里。

一般来讲，酒店作为服务型企业，采用工作结果和工作过程相结合的考核标准比较科学，即通过对员工的工作态度、工作能力和工作业绩的综合考核来评定员工的绩效。

任务2　熟悉绩效考核的功能

酒店通过对其员工工作绩效的考评获得反馈信息，据此制定相应的人事政策与措施，调整和改进其工作绩效。酒店绩效考核通常具有如下功能：

（一）管理功能

绩效考核的管理功能首先表现为考什么，即明确组织、部门及个人的工作目标和工作标准。其次，表现为怎么考，即具体操作时应当体现沟通、学习、改进、评价等功能。最后，表现为考核结果的运用。考核结果是培训、奖惩、晋升等多项人力资源开发与管理活动的基础和依据。

（二）激励功能

绩效考核要奖优罚劣，改善调整工作人员的行为，激发其积极性，促使组织成员更加积极、主动、规范地去完成组织目标。

（三）学习功能

绩效考核也是一个学习过程。通过考核使组织成员更好地认识组织目标，改善自身行为，不断提高组织的整体效益和实力。

（四）导向功能

绩效考核标准是组织对其成员行为的期望，是员工努力的方向，有什么样的考核标准就有什么样的行为方式。

（五）监控功能

对组织而言，员工的工作绩效考核就是考察员工在数量、质量及效率等方面的任务完成情况：对员工个人来说，则是上级对其下属工作状况的评价。通过对员工工作绩效的考评，获得反馈信息，便可据此制定相应的人事决策与措施，以不断改进工作效能。

任务3 明确绩效考核的原则

酒店在绩效考核中，应遵循以下五条原则：

（一）过程公开的原则

绩效考核的目的在于启动激励机制，激发员工的工作热情。因此，绩效考核的各项过程、各个环节必须向员工公开，其中包括：绩效考核的内容和等次、考核的方法与程序、考核的评价标准、考核的结果与使用、考核的机构与职责等。让员工对上述情况心知肚明，势必激发出力争上游的责任感、紧迫感和危机感，使绩效考核达到理想和目标的同一性。

（二）依据明确的原则

模棱两可、含糊抽象的字眼是绩效考核的大忌。因此，绩效考核中，可以量化的指标必须量化，以此规范员工什么样的事应该努力去做，做出成效；什么样的事应该明令禁止，不越雷池。试想，如果没有严格的考核标准、明确的量化指标，如何能使绩效考核达到应有的效果。

（三）反馈修正的原则

绩效考核的目的在于促进人力资源管理，提高员工的整体素质，激励员工积极的完成阶段性目标并实现全年总体工作目标。因此，绩效考核并非算账，其最佳途径应该是平时考核有记载，月度考核有测评，年终考核有评价。对于每月的考核，主管领导应对下属的工作提出改进意见，主管考核的工作部门应及时向当事人反馈情况，以便员工及时调整和修正工作中的不足和缺憾，避免“当事者迷”、“小错不改，铸成大错”，从而使员工工作沿着健康的轨道良性循环。

（四）公正评价的原则

绩效考核是一项系统工程。对员工的具体工作绩效，其主管必须详实的记录，并及时上交考核部门备案，作为月度与年度考核的依据。如果部门主管缺乏对员工工作绩效的详实记载，或是记载之后束之高阁，势必影响到员工的月度考核与年度考核，也势必使考核结果缺乏应有的公正性。

（五）奖惩挂钩的原则

实践表明，绩效考核必须与奖惩挂钩，否则，必然挫伤员工的积极性。在奖惩挂钩中，要注意把握好三个环节：一是奖项的额度要适当，既体现出表彰先进的激励作用，又不至于激起大的波动。二是奖赏要及时兑现。抓住契机公布绩效考核结果，对于完成新一年的工作将起到促进作用，时过境迁的奖赏，将失去绩效考核应有的效率。三是个人的奖惩要与团队的奖惩相结合。

项目二 酒店绩效考核的方法与步骤

任务1 熟悉酒店绩效考核的方法

酒店对员工进行定期的考核，其宗旨是通过考核了解员工在考核期限内的工作表现与饭店对其期望的成绩之间的差距，肯定成绩，指出不足，帮助员工提高绩效、扬长避短，同时以考核结果为依据，实施奖惩，达到激励员工、提高工作效率和服务质量的目的。为此必须了解、掌握有关的考核方法，常见的方法有分级法、行为评价法、工作成果评价法等。

（一）分级法

分级法就是按照被考核者每人绩效相对的优劣程度，通过比较，确定每个员工的相应等级或名次。按照分级程序的不同，分级法又可分为以下几种：

1. 排序法

排序法是用来考核员工某一单因素绩效特征或综合绩效特征的一种简便而又流行的考核方法，包括简单排序法和交错排序法。

（1）简单排序法是诸多方法中最简单的一种方法，即按照全体被考核者的整体工作表现由好到坏依次排列，也可以按照成员特定的一些表现进行分等排列，如按照出勤率、出席会议记录、准备报告的质量等。

通常，这种方法比较适合规模较小的组织。当组织的成员增加以后，就难以区分每个人的工作表现了，特别是一般员工之间就更难以区分了。

（2）交错排序法是指上级主管人员按照整体的工作表现从员工中先挑绩效最好的，再挑出最差的，然后挑出次最优的，再挑出次最差的……如此循环，直至排完。

这种方法往往是十分高效的，不论由单个人的上级主管去排序还是由下属成员自己排序。该方法尤其适合于作为一个团体履行同一职责的员工之间的排序。

排序法在实际中容易操作，一般由员工的直属上司实行，其结果一目了然。但因为这种方法是在员工之间进行比较，实质上是迫使员工相互竞争，容易给员工造成心理压力。

从短期来看，排序法能够刺激一些员工更努力地工作，争取取得头名位置。但这种方法也会刺激员工积极或消极地干涉别人的工作。

2. 代表人物比较法

代表人物比较法，就是在考核之前，先选出一名员工，以他的各方面表现为标准，对其他员工进行考核（表5-1）。

这种方法的具体步骤是：

① 确定考核的要素和每一要素在整个考核中所占的比重；

② 从被考核者中选出几名代表人物，分别代表各个要素的一定等级；

③ 按考核要素的顺序，把每一名被考核者与这些代表人物进行比较，看此人与哪些代表人物最接近，就评定为与之相同的等级；

④ 将各个要素的评分加权合计得出每个被考核者的得分，并据此评定优劣。

表5-1 代表人物比较法示例

被考核者	考核项目：工作积极性		代表人物姓名：×××		
档次 姓名	A	B	C	D	E
甲					
乙					
丙					
丁					
戊					

注：与代表人物相比，在相应的栏内打“√”

A—更为优秀 B—比较优秀 C—相似 D—比较差 E—更差

代表人物以具体人物为标准，因而比较直观，容易评价。使用这种方法，往往比其他方法更能刺激员工的工作积极性。但在实际的使用过程中，确定合适的代表人物难度较大。

3. 对偶比较法

对偶比较法是一种比排序法更为有效的绩效考核方法，因为它更能显示差别。它不是仅给一个员工的评价，而是分别就各个因素，把每个员工与群体中的其余员工相比较。

用这种方法，在每个员工都工作得很好时仍能判定谁最佳、谁最差。它不仅仅反映一个员工工作完成的好坏，而且反映这个员工与其他员工相比干得怎样。其优点是判断范围小，准确度高，但如果被考核者的人数多，则工作量较大。配对总数PC由被考核者的人数确定（用N代表被考核者的人数）：

$$PC=N(N-1)/2$$

在每一次比较时，给表现好的员工记“+”，表现不好的员工就记“-”。所有员工都比较完后，计算每个员工的“+”的个数，依此对员工作出评价——谁的“+”个数多，他的名次就排在前面。在表5-2中，员工E从工作数量来看是最优的，而员工D的工作质量是最好的。

这种方法适用于工作绩效能够以数量来衡量的工作，这样才能展开互相比较。

表5-2　　对偶比较法对工作数量和工作质量的考评

就“工作数量”所做的比较					
对比对象	被考核员工的姓名				
	A	B	C	D	E
A		−	+	−	+
B	+		+	+	+
C	−	−		−	+
D	+	−	+		+
E	−	−	−	−	

就“工作质量”所做的比较					
对比对象	被考核员工的姓名				
	A	B	C	D	E
A		−	+	+	+
B	+		+	+	+
C	−	−		+	+
D	−	−	−		−
E	−	−	+	+	

（二）行为评价法

对于上述的分级法，主管在运用时不得不把每一个员工的绩效与其他员工相比较，若整体绩效较差，这种评估就失去了客观的参照系，失去了准确性。而行为评价法使主管能够独立于其他员工，仅依据客观的行为标准来评估每一个员工。

1. 评级量表法

评级量表法在实际的操作中用得最广泛，它通常作维度分解，并沿各维度划分等级、设置量表，可实现量化考核，而且操作也比较简捷。

评级量表法在考核中采用得最普遍。它由考核者根据量表，对员工每一考核项目的表现做出评价和记分，常用5级来衡量。

例如，用表5-3和表5-4对某个员工进行考核。

第一次考核时，他的“知识技能”、“理解力”、“判断力”、“表达力”、“纪律性”、“协作性”和“积极性”这几个考核项目的得分分别为：24分、24分、18分、12分、30分、24分、24分，总分为156分；

第二次考核时，各个考核项目的得分为：30分、24分、24分、18分、24分、24分、18分，总分为162分；

第三次考核时，各项得分依次为：30分、24分、24分、18分、30分、24分、24分，总分为174分。其考核最终得分就为164分，即（156+162+174）／3＝164，因此他的档次为b档。

表5-3 评级量表法示例（一）

考评内容	考评项目	说明	评定
基本能力	知识技能	是否充分具备现任职务所要求的基础理论和实际业务知识	A B C D E 10 8 6 4 2
业务能力	理解力	是否能充分理解上级的指示，干脆利落地完成本职工作任务，不需上级反复指示	A B C D E 10 8 6 4 2
	判断力	是否能充分理解上级意图，正确把握现状，随机应变，恰当处理	A B C D E 10 8 6 4 2
	表达力	是否具备现任职务所要求的表达力（口头及文字），能否进行一般联络、说明工作	A B C D E 10 8 6 4 2
	交涉力	在和企业内外人员交涉时，是否具备使对方诚服或达成协议的能力	A B C D E 10 8 6 4 2
工作态度	纪律性	是否严格遵守工作纪律和规章，是否严格遵守工作汇报制度，按时进行工作报告	A B C D E 10 8 6 4 2
	协作性	在工作中，是否充分考虑别人的处境，是否主动协助上级、同事做好工作	A B C D E 10 8 6 4 2
	积极性	对分配的任务是否不讲条件，主动积极，尽量多做工作，主动进行改进，向困难挑战	A B C D E 10 8 6 4 2
评定标准： A—非常优秀，理想状态 B—优秀，满足要求 C—基本满足要求 D—略有不足 E—不满足要求	分数换算： A—64 分以上 B—48~63 分 C—47 分以下	合计分	
		评语	
		考核人签字	

表5-4　　评级量表法示例（二）

考评项目	第一次考核	第二次考核	第三次考核	事实依据
知识技能	30 24 18 12 6 s a b c d	31 24 18 12 6 s a b c d	32 24 18 12 6 s a b c d	33 24 18 12 6 s a b c d
理解力	34 24 18 12 6 s a b c d	35 24 18 12 6 s a b c d	36 24 18 12 6 s a b c d	37 24 18 12 6 s a b c d
判断力	38 24 18 12 6 s a b c d	39 24 18 12 6 s a b c d	40 24 18 12 6 s a b c d	41 24 18 12 6 s a b c d
表达力	42 24 18 12 6 s a b c d	43 24 18 12 6 s a b c d	44 24 18 12 6 s a b c d	45 24 18 12 6 s a b c d
交涉力	46 24 18 12 6 s a b c d	47 24 18 12 6 s a b c d	48 24 18 12 6 s a b c d	49 24 18 12 6 s a b c d
纪律性	50 24 18 12 6 s a b c d	51 24 18 12 6 s a b c d	52 24 18 12 6 s a b c d	53 24 18 12 6 s a b c d
协作性	54 24 18 12 6 s a b c d	55 24 18 12 6 s a b c d	56 24 18 12 6 s a b c d	57 24 18 12 6 s a b c d
积极性	58 24 18 12 6 s a b c d	59 24 18 12 6 s a b c d	60 24 18 12 6 s a b c d	61 24 18 12 6 s a b c d
各次考核得分				
评语	s 极优 a 优 b 良 c 中 d 差	最终得分	（第一次+第二次+第三次）/3	档次划分评语 s 200 分以上 a 180~199 b 126~179 c 84~125 d 42~83
		最终档次	s a b c d	

2. 关键事件法

关键事件法是由美国学者弗拉赖根和贝勒斯共同创立的，就是通过观察，记录下有关工作成败的关键性事件，以此对员工进行考核评价。

关键事件法要求保存最有利和最不利的工作行为的书面记录。当某种行为对部门的效益产生无论是积极的还是消极的重大影响时，管理者都应把它记录下来。在考核的后期，考核者运用这些记录和其他资料对员工业绩进行考核。用这种方法进行的考核可以贯穿整个考核阶段，而不是仅仅集中在最后几周或几个月里。

在运用关键事件法的时候，管理人员应将每一位下属员工在工作活动中所表现出来的非同寻常的良好行为或非同寻常的不良行为记录下来。然后在每六个月左右的时间里，管理人员和其下属人员见一次面，根据所记录的特殊事件来讨论下属的工作绩效。

关键事件工作绩效考核方法通常可作为其他绩效考核方法的一种很好的补充，因为它具有以下优点：

① 它为你向下属人员解释绩效考核结果提供了一些确切的事实证据；

② 它还会确保你在对下属员工的绩效进行考察时，所依据的是员工在整个年度中的表现，而不是员工在最近一段时间内的表现；

③ 保存一种动态的关键事件记录还可以使你获得一份关于下属员工是通过何种途径消除不良情绪的具体实例。

关键事件法给予员工与工作相联系的极其有用的反馈，可以减少近期效应。当然它也存在弱点，最大的瑕疵是管理人员常漏记关键事件。有很多时候，管理人员都是一开始忠实地记下每一件特殊事件，后来却失去兴趣，到考核期限快结束时去补充记录。这样，近期效应的偏差被夸大，员工会觉得管理人员编造事实来支持其主观意见。

3. 行为锚定等级评价法

应用关键事件法对员工进行绩效考核的重要突破便是行为锚定等级评价法的发展和使用。这种方法能够反馈信息，而且所设计的方式也能够让上级主管更容易做出评估决策。

行为锚定等级评价法的目的在于：通过等级评价表，将关于特别优良或特别劣等绩效的叙述加以等级性量化，从而将描述性关键事件法和量化等级评价法的优点结合起来。因此，其倡导者宣称，它比我们所讨论过的所有其他种类的工作绩效考评工具都具有更好和更公平的考核效果。

行为锚定等级评价法和关键事件法的相似之处在于，首先都是强调要收集关键事件来描述每项工作的有效行为、一般行为和无效行为。这些关键事件可以组成员工工作表现的全部范畴，例如，有关行政管理能力、人际交往技巧等。在对下属进行考核时，每一项工作范畴都可以作为一项衡量指标，采用这些进行分类时，另外一组列出与每一指标相关联的关键事件。

图5-1就是关于这类衡量指标的范例。这一范例是关于某饭店中经理工作行为评价的。

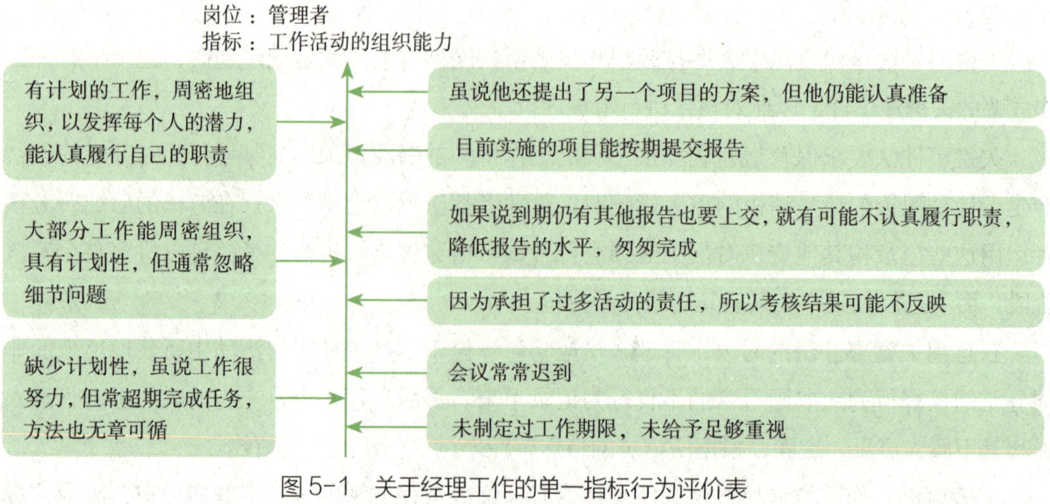

图5-1 关于经理工作的单一指标行为评价表

使用行为锚定等级评价法比使用其他的工作绩效评价法要花费更多的时间。但是许多人认为，行为锚定等级评价法有以下十分重要的优点：

（1）工作绩效的计量更为精确　由于是由那些对工作要求最为熟悉的人来编制行为等级体系，因此行为锚定等级评价法应当能够比其他评价法更准确地对工作绩效进行评价。

（2）工作绩效评价标准更为明确　等级尺度上所附带的关键事件有利于评价者清楚地理解“非常好”和“一般”等各种绩效等级上具体要求的工作绩效的内容。

（3）具有良好的反馈功能　关键事件可以使考核者更为有效地向被考核者提供反馈。

（4）各种工作绩效评价要素之间有着较强的相互独立性。

（5）具有较好的连贯性　相对来说，行为锚定等级评价法具有较好的连贯性和较高的可信度。

4. 行为观察评价法

行为观察评价法是行为锚定等级评价法的一种“变形”。行为观察评价法也是从关键事件中发展而来的方法，但与行为锚定等级评价法不同。首先，它不剔除不能代表有效绩效和无效绩效的大量非关键行为，而是用“事件”中的许多行为来具体地界定，并构成有效绩效（或无效绩效）的所有必要行为。其次，它并不是要评价哪一种行为最好地反映了员工的绩效，而是要求评价者或管理者对员工在评价期内表现出来的每一种行为的频率进行评价。最后，再将所得的评价结果进行平均之后得出总体的绩效评价等级。

例如，行为观察评价法并不是仅用四种行为来界定在某一特定维度上所划分出来的四种不同绩效水平，而是用五种行为。见表5-5。

表5-5　行为观察评价法举例

克服变革的阻力
（1）向下属描述变革的细节。
几乎没有　1　2　3　4　5　几乎总是
（2）解释为什么进行变革。
几乎没有　1　2　3　4　5　几乎总是
（3）与雇员讨论变革会给雇员带来何种影响。
几乎没有　1　2　3　4　5　几乎总是
（4）倾听雇员的心声。
几乎没有　1　2　3　4　5　几乎总是
（5）在使变革成功的过程中请求雇员的帮助。
几乎没有　1　2　3　4　5　几乎总是

续表

克服变革的阻力				
（6）如果有必要，会就雇员的问题商定一个具体的日期来进行变革之后的跟踪会谈				
几乎没有 1 2 3 4 5 几乎总是				
总分数＝				
很差	差	满意	好	很好
10分以下	11~15分	16~20分	21~25分	26~30分

行为观察评价法的优点在于：

① 它能够将高绩效者和低绩效者区分开来；

② 能够维持客观性；

③ 便于提供信息反馈；

④ 便于确定员工的培训需求。

但它的不足之处就是过于烦琐，因为它所需要的信息可能会超出大多数管理者所能够加工或记忆的信息量，一个行为观察评价体系可能会涉及80种甚至80种以上的行为，考核者在考核时，还必须回忆每一位员工在6个月或12个月的评价期间内所表现出的每一种行为的发生频率。

（三）工作成果评价法

1. 目标管理考评法

目标管理考评法在西方已经成为许多公司的一种制度，其目的在于结合员工个人目标和公司组织目标，改进公司的绩效考核，激励和培训员工，运用目标管理考评法，将考评过程的关注点由员工的工作态度转移到工作业绩上，考核者的作用也由公断人转换成了顾问和促进者。此外，员工的作用也从消极的旁观者转换成了积极的参与者，从而极大地调动了员工的工作热情。

（1）目标管理考评法的内容

目标管理考评法包括以下两个方面的重要内容：一是管理人员必须与每一位员工共同制定一套便于衡量的工作目标；二是管理人员定期与员工对他的目标完成情况进行讨论。

（2）目标管理考评法的特点

要使目标管理考评在绩效考评系统中真正起作用，管理人员和员工共同确定的目标应具有以下特点：时效性；重点突出，简洁明了；在深入分析目标的现状和存在问题的基础上制定有针对性的对策措施；对于各目标项的对策措施必须量化，可操作性强，下一级目标项目必须对上一级目标项目构成全面的支撑，并根据实际情况充实相应的措施。

（3）目标管理考评的程序

尽管管理人员可以通过与员工一起确定目标并定期提供反馈来使用绩效目标管理法，还必须考虑到，要运用这种工作绩效考核法，就必须在建立工作绩效考核体系的同时照顾到整个组织的目标。绩效目标管理实施主要有以下几个步骤：

① 首先要确定组织总目标和具体的考评鉴定系统：目标的确定必须是明确的、可行的、有挑战性的、具体的、可以验证的。一旦上层管理者的最高目标被明确后，就必须将总目标的信息传递给每一个员工，每一个管理层通过与下属的讨论把上层管理者的目标转化为本部门的具体目标，部门主管与下属一起确定短期的绩效目标，直至形成一个目标体系。

② 执行计划：目标确定后，管理者与下属都应执行这个计划，大家讨论应如何实现这个计划，确定实现目标的必要步骤，如何评估和对每一个步骤的责任鉴定。

③ 发展过程检查：对工作项目发展情况的监控目的在于判断困难的出现是否偶然，行动的改正是否有必要。目标管理的检查评估不是评估行为，而是评估绩效。管理者和员工一起讨论他们是否完成了目标，并研究为什么能完成或不能完成。组织将这些情况记录下来并成为正式绩效考核的依据。

④ 自我调节：如果可能的话，每一个管理者都应协调他本身的工作目标，并能够与下属一起根据他的能力和发展水平对其目标灵活地加以调整，同时对自己和下属工作中的错误行为加以必要的改正。

（4）目标管理考评法的优点

作为一种绩效考核的工具，目标管理考评法得到了广泛的应用。它具有以下优点：

① 容易将员工的个人目标与组织目标联系起来；

② 减少了绩效考核时双方意见不一致的可能性；

③ 目标管理较为公平，因为绩效标准是按相对客观的条件来设定的，因而评分没有偏见；

④ 使员工在完成任务的过程中有更多的切身利益，对其工作环境有更多被知觉到的控制；

⑤ 使员工与管理人员之间的沟通变得更好。

（5）目标管理的缺点：

① 它比其他方法需要花费更多的时间，确定目标、对进展情况进行评价以及提供反馈意见都是十分耗时的；

② 它要求管理人员和员工开发出制定目标和标准的技能，以保证这些目标和标准有意义且可以度量；

③ 与其他方法相比，它可能需要更多的文字工作；

④ 目标管理考评法也倾向聚焦于短期目标，即能在每年年底加以测量的目标，但最后员工们可能会试图达到短期目标而牺牲长期目标；

⑤ 同其他方法一样，如果管理人员不知道为什么进行目标评价的话，它也可能被误用或敷衍塞责过去。

（6）目标管理考评法的注意事项

目标管理考评法作为一种在西方企业、公司和政府及其他事业单位都成功应用过的绩效考核方法，在我国企业的绩效考核实践中应用时，还应注意以下几个问题：

① 目标确定的过程必须准确而严格，必须是开放性的；

② 管理人员要与员工一起找出并剖析目标和难点；

③ 目标管理是一个耗时、耗钱、耗精力的工作，在实施时应做好充分的思想准备，并争取应有的支持和责任分担；

④ 目标管理的绩效考核是整个管理系统中的一环，应该与人力资源管理的计划、开发、激励制度的建立结合起来；

⑤ 找出绩效和薪酬的关系以及这种关系之间的动力因素；

⑥ 目标管理的绩效考核要与频繁的反馈相联系；

⑦ 目标管理是滚动式的过程，下一步是目标管理计划。

2. 岗位绩效指数化法

所谓的岗位绩效指数化，是指对考核对象的工作业绩和所确定的岗位指数之间进行比较的考评方法。

由于岗位指数是职位要素、岗位目标以及影响目标达成的各种因素的综合指标，岗位绩效指数一旦确定，考核就有了一个动态的、相对固定的参照坐标。原有的不确定因素和不可控因素在固定的岗位绩效指数面前有了相对清晰的显现，从而使考核有了较为现实的依据。

现代工作绩效考核强调定量考核，这就要求考核的精确性。但是精确性的前提是定量标准的规范性和影响被考核对象工作绩效的诸多因素的同一性和兼容性。由于现实的工作岗位受组织环境、组织管理制度和工作性质等多种变量因素的影响，对员工个人的工作绩效来说，其影响程度的差异很大。追求考核的精确结果常常是难以实现的，考核结论的误差也很大。另一方面，人的智力、能力以及管理劳动和各种知识劳动中凝聚的复杂性程度是模糊的。就种种影响考核因素的模糊性而言，数学的严密的逻辑和精确的数字常常难以产生使人信赖的考核结论。因此，考核技术的发展就要求一种能对考核因素的模糊现象进行考核的理论和方法。

数学上模糊理论的提出为岗位绩效指数化提供了理论依据。随着模糊数学的发展，人事考核系统也开始引进了隶属度，即把对象属于某个事物的程度用0与1之间的一个实数来表示，0与1是两个极端，0表示最差，1表示最好，其他情况处于0与1之间，这样就能客观地描述人员能力的差异。

岗位绩效指数化考核的基本操作方法：

（1）确定参与岗位绩效指数的要素　岗位绩效指数的要素主要有三项：

① 不同岗位基本考评要素　由于不同职务的岗位目标不同，不同职务的绩效显现方式与显现角度也是不相同的。如在企业的考核中，总经理、总裁的绩效考核要素有：与去年同期

相比利税增加状况；与去年同期相比技术创新与新产品开发状况；与去年同期相比市场占有率状况；与去年同期相比成本效益增减情况；与去年同期相比企业士气状况。

② 岗位目标设定状况　如原定目标设定的要求、目标完成的难度、目标与外界环境的关系等。

③ 外界环境的影响　对一个企业来说，有外界金融状况、消费市场状况、社会政治变化等。要科学地估计这些因素对于企业市场的开拓、技术更新、经济效益的影响。

（2）确定岗位绩效指数的原则是将被考核者所在组织的原有状况的综合指数确定为1，然后对被考核者在一定时间（一般为1年）范围内的业绩进行分项打分。各项分数的相加，就是现在状况的总积分。如果这个积分达到或超过1，则说明被考核者的工作是有绩效的。如果积分低于1，则说明被考核者的工作效率不高。

实例见表5-6和表5-7。

表5-6　　岗位绩效考评指数表

被考核者姓名												
考核时间	从　年　月到　年　月											
原定目标设置要素	目标难度	达标情况			努力程度			外界影响			权重	小计
		未完成	完成	超额完成	不努力	一般	努力	有利	一般	不利		

考核单位签字：　　　　考核负责人签章：

说明：

① 原定目标设定要素根据各不同岗位目标设定确认。

② 目标难度：一般难度：一般难度为1，低于一般难度为0.1~0.9，高于一般难度1.1~2.0。

③ 达标情况：未完成为0.1~0.9，完成为1，超额完成为1.1~2.0。

④ 努力程度：不努力为0.1~0.9，一般为1，努力为1.1~2.0。

⑤ 外界影响：有利为0.1~0.9，一般为1，不利为1.1~2.0。

⑥ 权重指标目标设定要素在整个目标设定中的权重。

⑦ 小计为各栏数字相乘的结果。

表5-7~表5-13岗位绩效基本考核表

表5-7　　总经理、总裁绩效考核表

考核项目	增	平	减	权重	总计	小计
与去年相比利税增加状况	%	1	%			
与去年相比技术创新与新产品开发状况	%	1	%			
与去年相比市场占有率状况	%	1	%			
与去年相比成本效益增减状况	%	1	%			
与去年相比企业士气状况	%	1	%			

表5-8　　财务主管考核表

考核项目	增	平	减	权重	总计	小计
常规财务管理与常规会计管理状况	%	1	%			
经营决策提案被领导采纳状况	%	1	%			
财务提案实施效果状况	%	1	%			
金融与投资运作状况	%	1	%			
财务与审计状况	%	1	%			

表5-9　　技术主管绩效考核表

考核项目	增	平	减	权重	总计	小计
企业产品技术达标情况	%	1	%			
企业新技术与新产品创新开发状况	%	1	%			
企业科研开发费用占销售收入百分比	%	1	%			
与同行业技术相比的状况	%	1	%			
与国际先进水平相比缩短差距的状况	%	1	%			

表5-10 人事主管绩效考核表

考核项目	增	平	减	权重	总计	小计
企业人才合理流动状况	%	1	%			
企业员工培训数量与质量状况	%	1	%			
工资、奖金、福利建议被领导采纳状况	%	1	%			
人事提案实施效果状况	%	1	%			
企业人员士气状况	%	1	%			

表5-11 营销主管绩效考核表

考核项目	增	平	减	权重	总计	小计
新市场开拓与营销网络建设状况	%	1	%			
销售利润增长状况	%	1	%			
营销与市场分析报告被领导采纳状况	%	1	%			
一线营销人员工作积极性状况	%	1	%			
售后服务实施满意状况	%	1	%			

表5-12 质量主管绩效考核表

考核项目	增	平	减	权重	总计	小计
企业产品达标状况	%	1	%			
与国际先进产品缩短质量差距状况	%	1	%			
质量检验设备保养维修完好状况	%	1	%			
新的检测方式与新的检测设备增添状况	%	1	%			
质检人员工作积极性状况	%	1	%			

表5-13 生产主管绩效考核表

考核项目	增	平	减	权重	总计	小计
生产任务完成状况（数量与质量）	%	1	%			
生产成本有效控制状况	%	1	%			
机械设备保修完好状况	%	1	%			
一线工人工作积极性状况	%	1	%			
产品生产建议被领导采纳与实施效果状况	%	1	%			

说明：

（1）在没有实行目标责任制的单位进行考核可采用本考核表进行。在针对具体单位时，要根据该单位的具体情况做适当的调整。

（2）在考核前应由企业人员与专家顾问共同组成考核小组，对影响到考核的因素进行评估与分析，包括：

① 外界影响：如金融形势变动的影响、市场形势变动的影响、对手状况变动的影响、政府政策与有关法律法规变动的影响等。

② 内部影响：如领导决策层人员变动的影响、员工人数变动的影响、机械设备更新与技术更新的影响等。

③ 增幅极限影响：如从低水平向高水平发展难易系数的变动的影响等。

④ 行业发展的影响：如该行业总体的发展趋势与同行业发展现状的影响等。

（3）通过考核，更进一步建议企业完善目标责任制。

作为提高绩效有效性的一个方法，岗位绩效指数化法的突出特点是，它能够摆脱环境因素和组织不可控因素对员工的工作实绩水平的影响，将被考核者的工作实绩通过指数的方式显现出来；使考核的结果更为准确、可靠。

任务2　了解绩效考核的步骤

绩效考核的基本步骤包括制定绩效计划、进行持续沟通、实施绩效考核、提供绩效反馈以及指导绩效改进五个环节，绩效考核的步骤如图5-2所示。

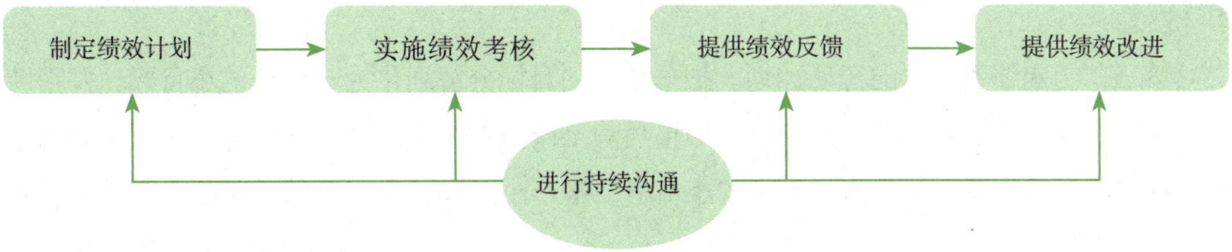

图 5-2 绩效考核过程图

（一）制定绩效计划

制定绩效计划是绩效考评过程的起点，是员工与直接上级或经理就工作职责、工作任务及其有效完成的标准以及员工个人发展目标达成共识的过程。在这个过程中，经理和员工对以下问题进行沟通并确定为书面计划：员工本年度的主要职责和任务是什么？何时完成？判断完成绩效的标准如何？完成工作需要哪些权责及其他资源？工作目标、任务的完成对部门乃至组织的影响程度如何？经理如何帮助员工实现绩效目标？员工需要学习什么技能？如何通过沟通以了解工作进展，克服影响工作绩效的障碍和问题？

（二）进行持续沟通

持续沟通是绩效考核管理的重要环节，也是绩效考核管理的传统模式与现代模式的本质区别之一。所谓持续沟通应包括三个方面：

其一，经理或主管应对工作进展情况、潜在的障碍和问题、可能的解决措施等与员工进行全面的交流和沟通，保证员工顺利完成工作任务并达到应有的绩效水平；

其二，绩效沟通贯穿于整个绩效考核管理过程，而不只是在某个时点、某个环节上交换信息，它承担着联系其他环节的桥梁作用；

其三，持续沟通应该鼓励员工参与，突出员工自我评价、自我管理的作用。传统的人事考核认为，如果鼓励员工自我评价，就会助长员工人为夸大个人绩效面、有意缩小过失的行为。但是如果建立一种持续沟通、平等交流的机制和环境，就会有效地引导员工正确地对待自己的行为表现，并对自己做出客观、合理的评价。

另外，做好绩效面谈的五个步骤：

第一，确定面谈内容。了解员工的工作日程及工作目标，并在这个目标与员工个人的技能水平之间准确地找出不足。在案例中，吴静既然给自己的下属打了一个最低分，就应该在做绩效面谈前收集相关信息，确定面谈的主要内容，在下属的绩效目标及其个人技能之间寻找出差距。

第二，分享经验。以客观的、非判断性的思维倾听员工的绩效描述，准确无误地记录员工对自己的绩效描述，然后帮助员工分析绩效结果优劣的原因，同时分享自己在实际工作中的一些经验。在案例中，吴静没有根据自己的经验为下属提出改善绩效的方法，只是一味安慰。这很容易会被下属视为是一种敷衍，认为上司对自己已经失去信心，不愿意给自己提供指导性意见。

第三，制定绩效发展的行动计划。把一个大的目标分解细化为一个个的小目标，并帮助下属确定完成这些小目标的时间安排。如果吴静要调低对李小茹的考核指标，应有具体的要求并且将调低后的指标细化为一个个的小目标，各个小目标的完成时间段是怎样安排的，等等。

第四，提供资源，发现障碍。在完成目标分解及时间安排后，吴静应询问下属完成这些目标需要哪些资源、缺乏哪些资源，共同发现和找出员工完成目标过程中可能面临的潜在障碍，并与下属一起找出清除这些障碍需要提供哪些资源及协助。

第五，让员工扼要重述。员工再次检查一下面谈获得了哪些信息，让下属承诺在下一次面谈之前必须采取的行动及需要完成哪些目标。同时，再次强调作为上司，会尽可能提供什么样的资源支持、将会以什么样的方式提供协助。明确以后的完成时间段与义务。

（三）实施绩效考核

绩效考核的实施是绩效考核管理活动的核心环节，是对员工在一定期间内的工作绩效进行的识别和评定，是确定员工是否达到预定的绩效标准的管理活动。具体来说，绩效考核的实施包括以下几个方面：

① 绩效考核前的各项组织准备工作，包括宣传发动工作、工作日程安排、考核主体与客体的选择、考核工具的准备等（各种表格等）。

② 绩效考核测量方法的选择。

③ 绩效信息的收集、整理与分析工作。

④ 绩效考核结果的统计。

⑤ 绩效评估的审核。

（四）提供绩效反馈

绩效考核结束后，上级或主管应就绩效考核结果与员工进行沟通，使之明确绩效的不足和改进方向以及个人特性和优点。绩效反馈是绩效管理的一个重要环节。

绩效反馈的有效性对绩效管理效果有很大影响，需要三个方面的支持：一是反馈手段，主要手段是绩效面谈。许多组织还设立“投诉”制度，允许员工在一定期限内对绩效考核结果提出意见，然后组织相关人员对产生异议的评价结果进行复核，以纠正评价中因主观和客观因素造成的偏差，保证评价结果的公平性和公正性。二是反馈机制，组织必须建立正规的绩效反馈制度，使与员工进行持续的绩效反馈成为管理者的一种制度化行为。三是创造一种绩效反馈的环境与氛围。

（五）指导绩效改进

绩效考核结果反馈给员工后，如果不进行绩效改进和提高的指导，这种反馈就失去了意义。绩效改进指导也需要贯穿整个绩效管理过程。绩效改进指导包括绩效诊断和辅导两个环节。绩效诊断是管理者帮助员工识别造成绩效不足的原因或改进提高的机会，帮助员工寻求解决方法的过程；绩效辅导则是帮助员工提供相关知识技能，克服工作中的障碍以提高绩效。

由于以上五个环节基本上是按绩效考核工作的先后顺序（除持续的沟通外）进行的，所以又称为绩效考评的“横向程序”。此外，还有一种是按组织的层级逐级进行考核的程序，即先对基层进行考核，再对中层考核，最后对高层进行考核，形成由下而上的考核过程，称为“纵向程序”。当然，纵向程序中基本包含了“横向程序”的各个环节。

项目三 酒店员工绩效考核结果管理

酒店人力资源绩效考核结果的运用与管理在绩效管理系统中占有相当重要的地位。一方面，它是确定整个绩效管理体系有效性的重要环节，员工绩效考核实施没有结果的承兑将使员工丧失积极性，使得绩效考核丧失本来的意义；另一方面，它是下一步员工绩效计划得以确定的重要依据，在整个绩效管理中，员工素质、能力的变化，需要通过对结果的分析、反馈及运用来把握，这些信息结论将成为下一步绩效计划的参考依据。我国许多酒店企业在进行绩效管理时正是由于缺乏对绩效考核结果的管理，大多数考核付之于形式，从而达不到应有的效果。酒店人力绩效考核结果管理包括考核结果分析、考核结果反馈和考核结果运用。

任务1 熟悉酒店员工绩效考核结果分析

酒店人力资源绩效考核结果的分析是指酒店企业考核结果分析人员（主要是统计人员）通过对考核实施所获得的数据进行汇总、分类，利用一些技术方法进行加工、整理，得出考核总结果的过程。绩效结果的分析是酒店企业管理者与员工就结果进行反馈面谈的依据。酒店企业员工绩效考核结果的分析主要包括以下几个步骤。

（一）汇总与分类考核数据

考核数据的汇总与分类就是将不同考核主体对同一被考核者的考核表收集起来进行汇总，并根据考核者的特点对汇总后的考核结果进行分类。

（二）确定权重值

对酒店企业员工绩效考核结果的分析需要确定两类权重值。一类是考核指标的权重值，其大小可以反映该考核指标在整体考核指标中所处的地位和重要程度。不同岗位的员工具有不同的绩效指标，如管理层次的员工的绩效可能主要反映在工作过程中，其工作的行为及行为方式最能反映出绩效，而酒店企业销售人员的绩效主要反映在工作成果中，在权重值确定中就应有侧重，这样才能如实反映员工的绩效结果。另一类是考核主体的权重值，它反映了该考核者在所有考核者中的重要地位和可信度。如一般情况下，同级考核的结果要比领导考核的结果可信度大，领导考核的结果比下级考核的结果可信度大，因此，同级考核者考核结果的权重值要比领导考核结果的权重值大。权重值的确立可以采用德尔菲法、问卷调查法的方式，广泛征求各方面的意见，以增强科学性。

（三）计算考核结果

在确定权重值和实际获得的大量考核数据统计之后，可利用数理统计等方法计算考核结果，一般采用求和、算术平均数等十分简单的数理统计方法即可。

（四）表述考核结果

考核结果的最终表述可以通过数字、文字、图线三种方式。数字表述法是结果表示的最基本形式，它是直接利用考核结果的分值对被考核者的绩效情况进行描述的方式，具有规格统一的特点。文字表达法是用文字描述的形式反映考核结果的方法，它是建立在数字描述基础上的，有较强的直观性，重点突出，内容集中，具有适当的分析，充分体现了定性与定量相结合的特点。图线表述法是通过建立直角坐标系，利用已知数据描绘出图线来表示考核结果的方式，它具有简便、直观、形象、对比性强的特点，适用于人与人之间，个人与群体之间，群体之间的对比分析。

任务2　掌握酒店员工绩效考核结果反馈

酒店员工绩效考核结果反馈的主要方式是考核面谈。考核结果反馈面谈是绩效考核结果管理的核心，有效的绩效反馈面谈可以使考核者与被考核者就考核结果达成双方一致的看法，为下一步计划的制定打下良好的合作基础；可以使员工认识到自己的成就与优点，产生工作积极性；可以就员工有待改进的方面达成共识，促进员工改进等。

酒店企业员工绩效考核结果反馈面谈要坚持以下几个原则。

（一）双向沟通的原则

绩效考核反馈面谈的目的是使双方达成一致意见，要达到这个目的需要双方的积极沟通与交流，切忌将绩效反馈面谈变成主管对下属的训话机会。要达到双向沟通的目的，主管人员必须学会倾听的技巧。一方面，倾听可以鼓励员工表达自己的观点，有利于发现员工的真实想法；另一方面，倾听也可以使主管有机会思考解决问题的办法，有利于有的放矢地回答员工的问题。

（二）优缺点并重的原则

绩效考核面谈的另一个目的是帮助员工发展，这样在面谈中不能只看到员工的一面，而必须优缺点并重思考。对于员工的优点，要提倡、鼓励；对缺点也要提出督促并帮助其改正。

（三）对事不对人的原则

研究表明，对人的直面评判很容易引起强烈反映。对于工作绩效的考核面谈，应该就工作绩效本身进行，不应对某个人轻易进行攻击。例如，销售经理与一名销售人员就其本期销售业绩进行面谈时说“你这次的销售业绩可不理想啊，你看看这些数据，你的排名是最后一位！”比“你是全组最差的销售员！”效果就要好的多。

（四）着眼未来的原则

绩效反馈面谈是就考核结果进行的，但这并不意味着就结果谈结果，停留在回顾过去的时间里。绩效面谈的重要目的之一是为下一次绩效计划做铺垫，总结问题是为了发现对未来发展有用的东西。因此，对绩效结果的讨论应着眼于未来。

（五）突出重点的原则

绩效面谈切忌泛泛而谈，不着边际，绩效面谈时间也是有限定的，面谈时间太长会使双方失去热情，对酒店企业来说也是一个费时的事。所以面谈中，双方都应抓住重点问题，管理者应引导员工讨论重点，以防其避重就轻。

（六）彼此信任的原则

绩效反馈面谈是个双向沟通的过程，要使沟通顺利进行，达到理解和共识的目的，必须有一种彼此相互信任的氛围。管理者在建立这种彼此信任的环境中占据主导地位。面谈环境、面谈时间、面谈中的一些小技巧等都有助于帮助管理者营造令员工产生信任感的氛围。例如，面谈前，精心选择一个轻松的场合，面谈前先谈一些轻松话题等。

任务3　掌握酒店员工绩效考核结果运用

如图5-3所示，现代酒店企业员工绩效考核结果主要应用于四个领域：报酬决策、员工目标、培训需要和提升晋级。

（一）绩效考核结果应用于报酬决策

酒店企业的报酬决策主要包括工资调整与奖金分配。绩效考核结果应用于工资调整可以体现对员工的长期激励作用，例如，用于年度工资额调整可以激励员工为获得下一年度工资上涨做持续努力；绩效结果应用于奖金分配则体现了对员工的短期激励，业绩的考核结果为年终奖励的确定提供了很好的依据。

（二）绩效考核结果应用于员工目标

这里的员工目标是指员工的个人发展计划。酒店人力资源绩效考核的结果在面谈反馈给员工本人时，考核者通过与之沟通指出其工作的优缺点，为员工下一步的个人发展计划提供了依据。在企业目标的引导以及管理者绩效监督和持续沟通的帮助下，员工可以不断提高工作能力，开发个人潜能，不断改进和优化工作，同时也帮助自己实现个人职业目标，实现个人职业生涯的发展。

（三）绩效考核结果应用于培训需要

酒店企业通过分析绩效考核的结果以及通过与员工的绩效面谈能够发现员工个体与企业要求之间的差距，从而及时发现培训类型的需要。对于能力不足的员工可通过企业有针对性的培训活动开发员工潜能，提高其工作能力；对于工作态度落后的分子，需为之准备适应性再培训，要求其重塑自我。

（四）绩效考核结果应用于提升晋级

职务晋升和选拔干部是一件谨慎的事，一般不宜通过一次考核结果来决定。根据现代酒店企业的实践经验，一般来说，在一定时期内（至少两个针对性考核周期以上）某员工拥有连续的、稳定上升的绩效结果才可以纳入晋升者名单。

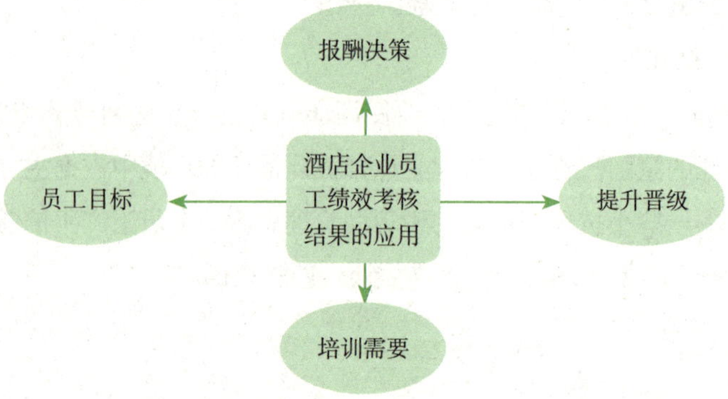

图 5-3　现代酒店企业员工绩效考核结果应用示意图

思考与练习

1. 酒店绩效考核的功能与原则是什么？
2. 论述酒店绩效考核的方法及技巧。

模块六

酒店员工激励

理论目标

1. 了解酒店员工激励的含义、作用和过程
2. 掌握酒店员工激励的方式
3. 掌握酒店员工薪酬对激励的影响

实践目标

1. 能够找出酒店员工对激励制度不满的原因
2. 能够制定酒店各部门合理的激励方式
3. 能够设计酒店员工合理的薪酬激励

案例导入

她怎么了?

王林山是一位平易近人、心直口快的酒店经理。他平时关心下属，放手让大家开展工作，谁出了问题，他一方面批评，另一方面承担责任。但是王总有一个最大的缺点就是随便许愿。

这一天，性格内向的秘书小田将一份“开夜车”整理并起草的酒店工作报告拿给王总过目。读着这篇内容全面、水平很高的报告，王总很满意，信口说了句:“小田，下次出国我先让你去，出去学习学习，回来长进就更大了。”小田听了，心里美滋滋的，工作劲头更足了，天天盼着有出国学习的机会。

一个月的出国进修机会终于来了，酒店共有三个名额。对各部门报上来的名单及个人情

况介绍，王总感到很符合此次出国的基本要求，大笔一挥签了字，把对小田的许愿忘得干干净净。三个人都走了，就是没有小田，小田心灰意懒，工作不再那么主动了，甚至向王总提出要调动工作。看到小田的巨大变化，王总有些奇怪，摸不到头脑：一向工作勤劳、主动的小田是怎么了？

王总一直对于小田的变化百思不得其解。

讨论

小田工作前后表现的巨大反差，王总应做何反思？

项目一 酒店员工激励概述

任务1 了解激励的含义

（一）激励的定义

从字面理解，激励就是激发和鼓励的意思。在管理工作中，可把激励定义为调动人们积极性的过程，即为了特定目的而去影响人们的内在需要或动机，从而强化、引导或改变热门行为的过程，它有激发动机、鼓励行为、形成动力的意义。

（二）激励的特性

（1）目的性　任何激励行为都具有目的，这个目的可能是一个结果，也可能是一个过程，但必须是一个现实的、明确的目的。所以，从这个意义上讲，虽然一般来说激励是管理者的工作，但任何希望达到某个目的的人都可以将激励作为手段。

（2）主动性　激励是对人的需要或动机施加影响，从而强化、引导或改变人们的行为。作为激励对象的人类行为都是由某种动机引起的，而人类有目的的行为的动机都是出于对某种需要的追求。激励活动正是对人的需要或动机施加影响，从而强化、引导或改变人们的行为。因此，从本质上说，激励所产生的人的行为是主动、自觉的行为，而不是被动、强迫的行为。

（3）持续性　激励是一个持续反复的过程，是导向满足某些需要或动机的行为。未满足的需要是产生激励的起点，进而导致某种行为。行为的结果可能使需要得到满足，之后再产生对新的需要的追求。满足了一个需要可能会引起满足更多需要的愿望。激励是一个由多种复杂的内在、外在因素交织起来持续作用和影响的复杂过程，而不是一个互动式的即时过程。

（4）引导性　激励是人们内心对某种需要的追求，所以说在激励过程中内因起着决定的作用。但人不是孤立的，而是生活在特定的社会环境中，这个环境对人的行动也起着影响作用。可以把人的行为（B）看成是其自身的特点（P）及所处的环境（E）的函数，即

$$B=f(P, E)$$

因此，为了引导人的行动达到激励的目的，领导者既可以在了解人的需要的基础上，创造条件促进这些需要的满足，也可以通过采取措施改变个人行动所处的环境。

任务2　明确激励的作用

现代酒店的人力资源管理中，利用各种有限的但尽可能充分的条件激励员工，可以促使每个员工自发地、最大限度地发挥他们自己的聪明才智与潜在能力，可以提高员工对酒店的参与感和归属感，可以增加员工的群体意识，可以使他们保持充足的动力和高昂的士气，齐心协力为提高整个酒店的经济效益，实现酒店的经营目标而努力工作。

（一）有利于酒店目标的实现

谈到人的需要不仅复杂，而且有时还相互矛盾，不仅不同种类的需要之间存在着矛盾，而且同类需要之间也存在着矛盾。激励工作要强化的是那些有利于酒店目标实现的人的需要，从而使其产生有利于酒店目标实现的行为。事实上，人们做出的选择往往是多种需要的调和与相互妥协的结果。如何能在这种调和中去强化最有利于酒店目标实现的需要，这就涉及激励的艺术技巧问题。

（二）有利于将动机引导到对酒店目标有利的行为上来

强化了解需要不一定就能得到预期的行为，因为可能有多种行为都能提供同一满足。例如，酒店某一成员想要得到更多的报酬，他可以更加努力地工作，也可以考虑保持现状而业余再做一份工作，甚至可以跳槽到另一家收入更高的酒店。但他也有可能会违反酒店的纪律，以不正当的手段谋取更高的收入。这时管理者可以通过说服教育以及相应的激励措施来杜绝其不良动机，从而将其动机引导到对酒店目标有利的行为上来。

（三）有利于提供酒店完成目标的行动条件

要鼓励人行动就应该为他们的行动提供条件，帮助他们实现目标。任何酒店成员在实现酒店目标的过程中，都需要酒店向他提供必要的工作条件，当缺乏某些工作条件时，酒店员工的工作情绪就会受到极大的影响。激励的目的在于调动酒店成员的工作积极性，进而为实现酒店目标创造良好的条件。在激励过程中，调动酒店成员积极性的同时就是向其提供工作条件和改善其工作条件的过程。可见为人们提供行动条件也是激励工作的重要作用。

（四）有利于吸引并留住人才

有效激励可以通过各种优惠政策、丰厚的福利待遇、快捷的晋升途径来吸引酒店需要的人才，满足酒店经营的需要，提高酒店的竞争力，从而提高酒店的经济效益。彼得·德鲁克认为，每一个酒店都需要三个方面的绩效：直接的成果、价值的实现和未来的人力发展，缺少任何一方面的绩效，酒店注定非垮不可。因此，每一位管理者都必须在这三个方面均有贡献。在三方面的贡献中，对“未来的人力发展”的贡献就是来自激励工作。

案例

一家寻求新发展的国营酒店，打破常规从人力市场上聘请了一位经理，该经理工作兢兢业业，酒店也付以高薪和高福利，拿住宿条件来说，虽然也是员工宿舍，但是酒店想方设法空出一间单独的宿舍并配好简单家具，以保证该经理的休息，该经理也很满意。但是有一天总经理的师傅来了（该总经理是厨师出身），在该经理不知情的前提下，就安排其师傅住进该经理的宿舍，并且还认为这是对该经理的信任和赏识。但是该经理下班后，进入宿舍先是吓了一跳，然后异常生气，认为酒店不懂得尊重员工，侵犯了他的隐私权，就在酒店还在笑话该经理小题大做之时，该经理已经愤然辞职。本是双赢的局面就因为这样一件“看似小事”的事件化为乌有。这也带给我们启示：我们的高管人员应该先学会如何尊重人才，才能留住人才，从而提升管理。

（五）有利于人才开发

激励是强化需要动机的手段，通过激励可以最大限度地调动人的积极性，挖掘员工潜力。准确而适度的激励，会大大增加下属的工作热情，激发其创造性与主动性，开发员工的潜在能力，促进员工充分地发挥其才能和智慧。科学的激励制度包含一种竞争精神，它的运行能够创造出一种良性的竞争环境，进而形成良性的竞争机制。在具有竞争性的环境中，酒店成员就会受到环境的压力，这种压力会转变为员工努力工作的动力。

任务3　熟悉激励的过程

员工激励过程如图6-1所示。开始从需要或动机出发，由此产生了要求，这当中要求一时不能得到满足时，心理上会产生一种不安和紧张感，这种不安和紧张状态会成为一种内在的驱动力，导致某种行为或行动，进而去实现目标，一旦达到目标就会带来满足感，而这种满足感又会为新的需要提供一种强化作用。

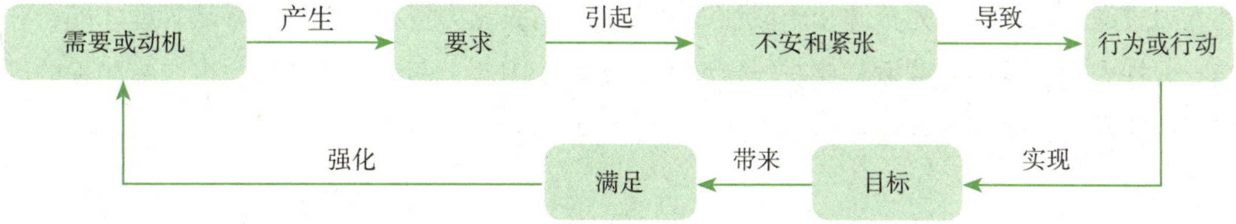

图 6-1　员工激励过程

项目二 酒店员工的激励方式

任务1　激励与绩效的关系

员工激励的作用和组织的绩效密切相关，在组织行为学中有这么一个公式：绩效=（能力，激励，环境）也就是说，组织的绩效本质上取决于组织成员的能力、被激励情形和工作环境条件。员工要有效地工作，先得明白如何做该项工作（能力），并要有工作的意愿（激励），还必须有从事该工作所需的材料、工具以及适当的环境。如果缺少这些要素，或这些要素不充分，就不可能使职工取得有效的业绩。一个管理者如果拥有了高素质的下属，并为他们提供了最好的工具和设备，但是对这些下属不加以激励的话，也无法使他们有出色的表现。

酒店广大员工除必须具备完成工作任务的能力外，是否具有出色完成本职工作的愿望和动力，是酒店管理者应当考虑的重要问题。为激发广大员工的积极性和进取心，促使员工自觉地发挥其聪明才智，挖掘其潜能，就需要进行激励管理。作为酒店人力资源管理部门，在其日常工作过程中，应当尽可能地利用和创造各种条件，结合酒店自身的情况和特点，采用恰当的激励手段和方法，来提高员工的工作积极性，增强员工的群体意识，使员工队伍保持高昂的士气，齐心协力地为实现整个酒店的目标而努力。一个酒店人事管理水平的高低与成效，其中一个重要的尺度就是看酒店员工队伍的面貌和士气。所以，酒店人力资源管理部门的工作人员应了解和掌握有关激励的理论和方法，把员工激励作为人力资源管理的日常工作业务环节之一，开发人力资源的工作目标才能得到落实。

激励的根本目的是引导酒店员工提高服务质量和实现组织目标，是组织管理活动的组成部分之一。激励的各种方法都是围绕管理活动的目的而展开的，了解管理的基本活动，有助于掌握与激励过程中有关的问题，人力资源是酒店最有活力、最具可塑性的资源种类。酒店的人力资源包括高级人力资源和一般性人力资源，高级人力资源代表的是稀缺管理才能，它与一般性人力资源的职业贡献存在一定程度的差异，因此，两者的激励层次也应有明确的区分。酒店人力资源激励的系统配置见表6-1。

表6-1　　酒店人力资源的系统配置

激励结构	需求动机	激励资源的分配形式		激励的结果	
		一般人力资源	高级人力资源	一般人力资源	高级人力资源
补偿性激励	生命的维持与延续	工资	薪金	维持一般人力资源平衡	维持高级人力资源平衡
发展性激励	自我发展与实现	培训、工作与锻炼机会	职称、职位、挑战性工作	业务素质提升、工作积极性提高	管理能力增强、创新精神增强
酒店剩余	自我控制	税后利润	产权份额或期股	注重酒店长期利益和发展	道德风险减少、决策的长期性
精神性激励	享受尊重	称号与非正式荣誉	称号与非正式荣誉	增强归属感、自我激励	归属感、成就感、自我激励

任务2　熟悉激励的基本方式

在市场经济条件下，如何正确认识激励机制的重要性，如何合理利用激励制度引进人才和调动员工的积极性，成为现代酒店亟待研究的重大课题。酒店的活力源于每个员工的积极性、创造性。由于人的需求具有多样性、多层次性、动机的复杂性，调动人的积极性也应有多种方法，并且要综合运用各种激励手段，使全体员工的积极性、创造性、酒店的综合活力达到最佳状态。酒店的每一位员工都需要激励，但不同员工的需要和动机各不相同，管理者要与员工多交流，多观察员工的表现，多了解员工的心理，掌握员工的实际需要，根据员工具体情况，因人、因时、因地采取相应的激励方法，以达到最好的激励效果。

激励的种类根据酒店员工在物质、社会与心理等三方面的需求情况，传统上习惯于把员工的需要简单分为物质需要与精神需要两大类别，因而，激励的方法也相应被分为物质激励与精神激励两类。物质激励一般包括发放奖金、奖励实物、晋级加薪、旅游、学习培训及出国考察等。精神激励除传统的颁发奖状、获奖证书、奖杯、奖章、锦旗，通报表扬，给予光荣称号和照片上光荣榜等荣誉激励外，现在更多采用的是以满足人的高级需要为主的激励。

物质激励和精神激励都是重要的激励手段。它们通过满足员工的生理、安全、社交、尊重和自我实现的需要，来调动员工的工作积极性。在实践中，酒店实施奖励的办法可根据单位、部门的具体环境与条件而确定。一般可采取物质奖励与精神奖励相结合的行之有效的方法。

项目三 激励制度

任务1　熟悉酒店激励制度的构成

酒店主要激励制度是指在酒店企业员工激励中所形成的机理和制度，它是酒店企业人力资源管理的重要内容。激励机制的根本作用是正确地诱导员工的工作动机，使他们在实现酒店目标的同时满足自身的需求，提高其满意度，从而使他们的积极性和创造性继续保持和发扬下去。建立有效的激励机制主要包括以下几个方面的工作：

（一）建立符合酒店企业特点的企业文化

企业文化是人力资源管理中的一个重要机制，只有当企业文化能够真正融入每个员工个人的价值观时，他们才能把企业的目标当成自己奋斗的目标。因此，用员工认可的企业文化即企业精神、理念、统一的价值观等来管理，可以为酒店企业的长远发展提供动力。

（二）制定明确和公平的激励制度

激励制度，首先要体现公平原则，要在广泛征求员工意见的基础上出台一套大多数人认可的制度，并且把这个制度公布出来，在激励中严格按制度执行并长期坚持；其次，要和考核制度结合起来，这样能激发员工的竞争意识，使这种外部的推动力量转化成一种自我努力工作的动力，充分发挥人的潜能；最后，制度要体现科学性，也就是做到工作细化。酒店企业必须系统的分析、收集与激励有关的信息，全面了解员工的需求和工作质量的好坏，不断地根据情况的改变制定出相应的政策。

（三）坚持多种激励手段综合运用

酒店企业可以根据本企业的特点而采用不同的激励机制。

（1）物质激励与精神激励相结合　要调动员工的工作积极性，不仅要注意物质利益和工作条件等外部因素，更重要的是注意工作的安排，注意对员工进行精神鼓励，给予表扬和认可，注意给员工成长、发展以及晋升的机会。

（2）内激励与外激励相结合　内激励侧重行为前的需要和动机的引导及行为中的指导与支持（如职前教育、授权等），而外激励侧重于行为的后果（报酬）的兑现及外部环境的治理。相比之下，内激励较之外激励产生的工作动力更持久，可以使员工对工作充满兴趣并快乐工作，激发其自豪感和成就感，发挥其个人最大潜能。因此，酒店管理者应坚持以内激励为主、外激励为辅的原则，使员工外有压力、内有动力。

（3）正激励与负激励相结合　正激励和负激励都能改变员工的行为，通过树立榜样和反面典型、明确管理制度来形成良好的工作氛围和企业文化，使组织行为更加积极向上。但是，从强化理论本身不提倡惩罚的内容来看，负激励尤其是惩罚具有一定的消极作用，容易使员工产生挫折和恐慌心理。因此，应该慎用负激励。酒店管理者应坚持以正激励为主、负激励为辅的激励原则。

任务2 熟悉酒店主要激励方法

激励是一种力量，给人以动力，使人的行为指向特定的方向。激励的方法是实现激励目标的途径和具体形式。管理以人为本，提高管理绩效的关键之一在于运用适当的激励方法，充分调动人的主动性和积极性，使组织中的成员充分发挥出其潜在的能力，进行创造性的工作。

1. 目标激励法

目标激励法是根据员工期望获得的成就或结果，通过设置科学的目标，把员工的需求与组织目标紧密结合起来，以引导其思想行为、激发工作热情的一种常用激励方式。激励目标可以是物质的，也可以是精神的；可以是指导规划的，也可以是制度办法；可以是战略性的，也可以是战术性的。在酒店管理中采用“目标激励法”应注意做好以下几方面的工作。

（1）酒店目标制定要科学化

① 工作目标设置的具体性：指设置的目标具有可衡量性。例如，如果某饭店餐饮部本月的经营目标是增加销售额和利润，那么具体目标可以定为“宴会销售额提高5%，酒水毛利率保持40%，总销售额提高15%”。

② 工作目标设置的适度性：指工作目标应该是员工通过努力能够达到的。这样才能使员工将个人目标与组织目标有机结合，形成组织成员对组织的归属感、认同感，最大限度地激发人的积极性。

③ 工作目标设置的挑战性：指实现设置目标的努力程度。人们都有一种自我实现的要求，追求较高的目标往往是每个人的理想和抱负，当目标设置难度大，对个人来说具有挑战性时，就会对人们产生较高水平的激励。相反，如果目标设置得过低，不仅使组织失去了本可达到更高目标的可能，而且还会降低目标对员工的激励作用，使员工简单地按容易实现目标的节奏工作。

（2）酒店目标完成情况的检查和评价要公正

① 目标检查多样化：即灵活地采取员工自我检查、员工相互检查、领班检查、主管检查、“白手套”式检查等多种方法。

② 业绩评价标准化：即严格按照既定的分解目标和标准评价员工的业绩，坚持“公平、

公正、公开”的原则。

③ 业绩促进化：即根据业绩对员工进行奖惩，并进行必要的沟通，以促进将来的工作业绩。同时，对评价的结果进行分析和总结，以检验酒店目标的合理性，修正不合理的目标，适当提高已经达到的目标，以促进工作绩效的持续改进。

2. 精神激励法

（1）情感激励　情感激励就是通过加强管理者与员工的情感沟通，尊重员工、关心员工、爱护员工并使员工能够体验到平等亲切的人际关系，从而激发起员工工作的积极性、创造性的激励方法。情感激励法被管理学家称为“爱的经济学”，即无需投入资本，只要注入关心、爱护等情感因素，就能获得产出。因为员工并不仅仅满足于薪酬，他们更需要的是心酬——心理和精神上的满足和激励。企业领导对于下级的关怀，哪怕是微不足道但却是出自真诚的关心，对于下级来说都是无穷的激励。现在有些酒店不仅关心员工自身，如为员工举办生日派对、生病探望、结婚送贺礼或免费房等，而且还延伸到关心员工的家属，如六一儿童节、母亲节和父亲节将员工的孩子、父母、配偶请到酒店来作为上宾招待等，这些举措都体现了酒店对员工精神上的关爱，成为激发员工回报领导关心的动力。

情感激励注意把握以下五个技巧：

① 勤于知情，善于察言观色、透视本质；

② 敏于动情，要把握动情的契机、场合、分寸；

③ 巧于容情，做到情与言相符合，情与行相融合，情与事相结合；

④ 善于用情，注意方式、对象、内容；

⑤ 精于导情，引导积极情感，升华一般情感，排遣消极情感。

（2）荣誉激励　荣誉能体现一个人的社会存在价值，荣誉激励是满足自我实现需要、激发人们奋力进取的重要手段。对于那些作出突出贡献的员工，酒店给予一定的表彰或荣誉称号，如“优秀员工”、“操作能手”、“微笑大使”等都是对员工的公开承认，既满足其自我实现的需要，又能产生竞争压力；既能使荣誉获得者经常用以鞭策自己，又给其他人树立榜样和奋斗目标，加强员工的竞争意识，激励共同进步。在荣誉激励中，除对个人外，还要注重对集体的鼓励，如“先进班组”、“优秀团支部”等，以培养大家的集体荣誉感和团队精神。

（3）授权激励　授权激励也属于一种精神激励。对员工的授权不仅仅是简单意义上的授予其权利，而是管理人员在将必要的权利、信息、知识、报酬赋予服务一线的同时，让他们主观能动的富有创造性地工作，通过赋予服务人员一定的权利来发挥他们的主动性和创造性。“授权”可以实现饭店内部有关信息、知识、报酬的共享，使员工对饭店有较充分的了解和认识，并因此备受激励。员工这种自我负责的热情，可以成为饭店保持竞争优势的有效举措之一。在工作当中给予员工一定的决策权，如一定的人事、资金等资源的支配权利，允许员工打破常规主动灵活地为客人做好服务工作，按照自己认为是正确的或最好的方式去行使权利，以便于出现服务差错之类的问题时，不需要再去找相关的负责管理者，及时有效地处理好问题，降低投诉率。这样也使得员工在决策服务程序问题上有了延伸的发言权。这种“授权”不仅使员工工作更加投入，而且会使顾客的满意率增加。授权这一管理模式在我国做得还很不够，还没有形成好的形式。国外的一些高档酒店早已实行这种管理方法了。

（4）员工参与激励　是指管理者通过一定的制度和形式，让员工参与组织的决策计划的制定。在现代酒店管理中常见形式有：参与策划设计，利润分享，职工大会等。通过参与，可以让员工更好地了解本酒店的一些管理模式、组织结构、发展目标。企业内部的利润分享，如员工购股计划和损耗奖励计划，可以让员工了解酒店内部进展的情况，使他们最大限度地做好本职工作。重要的是让员工意识到自己在企业中的重要性，觉得自己得到公司的尊重和信任，因而努力争取更好的成绩。东南沿海的一些四星级五星级酒店在节假日和重要时期都会开展娱乐活动或者相关的团体聚会，使员工和员工，部门和部门之间相处得和谐融洽。

案例

沃尔玛是全球最大的私人雇主，在中期经营中就指出了“员工第二，领导第三；门户开发：让员工参与管理；离了职，还是顾客”的口号。这一口号具体化为三个互相补充的计划：利润分享计划、员工购股计划和损耗奖励计划。1971年，沃尔玛开始实施第一个计划，保证每个在沃尔玛公司工作了一年以上以及每年至少工作1000个小时的员工都有资格分享公司利润。沃尔玛运用一个与利润增长相关的公式，把每个够格员工的工资按一定百分比放入这个计划，员工离开公司时可以取走这个份额的现金或相应的股票。沃尔玛还让员工通过工资扣除的方式，以低于市值15%的价格购买股票，现在，沃尔玛已有80%以上的员工借助这两个计划拥有了沃尔玛公司的股票。另外，沃尔玛还对有效控制损耗的分店进行奖励，使得沃尔玛的损耗率降至零售业平均水平的一半。沃尔玛认为员工们了解其业务的进展情况是让他们最大限度地干好其本职工作的重要途径，它使员工产生责任感和参与感，意识到自己的工作在公司的重要性，觉得自己得到了公司的尊重和信任，因此，努力争取更好的成绩。

员工参与激励在现代饭店管理中常见的形式有：参与策划设计，利润分享，职工大会等。通过参与可以提高员工的认同感、责任感和成就感，进而达到饭店所期望的组织目标。

（5）竞争压力激励　竞争是激发员工工作干劲的有效方法之一。在一定的工作范围或者环境之下，给酒店的员工打造一种充实而又向上的竞争环境可以带来良好的效果。引入竞争机制，开展员工与员工，部门与部门，企业与企业之间的竞争。比如说在两个或多个酒店之间举行竞赛活动，使员工感受到外部压力与危机感。这样的竞争比赛也可以在员工内部形成一种气氛，从对手那里学到成功的经验和自己失败的教训。化压力为动力，化干戈为玉帛，从而就有了更高的目标，能够在关键时刻发起最强劲的冲刺。但是需要注意的是竞争要公平公正，尽量在公平公正的原则及操作下运行，否则这样的竞争比赛就只是拘泥于一种形式。用科学正确的态度对待竞争，把握好竞争的强度。还可以采取一些联谊活动或娱乐竞赛来增强彼此之间的关系。同时，企业内部的部门与部门，组织与组织也要加强沟通，以此来增强企业员工之间的团结凝聚力。通过竞争压力激励，提高员工的认同感、责任感和成就感，进而推动饭店所期望的组织目标。

3. *物质激励法*

物质激励的内容包括工资奖金和各种公共福利。它是一种最基本的激励手段，因为获得更多的物质利益是普遍员工的共同愿望，它决定着员工基本需要的满足情况。同时，员工收入及居住条件的改善，也影响着其社会地位、社会交往，甚至学习、文化娱乐等精神需要的满足情况。

（1）薪酬激励　薪酬激励是激励员工的基础。科学地设计企业员工的薪酬结构，把员工的薪酬与绩效挂钩，可以更好地激励员工的积极性。奖惩激励是对员工的成绩给予表扬，对员工的失误和错误给予适当的惩罚。

（2）福利激励　福利激励是指企业的领导者根据企业的经济效益制定有关福利待遇的发放标准，确保员工生存与发展的需要，激励员工为企业多作贡献。酒店发展最重要的目的是为了赢得利润，获得可持续发展。为了吸引和留住员工，除了合理的薪资外，还需要实施与其实力相适应的福利制度，如有些酒店在缴纳员工正常的养老保险、失业保险、医疗保险、公积金外，还增加了工伤保险和生育保险、每年的国内外旅游计划、教育补贴、交通补贴、员工生日聚会等，这些完善的福利制度不仅提高了企业声誉，吸引更多的人才加盟，而且还增强了内部的协作精神，激发了酒店员工的创造性，营造出积极向上的竞争氛围。

（3）股权激励　企业产权结构的变化，产生了一种新的物质激励形式——股权激励。股权激励作为一种长期激励方式，是通过让经营者或公司员工获得公司股权的形式，或给予其享有相应经济收益的权利，使他们能够以股东的身份参与企业决策、分享利润、承担风险，从而勤勉尽责的为公司的长期发展服务。现代企业理论和国外实践证明股权激励对于改善公司治理结构、降低代理成本、提升管理效率、增强企业凝聚力和市场竞争力起到非常积极的作用。

通常情况下，股权激励包括股票期权（Stock Options），员工持股计划（Employee Stock Owner Plans）和管理层收购（Management Buyout，简称 MBO）。

任务3 熟悉酒店激励的注意事项

奖励和惩罚是激励员工的基本形式。其中，奖励作为员工激励的一种手段，其目的在于使员工将他们的良好行为加以保持和发扬，并成为其他员工的表率，为振奋员工队伍的士气起到积极的推动作用；惩罚是一种负激励，是为了纠正员工工作中的不良或消极行为而采取的一种强制措施。若应用得当，惩罚能对不良现象起到很好的威慑作用，但不能以惩罚为主，只能将其作为一种辅助手段，否则就会适得其反。采用奖惩激励时必须注意以下几点：

（1）奖励和惩罚不是目的　奖励和惩罚是为了实现企业目标、调动员工积极性。如果把两者本身当做目标，就会变成为奖励而奖励，为惩罚而惩罚，成为一种“例行公事”，这样，就达不到奖惩的应有效果。

（2）必须从酒店的目标出发进行奖惩　如果从个人目标或小团体目标出发而进行奖励和惩罚，就必然会背离企业目标，把奖励变成培植亲信、拉帮结派，甚至是少数人侵吞劳动成果的手段，而把惩罚当做是排除异己、打击报复和压制民主的手段。这样的奖励和惩罚，既不可能公正、公平，也不可能调动广大员工的积极性。只有从酒店的整体目标出发进行奖惩，才能把个人目标和集体目标有机地结合起来。

（3）应坚持以奖励为主、惩罚为辅　奖励是一种正强化、正激励，能够直接满足员工的物质和精神需要，是调动员工积极性的一种比较理想的手段。惩罚是一种负激励，是以剥夺人的部分需要来减少和纠正不良行为的手段。这种手段的副作用会导致被罚者产生挫折心理，从而会影响其积极性。因此，应以奖励为主、惩罚为辅，才能收到良好的效果。

（4）奖励技巧要不断创新　奖励不仅仅是奖钱，也包括表扬、授予荣誉称号、给予有纪念意义的实物、休假、旅游、外出培训、晋升、机遇、挑战性工作、以员工的名字命名其发明的产品或工作方法等多种形式。奖励还要适时，不要过于频繁或不及时。还要注意适当拉开奖励的档次，并且重视团体奖励。根据实际情况和员工需要采取灵活多样的手段不断创新，这样要比重复、单一的刺激所产生的激励力量要大得多。

（5）惩罚要讲究方法与方式　惩罚是一种负激励，很容易导致被罚者产生挫折心理。因此，在运用惩罚手段时，应该尽量不伤害被罚者的自尊心。惩罚方式要有所选择，防止恶语伤人，减少或避免公开批评。在惩罚时，尽量把教育放在前面，只有对屡教不改或造成严重后果者才实施惩罚。

思考与练习

1. 酒店员工激励的含义、作用是什么？
2. 讨论酒店员工薪酬对激励的影响。

模块七

酒店薪酬管理

理论目标

1．明确薪酬及薪酬管理的概念和内容
2．了解酒店薪酬管理的作用和原则
3．熟悉影响酒店薪酬管理的内外部因素
4．掌握酒店薪酬制度的建立

实践目标

1．能够运用相关理论分析酒店薪酬管理的利与弊
2．能够根据酒店的具体内外部影响因素制定合理的薪酬制度

案例导入

马里奥特酒店集团“以人为本”的哲学

马里奥特酒店集团认为酒店业的竞争归根结底是人才的竞争，尽管竞争的表现形式是多样的，如服务质量的竞争、管理水平的竞争、客源市场的竞争、价格的竞争等，但最终是酒店人员素质的竞争。因此，马里奥特酒店集团与世界一流的酒店管理学院——美国康乃尔大学酒店管理学院建立了合作关系。马里奥特酒店集团华盛顿总部每年都为康乃尔大学酒店管理学院毕业生提供实习机会，其中，选中的实习生将留在马里奥特酒店工作，能够得到高于其他酒店集团4000~6000美元的年薪。

马里奥特酒店的人事管理最有特点，它拥有最大集权化的人事管理部门。从1938年开始，举办年度员工晚会，为员工集体交保险，赠送圣诞礼物、服务年限礼物，建立员工建议系统等以增强员工对酒店的认同感和归属感。在1953年，马里奥特酒店集团鼓励员工优先购买酒店股票。马里奥特酒店集团也是最早提倡利润共享计划的企业。在20世纪90年代，酒店每年要拨出2000多万美元的利润来发给员工。1993年，董事会拨款2200万美元来支持员工利润共享计划。马里奥特酒店集团成功的基石是酒店对员工的承诺，酒店把员工看成是酒店最重要的资源。酒店有著名的“员工公平合理待遇的保证”声明，其主要内容是：马里奥特酒店集团始终为每一位员工提供公平和合理的待遇。

资料来源：中国酒店管理网

讨论

1. 马里奥特酒店是如何通过有竞争力的薪酬来吸引人才的？
2. 如何理解“员工公平合理待遇的保证”声明的深层次含义？

项目一 酒店薪酬管理的概念和作用

任务1 了解薪酬的定义和构成

一、薪酬的定义

薪酬是指员工因工作关系付出个人劳动，从企业获取劳动回报因而得到的各种酬劳的总和。薪酬的表现形式是多样的，主要包括工资、奖金、福利、津贴与补贴等各种直接经济薪酬或物质薪酬形式，支付的方式除了货币形式之外还可以间接转化为带薪假期、工作环境改善和工作的发展空间扩大等许多间接经济薪酬或精神薪酬形式。酒店薪酬实际上是指酒店对员工为履行其职责或完成工作任务而实现绩效所付出的服务劳动、时间、学识、技能、经验和创造所支付的各种形式的回报。

二、薪酬的构成

薪酬是一个广泛的概念，可分为内在薪酬和外在薪酬两大类别（图7-1）。其中，外在薪酬指以物质形式存在的各种类型的薪酬，又分为直接薪酬、间接薪酬和非经济性薪酬三类。内在薪酬指员工由于工作本身而获得的满足感，包括：参与决策权、自由分配工作时间及方式、较多的职权、比较有趣的工作、个人成长的机会以及活动的多元化等。

1. 直接薪酬

直接薪酬主要是指酒店为员工提供的基本工资、加班费、津贴、奖金等。为了提高服务人员的待遇，酒店应推行以岗位工资为主的工资制度。岗位工资制度是指从总经理到员工按决策层、领导层、督导层、服务层分成许多级别，各级别又因技术工种的不同而实行有所不同的工资制度，这样可以避免单纯按行政级别来划分工资高低，例如，避免工作多年的服务人员的工资低于初出茅庐的管理人员的工资的不合理现象的发生。酒店还应采取年功序列奖励制度，根据工作年限、贡献大小来给予奖励。此外，酒店还可实施利益共享计划，设立职工股，让员工成为企业的股东，分享企业成功的利益。马里奥特公司创始人马里奥特（Marriot）先生是第一个倡导利润共享计划的人。在20世纪90年代，马里奥特酒店每年都要拨出2000多万美元的利润来发给员工。

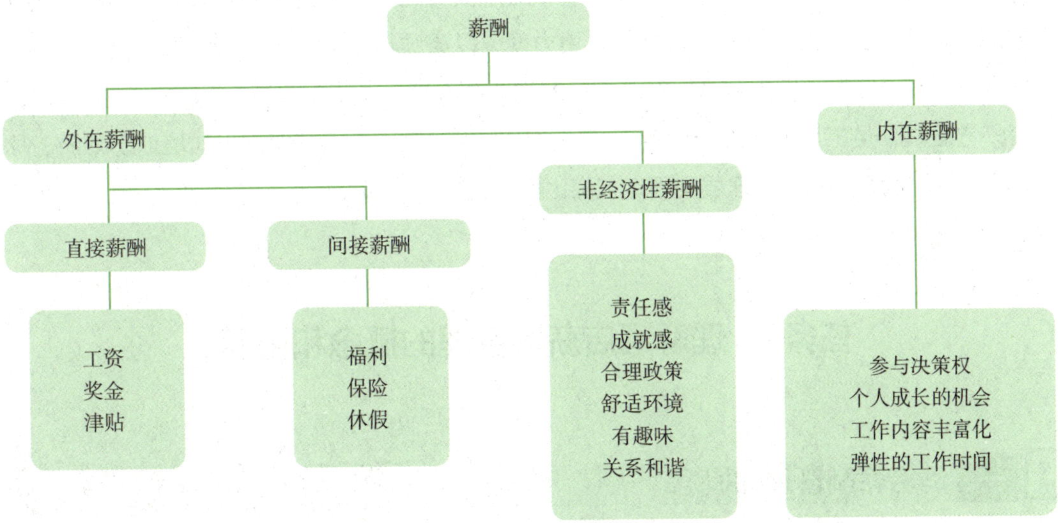

图 7-1　酒店薪酬的构成

2. 间接薪酬

间接薪酬主要是指员工的福利。现在，酒店大多都采用统一的方式为员工提供医疗保险、养老金、带薪假期等福利。事实上，由于员工个性的不同，对各种福利的价值的主观评价是不同的。为了使激励的绩效达到最大，酒店应考虑员工的个人需要，给予员工充分的自主权，例如为员工提供“自助餐”式的福利，由员工自行选择。比较切实可行的做法是：酒店为每一个员工建立一个灵活的、规定具体金额的福利消费账目，并为每种福利标明价格，员工可以自行选择福利项目，直到他们账户中的金额用完为止。

3. 非经济性薪酬

非经济性薪酬包括工作的有趣性、责任感、成就感和是否具有合理的政策、称职的管理以及和谐的人际关系等要求的工作环境。

酒店管理人员应意识到员工的需要是多方面的，既有物质的需要，又有精神的需要。因而，管理人员应适当考虑员工的精神需要，通过各种精神鼓励措施来激励员工，如评选“最佳员工”、授予“××岗位能手”称号等。管理人员还应注意到：不同员工的精神满足是不同的，管理人员应根据员工的个体差异有针对性的采取各种激励手段，如有的员工希望有良好的人际关系，酒店可以多组织一些生日聚会、舞会等社交活动以满足他们的需要；有的员工希望受人尊敬，拥有较高的威望，酒店可以通过授予各种荣誉称号来激励他们。

根据有关研究表明，酒店业员工与经理层人员对激励的认可排序明显不同，员工层将“所做的工作得到完全认可”排在最重要的位置上，接下来依次为“工作有趣”、“工作安全”和“在企业中得到晋升和发展”；而经理层则普遍这样排序：工资待遇好，工作安全，工作环境好，在企业内部能得到晋升和发展，所做的工作得到全面认可。从这些情况可以看出，酒店的薪酬设置应对员工层和经理层予以区别，对于员工层在合理的经济性薪酬尤其是直接经济薪酬的基础上，加大非经济性薪酬的适用力度，以激励员工的工作热情和保持员工稳定的工作状态；对于经理层则更为重视经济型薪酬的业内水平，而使其薪酬水平有竞争力。同时，从另一方面说，员工层的薪酬中固定工资所占比例相对较小，而其他支出如培训、郊游、休假、奖金等比例较大；而经理层则固定工资比例较大，其他部分较小。

任务2 理解酒店薪酬管理的概念和内涵

一、酒店薪酬管理的概念

酒店薪酬管理是指酒店在经营战略和发展规划的指导下，综合考虑酒店的内外各种因素的影响，确定自身的薪酬水平、薪酬结构和薪酬形式，并进行薪酬调整和薪酬控制的整个过程。其目的在于吸引和留住符合酒店需要的员工，并激发他们的工作热情和各种潜能，最终实现酒店的经营目标。

薪酬水平是指酒店内部各类职位和人员平均薪酬的高低状况，它反映了酒店薪酬的外部竞争性。薪酬结构是指酒店内部各类职位和人员之间薪酬的相互关系，它反映了酒店支付薪酬的内部一致性。薪酬形式则是员工和酒店总体的薪酬中，不同类型薪酬的组合方式。薪酬调整是指酒店根据内外各种因素的变化，对薪酬水平、薪酬结构和薪酬形式进行相应的变动。薪酬控制是指酒店对支付的薪酬总额进行测算和监控，以维持正常的薪酬成本，避免为酒店带来过重的经济负担。

二、酒店薪酬管理的内涵

正确理解酒店薪酬管理的内涵需要把握以下几点：

第一，薪酬管理是酒店人力资源管理乃至酒店管理的重要一环，其目的在于实现酒店的经营战略目标，因而薪酬管理必须服从并服务于酒店经营战略。同时，薪酬管理必须在酒店经营战略和发展规划的指导下，与酒店其他的管理环节相互配合，为酒店经营战略的实现提供有力支撑。

第二，酒店薪酬管理的直接目的在于吸引和留住符合酒店需要的员工，并激发他们的工作热情和各种潜能。因此，在薪酬设计过程中必须考虑酒店内外各种因素的影响和作用，既能保持酒店员工薪酬水平的外部竞争性和内部公平性，同时又要保证各类薪酬组合方式在激励方面的有效性。

第三，酒店薪酬管理工作绝不仅仅是为酒店员工发放工资这么简单。它同酒店其他管理工作一样，需要有科学、先进的管理理念做支撑，需要运用计划、组织、领导和控制等管理职能来开展工作，需要随着酒店和社会的发展不断进行调整和变化。

任务3　了解酒店薪酬管理的作用

薪酬管理是酒店人力资源管理不可缺少的一个环节。薪酬水平的高低受很多因素的影响。薪酬管理水平的高低不仅关系到酒店人力成本控制的好坏，而且关系到酒店人力资源管理的其他方面如员工的激励，进而影响到员工的去留问题，对于整个企业的运转起到至关重要的作用。具体来说，酒店薪酬管理的作用主要体现在以下几个方面：

1. 减少员工的流失，保持员工的稳定

近年来，酒店员工的流失现象严重，员工（特别是旅游院校的大学生员工）流动率高，成为困扰酒店管理人员的一大问题。员工流失的一个重要原因就是酒店缺乏良好的人力资源管理体系，薪酬管理不具备吸引力，在一定程度上打击了员工的积极性，从而产生了“离心力”。酒店企业薪酬待遇过低是造成员工高流失率的主要原因，有些酒店企业只考虑到提高员

工的薪酬水平会直接增加酒店企业的运营成本，而忽视了企业内部员工的频繁跳槽不仅增加了重新招聘、培训新员工的费用。大量的员工流失给酒店的日常管理带来了极大的困难，同时，还会形成酒店企业在同行业中低薪酬、低福利的口碑，不利于酒店企业招募到具有特殊技能的员工和优秀的管理人才，进而影响到酒店企业今后的长远发展。因此，酒店企业人力资源管理部门应结合企业的实际情况，适当调整薪酬水平，改善员工待遇，提高员工的忠诚度，保证企业人员结构的相对稳定。

2. 形成有效的员工激励机制

酒店企业对于员工的激励一般分为有形激励和无形激励两种类型。对于基层的服务人员，酒店企业既可以通过增加工资、奖金等直接薪酬对企业内部表现突出的员工加以奖励，又可以依靠福利、补助等间接薪酬进行奖励；而对于企业内部的中高层管理人员，运用一般的金钱物质形式激励不能产生预期的效果，应通过非经济性薪酬方式，给予他们某些一般员工所无法享受的待遇和特权。使其具有无可比拟的优越感，来促使其为酒店的发展作出更大的贡献。

3. 使企业的发展目标和员工的个人目标一致

酒店薪酬管理必须能够体现出酒店的发展方向和战略目标，并以此为基础制定出相应的管理规定以及规则。对于符合酒店发展需要，严格按照相关管理规则行事并且表现优异的员工要积极加以表彰和嘉奖，并在酒店内部广泛加以宣传，形成一种示范效应。随着时间的推移，酒店员工便会自觉地按照酒店的发展方向和战略目标要求自己，甚至规范自己日常生活中的一言一行使自己的个人目标和酒店的发展目标趋于一致。

4. 营造良好的企业氛围

世界上很多著名的酒店管理集团都非常注重对员工进行物质投资和感情投资，打造良好的企业氛围，创造一种员工感到温暖、受重视、自身价值受到认可、并且有参与感的工作环境，使员工能看到自己将来事业发展的方向，提供有竞争力的工作和福利。以著名的希尔顿酒店公司为例，希尔顿酒店公司保持了一种“家庭精神”，酒店公司的老总和酒店经理人之间相互了解，共事多年。这种家庭味的企业氛围是其他酒店集团难以匹敌的，所以希尔顿酒店公司视之为“传家宝”。公司非常重视员工的福利，处处为员工着想，创造出一种家庭式的氛围。各酒店专门设有职工食堂，为他们免费提供午餐、晚餐和夜餐，为职工提供免费的医疗、住院补助等。凡在酒店工作满15年或达到公司规定退休年龄者，还按工龄补发工资。

5. 营造有利的竞争优势

目前，酒店企业之间的竞争日益激烈。这种竞争的实质是人才的竞争，特别是对于高级管理人才的竞争。为了更好地吸引人才，酒店应通过提供具有吸引力的薪酬、丰富的福利待遇和光明的发展前景来广泛的吸纳人才，以在日趋白热化的市场竞争中形成自身的优势。以马里奥特酒店为例，马里奥特酒店为美国康乃尔大学酒店管理学院毕业生提供实习机会，同时华盛顿的马里奥特酒店总经理亲自与这些实习生见面、挑选人才，选中的人员将留在马里奥特酒店工作，年薪为16000~20000美元，比其他酒店高出4000~6000美元。马里奥特酒店集团十分重视人才，使自己保持较强的竞争优势。

项目二 酒店薪酬管理的内容和影响因素

任务1 了解薪酬管理的原则和内容

一、酒店薪酬管理的原则

1. 合法性原则

酒店企业在进行薪酬管理时，必须符合国家和地方的相关法律、法规的规定。如公司法、劳动法、合同法等。

2. 公平性原则

公平性包括三个方面，即自我公平、外部公平和内部公平。三者与薪酬管理的关系（图7-2）。自我公平指员工工作所付出的劳动与作为回报的所得相匹配；外部公平指员工要求自己在企业内部的薪酬与社会上同行业，从事相同工作的平均薪酬相同；内部公平则指员工要求自己所得到的薪酬与企业内部从事相同工作，作出同样贡献的其他员工大体相当。公平性是进行薪酬管理的最基本原则。公平、公正、透明的薪酬管理可以有效地调动员工工作的积极性，减少企业与员工之间不必要的劳资纠纷。要做到切实保证酒店薪酬管理的公平性，具体的措施包括以下两个方面：① 建立明确、科学的薪酬管理制度。酒店必须制定规范的薪酬管理制度，根据员工从事的工作性质、职责、内容来划分相应类别和等级，并以此为依据来决定其对应的工资、福利、待遇水平。② 透明薪酬管理制度。酒店人力资源管理部门必须使员工能够清楚地知道其薪酬的衡量标准、决定其薪酬水平的主要影响因素及原因，增加员工对企业薪酬管理的了解，得到其心理上的认同。

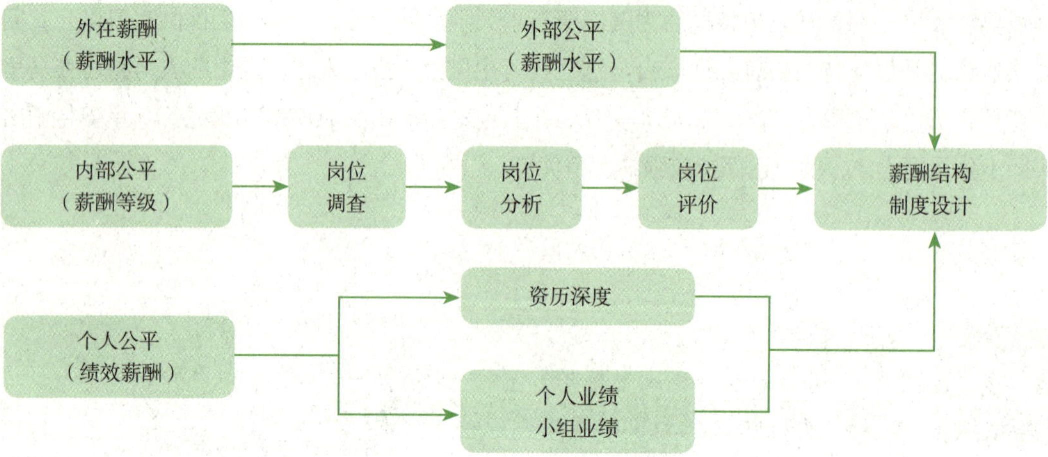

图 7-2　公平性与薪酬管理的关系

3. 适应性原则

酒店在进行薪酬管理时，必须考虑到企业的人力成本，进而影响到企业日常运营过程中资金的周转问题。要把握适度的原则，制定出合理的上限和下限，不能超出企业的经济承受力。

4. 激励性原则

酒店在进行薪酬管理的重要目的之一是充分地调动员工的积极性，发挥其潜能，更好地为企业的发展贡献力量。因此，酒店在制定薪酬管理规定时，一方面，要尽可能最大限度地激发员工的工作热情和潜能；另一方面，与所制定的薪酬标准对应的工作要求必须是员工能够实现的。如果超出了员工的能力范围，那么所制定的薪酬制度就失去了意义。

5. 平衡性原则

平衡性原则指薪酬管理的各个方面要均衡。薪酬管理要综合考虑各方面因素，在制定薪酬衡量的标准时，既要考虑到职务、职位、工作业绩、工作年限、受教育程度等因素，又要考虑到企业的发展需要。在确定薪酬管理的内容时，既要包括直接薪酬，又要兼顾间接薪酬和非经济性薪酬。

6. 战略性原则

战略性原则指薪酬管理必须考虑到企业当前的发展需求和战略目标，并随着其发展方向和战略目标的调整而做出相应的变化。酒店在新成立时必须节约人力成本，但同时面临着如何吸引人才的问题。酒店人力资源管理部门必须采取低工资、高福利、高待遇的方式来吸引和留住人才。例如，为员工提供免费宿舍，建立员工食堂，免费提供早、午餐，提供免费的洗衣服务等，使员工切实感受到企业对其自身的关怀，增加员工的归属感，这样可以大大减少员工流动率。同时，还要对员工个人进行职业生涯发展规则，明白企业今后的发展前景是美好的，使员工对自己个人的发展充满希望。当新成立的酒店经营走上正轨之后，酒店需要增加客源，推广相关的服务产品、设施时，酒店的人力资源管理部门应当结合当前酒店发展的需要，对市场营销以及相关部门的工作人员实行绩效考核工资制度，应根据其工作表现来决定相应的工资水平和福利待遇。

二、薪酬管理的内容

1. 确定薪酬管理目标

薪酬管理目标包括建立稳定的、高素质的员工队伍；激发员工的积极性，创造高绩效；实现组织目标与员工个人目标的协调发展。

2. 选择薪酬政策

薪酬政策指企业在员工薪酬上所采取的方针策略，即各个酒店要根据自身情况选择合理的工资结构和工资水平。

3. 制订薪酬计划

薪酬计划是指企业预计要实施的员工薪酬支付水平、支付结构及薪酬管理重点等。制订计划时要考虑如下的要素：计划是否与企业发展目标相协调、是否有能力支付、是否能留住优秀人才。

4. 调整薪酬结构

薪酬结构是指企业员工之间的各种薪酬比例及其构成。薪酬结构的确定和调整要以公平和给予员工最大激励为宗旨。

三、现代薪酬管理的特点

1. 薪酬的剧烈动荡

激烈的人才竞争导致人力资源价格的逐步上升，企业要对人力资本付出更大的投资力度，因而导致薪酬的剧烈动荡。

2. 薪酬福利更具弹性，支付方式多样化

薪酬形式不断创新以达到充分发挥员工的潜力，从而实现人力资源管理的多层面目标。薪酬福利的设计更具弹性，支付方式呈现多样化，股票期权将成为主导性的分配方式。

3. 内在薪酬变得越来越重要

相比外在薪酬而言，内在薪酬变得越来越重要。外在薪酬是指单位针对员工所作贡献而支付给员工的各种形式的收入，包括工资、奖金、福利、津贴、股票期权，等等。而内在薪酬是指由于自己努力而受到晋升、表扬或重视等，员工因此而产生工作的荣誉感、成就感和责任感。内在薪酬包括参与决策的权利、发展前景、弹性工时、感兴趣的工作、较多的职权，

等等。在全球化经济浪潮的推动下，我国的酒店业也在发展、变化着，有关薪酬管理上的新概念、新功能、新特点越来越多的应用到酒店业中，酒店人力资源管理部门应运用新的理论和方法对薪酬这一敏感和重要的人力资源问题进行有效的管理。

任务2 掌握影响薪酬管理的因素

一、酒店的外部因素

1. 劳动力市场的供需状况

劳动力市场的供需状况直接影响到酒店薪酬管理。劳动力市场供大于求，酒店薪酬水平就会下降；反之，当劳动力市场供不应求时，酒店薪酬水平就会上升。当前，我国酒店业中高层管理人才奇缺，所以，这部分人才的薪酬处于较高的水平，并且随着大批国外品牌酒店入驻中国，其薪酬水平具有继续上涨的潜力。

2. 国家和地区的相关法律法规

我国的劳动法对于节假日加班费的计算、工资、薪酬年假、社会保险和福利都有明确的规定。酒店人力资源管理部门应按照国家和地区的相关法律法规进行薪酬设计，从而避免不必要的劳动纠纷。

3. 社会薪酬水平

酒店人力资源管理部门进行薪酬管理，不仅要考虑到同行业相对应的工作岗位的薪酬水平，还要参考社会其他行业相应工作岗位的薪酬水平。近年来，酒店员工（特别是旅游院校的大学生）流动率高，与酒店行业员工薪酬水平远低于金融行业、信息行业等其他行业的薪酬水平有密切的关系。酒店可以通过岗位评价在企业内建立一般的薪酬标准，使之与同地区、同行业类似企业保持同等的水平，并使其具有预期的相对性，从而符合所在地区的平均水平。

4. 地区经济发展水平

一般来说，经济发展速度相对比较快，旅游业发展繁荣的地区，酒店业薪酬水平相对来说比较高，如北京、上海、广州等；而经济发展速度相对缓慢，旅游业欠发达的地区，如西部地区，酒店薪酬水平较低。

5. 当地的物价水平

通常来说，酒店薪酬水平同当地的物价水平是正相关的关系。当物价上涨，特别是某些基本的生活必需品的价格上升时，员工薪酬水平也应以相同比例随之增加，二者等比例增加。

我国的酒店企业在物价上涨时，可以借鉴国外的经验调整员工薪酬，将员工的薪酬与一定的宏观物价指数挂钩，以保证员工的实际薪酬水平的基本稳定。

二、酒店内部因素

1. 酒店员工所处的岗位、等级

不同的岗位、等级，决定了员工所具备的学历、技能、工作年限和工作相关的职责必须有所差异。因此，其薪酬水平必须有所区别。例如：一线服务人员的工资水平要远远低于部门经理。

2. 酒店的发展阶段以及经营状况

酒店的发展阶段不同，其盈利能力也不同。因此，酒店的薪酬管理也会受到影响。例如：酒店在开业之际，需要以低工资、高福利的薪酬管理来吸引和保留人才。当酒店在经营走上轨道之后，因为必须通过推销酒店相关设施来增加盈利，所以酒店市场营销部门的员工需要推行80%的基础工资和20%的效益奖金相结合的薪酬管理制度。薪酬策略与酒店发展阶段关系见表7-1。

表7-1　　薪酬策略与酒店发展阶段的关系

		人力资源管理重点	经营战略	风险水平	薪酬策略	短期激励	长期激励	基本工资	福利
酒店发展阶段	初创阶段	创新、关键人才加入、创业冲劲	风险投资	高	注重个人激励	股票	股票期权	低于市场水平	低于市场水平
	发展阶段	招聘、培训	以投资促进发展	中	个人与集体激励并重	现金	股票期权	与市场水平持平	低于市场水平
	成熟阶段	协调、沟通、人力资源管理技巧	保持利润、运用市场保护策略	低	个人与集体并重	分红现金	股票	高于市场水平	高于市场水平
	衰退阶段	减员、强化成本控制	收获利润及产业转换	中或高	奖励成本控制	—	—	低于市场水平	低于市场水平

3. 酒店的管理哲学、企业文化

企业管理的哲学，特别是分配哲学，往往会对薪酬的确定起到非常重要的作用。在偏向于用物质激励员工的企业文化氛围下，企业倾向于用较高的货币薪酬刺激员工的热情；而在偏向于用精神激励员工的企业文化下，企业用适中的薪酬就能起到相同的激励效果。

4. 福利待遇的差异

有些酒店企业员工的工资部分大体相同，但员工的生活水平却大不相同。其关键在于不同酒店员工的福利待遇水平存在很大的差异，进而影响到员工的实际生活水平。有些酒店企业为了合理避税，把应以现金发放的部分转化为以实物发放的福利，通过这种高福利，增加员工的优越感，培养员工的归属感，以稳定员工队伍。

5. 酒店的赢利状况

显而易见，酒店的赢利状况会直接影响到员工的薪酬水平。一般来说，经济效益较好的酒店，员工的工资水平和福利待遇水平相对较高；反之，经济效益较差、面临亏损倒闭的酒店，员工的薪酬水平较低，甚至会出现工资拖欠的问题。

6. 酒店员工的配置

在一定时期内，酒店员工的数量配置与其薪酬水平呈负相关的关系。具体来说，酒店员工的数量越多，企业的人力成本越高，在企业总利润一定的情况下，人均薪酬越少。因此企业在其资本配置中，要考虑薪酬成本与其他生产成本之间的转换和替代，比较各种资本及其配置效益。

7. 酒店人力资源管理水平

高水平的人力资源管理可以适当降低企业的薪酬成本，低水平人力资源管理可以增加企业的薪酬成本。影响薪酬管理的因素很多，也可以从环境、组织、工作以及个人角度进行考虑（图7-3）。

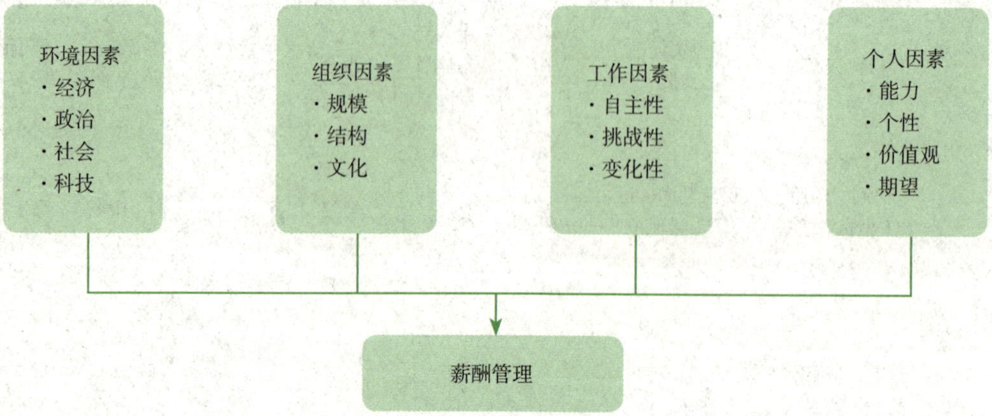

图7-3 影响薪酬管理的因素

项目三 酒店薪酬制度的建立与管理

酒店要想吸引和留住高素质的人才，必须建立一套公平、规范、有效的薪酬支付体系，即要进行科学的薪酬设计。

任务1 了解酒店薪酬设计的基本原则

一、战略原则

酒店的薪酬制度要与酒店的发展战略相一致，能反映出酒店的战略需求，并把这种需求转化为对员工的薪酬激励。

二、公平原则

酒店的薪酬制度首先要让酒店内部员工对其表示认可，让他们觉得与酒店内部其他员工相比，其所得薪酬是公平的。为此，酒店薪酬管理者必须经常了解员工对酒店薪酬体系的意见，并采用透明、公平和富有竞争性的薪酬体系。其次，公平性还体现在与其他同类型的酒店相比，本酒店所提供的薪酬也应该是适当的。

三、激励原则

要根据员工的能力和贡献大小适当拉开其收入差距，让能力强、贡献大者获得较高的薪酬，充分调动他们的积极性；让低职位、低薪酬者产生努力工作、积极上进的动力，使酒店的薪酬制度达到最大程度激励员工的目的。

四、竞争原则

指该酒店的薪酬在酒店业同行中是富有吸引力的，在人才竞争激烈的形势下，可观的薪酬可以达到吸引和留住优秀员工的目的。

五、成本控制原则

酒店是劳动力密集型企业，人力成本占据了酒店经营成本的很大一部分，酒店要考虑人力资本的投入产出比率，在薪酬设计时要进行人力资本核算，把人力资本控制在一个合理的范围内，这是近年来酒店业普遍进行的开源节流、减员增效的重要举措。

六、合法原则

薪酬设计要遵守国家的法律法规，如禁止雇用童工、最低工资限制、必需的保险项目，等等。

任务2　了解薪酬制度的基本内容

薪酬制度的建立涉及许多方面，如薪酬战略、薪酬文化、酒店企业发展规模、酒店企业发展性质、政府政策法规等方面。具体来说，薪酬制度的内容主要包括工资制度、奖金制度、福利制度等。

一、工资制度

酒店工资制度主要从劳动质量方面来评定员工的工资等级和工资标准，体现每位员工所做工作的复杂程度和技术能力上的差别；同时，它在一定程度上也反映了劳动的数量。

工资是对劳动成果的承认，是劳动者价值的一种体现形式，是重要的激励手段。所以，无论采用哪种薪酬制度，都应使其为我所用，而不是相反，使自己成为制度条文的“奴仆”。但是，制度化的薪酬制度又是完全必要的。许多经验证明，一旦实施了某种工资制度，有关薪酬方面的各种争议、不满便会趋于缓和，管理部门也可以按照规章制度逐步解决以往遗留下来的不合理问题。相反，如果没有实行任何一种系统化的工资制度，势必会出现许多混乱的现象，员工会认为管理者或雇主不公平而产生不满情绪。而不满情绪又肯定会给企业带来工作效益下降、服务质量下降、资源浪费增加、设备耗损增加、顾客减少、员工外流等严重后果。所以，工资制度对企业的意义举足轻重，任何酒店都应认真对待。工资类型以及特征见表7-2。

表7-2 工资类型及其特征

特征 类型	分配原则	特点	常见形式	优点	缺点
绩效工资制度	根据员工近期绩效决定工资	与绩效直接挂钩的工资，随着绩效浮动	计件工资制度、销售提成制度	激励政策明显	易助长员工短期行为，不利于提高员工技能和素质，不适合合作性强的复杂性工作
技能工资制度	根据工作能力确定工资	因人而异、技高薪提	八级工资制度	鼓励员工学习技术，有利于人才队伍建设	工资与绩效和责任相关，导致员工对工作的挑剔
年功工资制度	根据年龄、工龄、学历和经历来确定工资	工资与工龄同时增长	日本式年功制度	能稳定员工队伍，满足员工的安全感和忠诚感	按资排辈不利于调动积极性
职务工资制度	根据与职务相关的因素决定工资	一岗一薪、薪随职变	职位年薪制	鼓励员工勇挑重担，承担责任	鼓励涉及面受职务多少限制
结构工资制度	综合考虑员工年资、能力、职务和绩效后确定工资	由基本工资、年资工资、职务工资、绩效工资以及各种补助、津贴构成结构工资	岗位技能工资	综合考虑员工对企业所付出的劳动，易产生公平感和激励作用	设计和管理都比较麻烦

1. 酒店职务等级工资制度

酒店职务等级工资制度是按照酒店行政人员（包括非服务人员）和工程技术人员在组织管理工作中所担任的职务等级而制定的工资制度。职务等级工资是根据酒店工作的复杂程度、责任大小、劳动条件等因素，按照职务高低来规定。同一职务的工资又划分若干等级，基本上是“一职多级，一级一薪”。

2. 技术等级工资制度

酒店技术等级工资是根据劳动的技术复杂程度、繁重程度和责任大小，规定各个工种等级的工资标准。它反映了酒店员工的技能水平和熟练程度。这种工资制度适用于技术比较复杂的工种，如酒店工程部、厨房各工种等。

3. 酒店岗位工资制

酒店岗位工资制是按照员工的实际操作岗位来规定工资标准，基本上是“一岗一薪”。它使用于专业化程度较高、分工较细、工种技术比较单一、工作对象比较固定的部门，如餐饮部、客房部、前厅部、保安部、财务部等。岗位工资将工资、技术、工作成绩三者结合起来，能够更好地贯彻多劳多得和同工同酬的原则，促进酒店合理地编制定员和指定定额，加强岗位责任制，改善酒店的经营管理，提高劳动生产率。表7-3和表7-4所示分别为某酒店的岗位分类表和岗位工资档次表。

表7-3 岗位分类表

职系	职等	岗位
高管职系	1	总经理
	2	运作副总 主管经营副总
	3	主管工程安全副总 主管咨询副总 书记
部长职系	1	总经理助理
	2	餐饮部经理、公关营销部经理、人力资源部经理、计财部经理、工程部经理、房屋部经理
	3	康乐部经理、安全部经理
主管职系	1	计算机中心经理、营销主管、大堂经理、采购部主管、接待主管、宴会预订部主管
	2	行政主管、礼宾部主管、夜总会主管、机电办主管、桑拿主管、弱电工程师、公关策划主管、质量培训主管、洗涤主管、总账主管、审核主管
	3	商场主管、康乐中心主管、楼层主管、综合班工程师、水电工程师、收入主管、成本控制主管、薪资福利主管、酒水部经理、审核主管
	4	工程主管、安全主管、政工主管、PA 主管、食堂主管、车务主任
专业及技术职工职系	1	公关销售员、高级美工、收入会计、总台接待员、前台收银员、宴会销售员、稽核
	2	采购员、总出纳、计算机维护员、收入会计、工程部机工、电梯维修工、维修电工、万能工、美工、税务会计、成本会计、资产会计
	3	收货领班、客房服务组、计财部信贷员、客房部核算员、餐饮部核算员、康乐部核算员、行办文员、工程部运行工
	4	康乐核算员、公关部核算员、餐厅收银员、计财部仓库员、安全部核算员
工勤职系	1	服务中心高级领班
	2	司机 服务中心文员
	3	DJ 师、迎宾员、西餐服务员、商务中心文员
	4	餐厅服务员、礼宾、康乐部服务员、话务员、客房服务员、酒水员、康乐打碟、安全部消防员、安全部安全员、安全部监控员
	5	餐饮部仓库员、房务部仓库员、洗涤工、缝纫工、清洁工

表7-4　　　　　　　　　　　　　　岗位工资档次表

岗位工资	职系职等															
	部长职系			主管职系				专业及技术职工职系				服务及操作职工职系				
	4	5	6	7	8	9	10	11	12	13	10	11	12	13	14	
4700	一档															
4300	二档															
4000	三档	一档														
3700	四档	二档														
3450	五档	三档	一档													
3200	六档	四档	二档													
3000		五档	三档													
2850		六档	四档													
2700			五档													
2600			六档													
1980				一档												
1840				二档												
1700				三档	一档											
1580				四档	二档											
1460				五档	三档	一档										
1360				六档	四档	二档										

续表

岗位工资	职系职等															
	部长职系			主管职系				专业及技术职工职系					服务及操作职工职系			
	4	5	6	7	8	9	10	11	12	13	10	11	12	13	14	
1260					五档	三档	一档	一档				一档				
1190					六档	四档	二档	二档				二档				
1120						五档	三档	三档	一档			三档	一档			
1060						六档	四档	四档	二档			四档	三档	一档		
1000							五档	五档	三档	一档		五档	三档	二档		
940							六档	六档	四档	二档		六档	四档	三档		
860									五档	三档	一档		五档	四档	一档	
820									六档	四档	二档		六档	五档	二档	
760										五档	三档			六档	三档	一档
720										六档	四档			七档	四档	二档
660											五档				五档	三档
620											六档				六档	四档

4. 酒店结构工资制

酒店结构工资制是根据决定工资的因素和工资的功能，将工资划分为几个部分，构成员工的工资标准。它以计时工资形式为基础，按月记发。结构工资主要包括基本工资、职务工资、工龄工资、技术岗位津贴和浮动绩效工资等。表7-5所示为某酒店的工资结构表。

表7-5 工资结构表

级别		岗位工资（60%）	考核工资（40%）	绩效工资	工资标准（元）
总助 总监	A	1620	1080	根据各部门经营指标的完成情况，将部门超额或完成的部分按比例分配到部门，由部门根据员工日常工作表现进行二次分配	2700
	B	1440	960		2400
	C	1260	840		2100
	D	1080	720		1800
部门 经理	A	900	600		1500
	B	840	560		1400
	C	780	520		1300
	D	720	480		1200
	E	660	440		1100
主管	A	720	480		1200
	B	660	440		1100
	C	600	400		1000
	D	540	360		900
	E	480	320		800
领班级	A	528	352		880
	B	492	328		830
	C	456	304		760
	D	420	280		700
	E	384	256		640
员工级	A	420	280		700
	B	390	260		650
	C	360	240		600
	D	330	220		550
	E	300	200		500
临时工 实习生 清洁工	A	300	200		500
	B	240	160		400
	C	180	120		300

二、奖金制度

奖金是为酒店员工的超额劳动而支付的劳动报酬。它不仅能够反映出酒店员工提供的劳动数量的变化情况，而且有较大的灵活性，可以弥补计时工资或计件工资形式的不足，是实现按劳分配的一种辅助形式。

（一）奖金的概述

在正常情况下，员工生产中所提供的劳动，一段时间内其数量和质量都是比较稳定的。但是在某种特殊状况下，由于种种原因，劳动的质和量也会发生变化，有时增加，有时减少，为了适应员工在劳动消费方面这种既稳定又在变动的特点，调动员工积极性，尽可能提高劳动生产率，酒店采取了工资和奖金相结合作为员工报酬的形式。专用来对劳动耗费中相对稳定的部分进行补偿的，就是工资部分，员工提供劳动的70%~90%都应该能够通过这种形式给予报酬。而对劳动耗费中变动的部分加以补偿的就是奖金。奖金是劳动报酬中“活”的部分，它是劳动报酬的辅助形式。

（二）奖金的分类：

① 根据奖金的发放周期可划分为月奖、季奖和年奖。

② 根据一定时期内发奖次数划分，有经常性奖金和一次性奖金。

③ 根据奖励范围来划分，有个人奖和集体奖。

④ 根据奖励的条件来划分，有综合奖和单项奖。

综合奖是对员工的劳动贡献和劳动成绩进行全面评价后统一计奖。单项奖只对劳动成果中的某一方面进行专项考核。单项奖的主要形式有节约奖、安全奖、超额奖、质量奖、发明创造奖、合理化建议奖、技术改进奖，等等。

（三）奖金的作用

奖金的意义及作用主要有以下两个方面

① 使员工感到心态的满足即补偿了其额外劳动支出；

② 员工由此得到激励，从而更加奋进，创造更佳绩效。

奖金作用的发挥往往需要具备三个条件：

（1）奖励的条件应该是员工经过努力才能达到的。这是指条件不能定得太高、否则员工会放弃努力；也不能定得太低，否则员工不需努力即可实现，起不到激励的作用。

（2）主管人员要真正了解员工的愿望。采取有针对性的奖励方式，使奖励方法与员工的愿望直接挂钩，才能起到激励作用。

（3）奖金的量或值要足以产生刺激作用。奖金或奖品的货币价值和精神价值要能与员工的努力成正比。而且要足以使员工得到满意。

（四）奖金分配方案的原则

由于各岗位工作性质的不同，奖励方法当然也不一样。但不管采取哪一种奖励方案，都应坚持这样一些原则：

1. 对目标有引导作用

奖金的支付，应能促进企业经营目标的实现。应让员工能够通过奖金的多少了解本饭店的经营情况。确定奖金数额时，还应考虑某一员工直接发挥其作用的因素。如餐厅达到了预期的毛利目标，就应奖励主厨，而客房出租率高的功劳，就不可记在主厨的份上。

2. 范围全面

由于奖金的数额对员工的实际收入影响很大，直接关系到企业现行的工资制度，所以制定奖金方案时，应考虑到所有的员工，而不可以单一对应某一岗位或部门。

3. 在时间上"瞻前顾后"

无论是奖励一个员工，还是奖励一个团体，决定奖金的数额时，既要考虑已达到的经营效益，也应考虑到经营前景、经营目标和生活标准。

4. 制定目标实事求是

制定经营目标（如利润指标等）时应该实事求是，即这一目标是经过努力可以达到的，而且应征求从事该项工作员工的意见。

5. 及时调整

要定期地对经营目标进行审议（至少每年一次），从而使每位员工都能了解，奖金是必须经过努力才能得到，并非是唾手可得的。在客观情况发生变化时，应及时调整原有的经营目标。例如，在本地政策环境和基础设施显著改善的情况下，增加了许多外地或外国公司或机构，各种会议接连不断，饭店的销售部即使不努力，也可以使营业额大幅度增长。在这种情况下，就有必要提出更高的经营目标。当然，同时也应考虑到可能会出现人员紧张的情况，原有人员需要加班加点才能应付，这便要相应的增加工资。

6. 计算方法简单明了

所实施的奖金计算办法应当简洁明了，要使受奖范围内的所有员工都能掌握，尽可能减少其中的人为因素。有些酒店对此严格保密，其实有碍于奖金激励作用的发挥。

7. 写入合同

决定奖金多少的各项因素和有关规定都应是客观的、公正的，切忌加入经理人员主观随意的条文。必须明确，达到经营目标后按原定奖励方案获取奖金是员工的一种权利，而不是经理个人的恩赐。所以，有关奖励的条文最好写入雇佣合同。

三、福利制度

员工福利是薪酬的间接组成部分，是指酒店为了使员工保持稳定、积极的工作状态，根据国家或地方有关的法律、法规和政策，结合酒店管理经营的特点和经济承受能力，向员工提供的各种非工资和奖金形式的利益和优惠措施。近年来，随着酒店业的发展和员工待遇的提高，越来越多的酒店意识到福利待遇的重要性，竞相采取各种措施使员工满意。

（一）酒店福利的类型

酒店员工福利内容较为广泛，措施多种多样。根据员工福利的实施范围，酒店中常见的福利项目有以下六种类型。

1. 金钱性福利

金钱性福利主要包括：培训补贴、子女教育补助、生日礼金、结婚礼金、节假日补贴、超时加班费、住房补贴、交通补贴、药费报销或补助、工伤事故补偿费、社会保险（养老保险、失业保险、医疗保险等）、退休金、公积金、降温或高温津贴、海外津贴、解雇费等。

2. 实物性福利

实物性福利主要包括：免费或廉租单身宿舍、免费工作餐、免费茶水或饮料、可供员工使用的文体设施（如阅览室、棋牌室、体育活动室等）。

3. 优惠性福利

优惠性福利主要包括：福利分房、部分公费医疗、优惠使用酒店设施设备或服务、低息贷款等。

4. 机会性福利

机会性福利主要包括：在职或脱产培训、带薪休假、有组织的集体文体活动（晚会、舞会、郊游、野餐、体育比赛等）、晋升机会、员工参与管理等。

5. 荣誉性福利

荣誉性福利主要包括：给予优秀员工称号、引人注目的头衔等。酒店在实施福利计划时要注意与整体的薪酬计划配套，保持福利的合理比重。同时，还要考虑不同员工的不同需求，采取个性化的福利措施，如现在流行的所谓“自助餐式”的福利计划，即把每个员工的年福利总额设定在一个范围内，由员工自行挑选自己喜欢的福利形式组合。

6. 服务性福利

员工服务性福利是酒店为员工提供的一系列服务，主要为员工提供便利，解决生活上的困难，使员工能够集中精力安心工作。一般酒店的员工服务性福利包括以下6个方面内容。

（1）员工餐厅　员工享受伙食津贴或免费工作餐是酒店业的特别福利。员工餐厅是非营利性质的，主要是保证员工能享受规定标准的膳食，员工餐厅的成功与否，直接或间接影响员工的工作效率和情绪。

（2）员工制服　酒店员工穿着规定的制服也是享受行业特有的福利待遇。酒店工作制服的设计一般是配合酒店的整体装修和经营风格的，也要考虑员工的安全和工作便利等因素，酒店洗衣房免费为员工洗、烫熨工作制服和提供更衣柜。

（3）员工宿舍　酒店会根据员工人数和经济承受能力，对外地员工、夜班员工等不能回家的员工提供集体宿舍或设置安全舒适的休息场所。考虑到酒店的成本和管理问题，一般会象征性地向住宿员工收取一定费用。员工宿舍是员工福利待遇的重要内容之一，也是调动员工积极性、减少员工流动率、稳定员工队伍的重要措施。

（4）医疗保健　酒店医务室应配备一定水平和数量的医务人员，使员工的一般性疾病和轻微外伤可以在酒店医务室得到及时就诊和处理，配合医疗保险等方法，解决员工及时获得医疗服务的问题。另外，根据国家的相关规定，定期对员工进行体格检查，保证员工队伍的健康安全。

（5）设置浴室、理发室等必要设施　浴室、理发室这些设施和服务都是保证员工正常工作不可缺少的部分，一般五星级酒店24小时免费开放浴室，酒店可以对理发室等酌情收取成本费用。

（6）培训　越来越多的酒店将员工培训当成福利的一个重要部分，员工在酒店中参加培训，不仅能够免费获得知识和技能，还可以帮助个人发展事业，对于员工能起到显著的激励作用。

总之，员工福利包括法律保障的员工福利、组织自主决定的员工福利和自助式福利。法律保障的员工福利包括医疗保险、失业保险、养老保险、伤残保险等以及为员工提供基本的生活安全保障；组织自主决定的员工福利体现了组织对员工的关心，有助于增强员工对组织的认同感；自助式福利满足了员工个性化的需求。表7-6所示为某酒店福利的具体内容。

表7-6　　　　酒店福利的具体内容

类别	内　容
衣	工作制服是员工享受酒店行业特殊福利的一种具体形式。酒店洗衣房为员工免费提供洗涤、熨烫服务，定期为员工更换工作制服
食	免费工作餐是员工享受酒店行业特殊福利待遇的又一种福利形式。搞好酒店员工食堂非常重要，员工食堂兴办的好坏，会直接或间接影响到员工的情绪。酒店要保证员工能享受规定的伙食标准，就餐环境要清洁，饭菜要卫生，品味要多样化
住	酒店可根据员工数量以及经济承受力，对于下夜班和倒早班不能回家的员工提供集体宿舍，提供安全、舒适的休息场所，同时，应尽可能地采取措施帮助员工解决住房问题，以解决员工的后顾之忧
行	对于员工上下班的交通问题，一方面可以通过交通津贴的形式提供补助；另一方面可以开设上下班定点班车接送员工

续表

类别	内 容
育	酒店为员工提供各种形式的培训和业余教育，开设员工图书馆、阅览室，以提高员工的文化修养
乐	丰富员工的业余生活，开展各种各样的文体活动，如舞会、歌咏比赛、兴趣小组、书画摄影、体育活动、参观考察、疗养观光等，以满足员工精神生活需要
生	对育龄女工给予分娩假期或生育补贴，并关心员工子女入托、入学以及就业问题，条件较好的酒店可以设置幼儿园、托儿所等设施，以解决员工的后顾之忧
老	妥善安排员工的离、退休，派专人负责他们的晚年生活，定期探望，及时解决他们的实际困难
病	员工的一般疾病可在酒店医务室免费就诊，酒店要保障足够数量、医术水平较高的医疗人员、医疗设备和齐备的药品，要与医院挂钩，安排好员工转诊或住院治疗以及定期免费体检
死	员工直系亲属亡故享受规定的丧家。对因公死亡的员工，酒店可根据政策规定给员工家属发放丧葬费和抚恤金
卫	员工浴室、理发室等卫生设施的设置也是十分必要的
社会保险	社会保险是酒店给予员工的一种有条件的经济补偿，社会保险在酒店中主要包括养老保险、医疗保险和失业保险三个方面

（二）酒店福利的作用和意义

根据赫兹伯格的“双因素理论”，大部分员工福利属保健因素，酒店员工福利待遇与酒店的工作效率、经济效益有密切的关系。直接关系到员工工作积极性的调动和潜力的发挥，因此员工福利待遇对酒店的经营管理有着重要的作用和意义。

1. 有助于增强酒店的凝聚力

酒店是宾客之家，要使客人有宾至如归的感觉，同时酒店也应该是员工的家，良好的福利待遇为员工工作才能的发挥以及工作生活环境的改善等创造了条件，为员工解除后顾之忧，并尽可能满足他们的合理需求。这样可以增进员工与员工之间、员工与酒店之间的合作，使员工对酒店的归属感和自豪感得以加强，有利于增强酒店的凝聚力，使酒店上下能够齐心协力地为酒店的兴旺而努力工作。

2. 有助于提高劳动生产率和生产质量

“先有满意的员工，后有满意的客人。”酒店的服务质量很大程度上依赖于员工每天的表现，除了员工本人的专业知识与技能外，员工的工作情绪也影响服务质量。而酒店福利在某种程度上能够起到解决员工个人困难，提高工作情绪的作用。例如，养老、失业、工伤、医疗、生育保险等能够帮助员工因故无法正常工作时维持基本的生活水平；同时由于酒店工作的全天候性，员工餐厅和宿舍能够解除员工工作的后顾之忧。

任务3 掌握薪酬制度建立的基本步骤

薪酬不应该仅仅是企业为获得劳务所支付给员工的成本，更应该同时具有诱导员工服从管理与激励员工行为的多种功能。因此，只有在薪酬设计方面以绩效与技能等激励性要素为基础，建立工资总额随饭店经济效益上下浮动的运行机制以及改进福利观念，将人力资源成本进行最有价值的应用，才能发挥薪酬应有的功能。

薪酬设计的要点在于“对内具有公平性，对外具有竞争力”。酒店建立薪酬制度的基本流程，如图7-4所示。

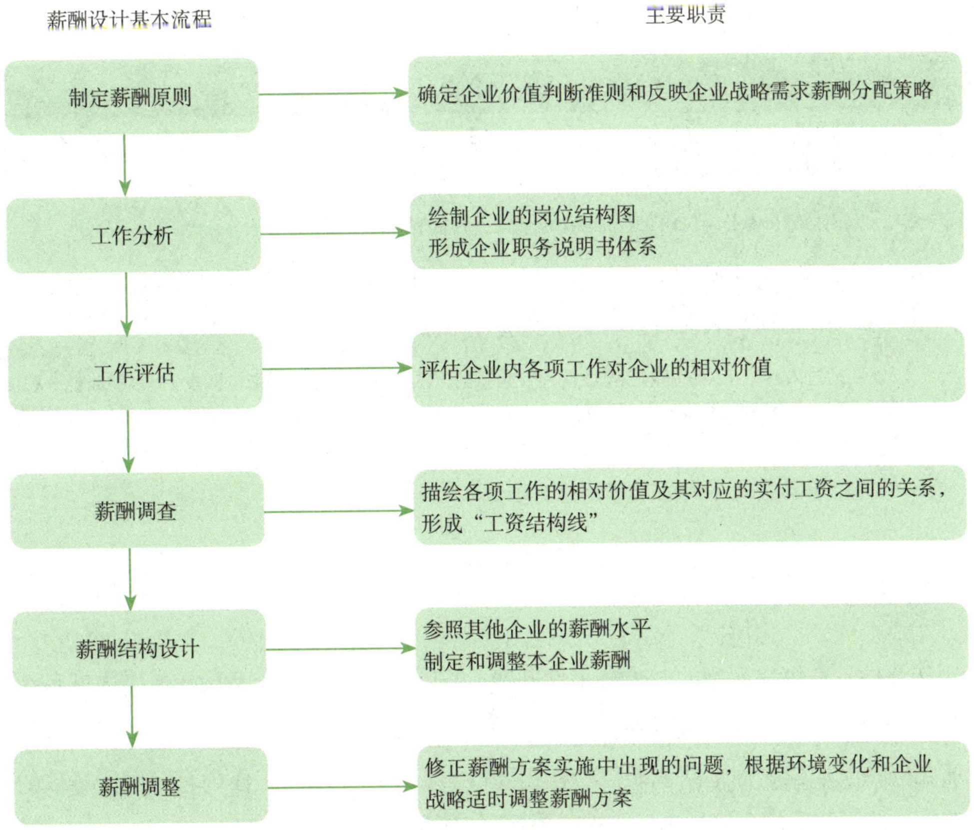

图7-4 酒店建立薪酬制度的基本流程

一、制定薪酬制度的指导方针

制定薪酬制度的指导方针是建立薪酬的指导原则，这个指导方针和酒店企业的薪酬战略相一致，同企业自身的发展现状和战略目标紧密联系。酒店企业由于不同的发展现状，其薪酬战略会随之发生相应的变化，薪酬制度的指导方针也会进行相应的调整。

二、工作分析

工作分析是确定薪酬的基础。工作分析结合酒店企业的发展目标和经营战略，对组合中某个特定工作职务的目的、任务或职责、权力、隶属关系、工作条件、任职资格等相关信息进行分析，其结果是形成工作描述与工作说明书。工作分析对该职务的任职人员提出了知识、技能等多方面的要求，并且规定了其必须完成的基本任务，这些任务是员工业绩的评价标准，从而形成薪酬制度确定的基础，进行工作分析方法见表7-7。

表7-7 工作分析的方法

方法	概　述
观察法	通过对特定对象的观察，把有关岗位的内容、原因、方法、程序、目的等信息记录下来，而后将取得的岗位信息归纳整理为适当的文字说明
面谈法	岗位分析者与岗位任职者面对面地谈话，收集信息资料的一种方法
工作日写实法	让员工以工作日记或工作笔记的形式记录其日常工作活动而获得有关岗位信息资料的方法
典型事例法	对岗位中具有代表性的工作者的工作进行描述的方法
问卷调查法	通过内容相互关联的问卷来收集岗位信息的方法。常用的问卷是岗位调查表，根据岗位分析目的、内容等编制。包括：基本资料、工作时间、工作内容、工作责任、任职者所需要的知识技能、工作劳动强度、工作环境等

三、工作评估

工作评估旨在解决薪酬的对内公平性问题。它有两个目的：一是比较饭店内部各个职位的相对重要性，得出职位等级序列；二是为进行薪酬调查建立统一的工作评估标准，消除不同饭店之间由于职位名称不同或职位名称相同但实际工作要求和工作内容不同所导致的职位难度差异，使不同职位之间具有可比性，为保证工资的公平性奠定基础。

工作评估包括在确定各职位工作内容的基础上对其进行相互比较，即对职位薪酬因素进行比较、分析、衡量。工作评估的方法有以下几种：

（一）排序法

排序法是一种非常简单的工作评估方法，是指依据“复杂程度”等总体指标，对每个职位的相对价值进行排序。主要有以下几个步骤：

1. 获取工作信息

首先进行工作分析。要对每个岗位做好工作规范，说明“岗位总体情况”。这种方法不需要对岗位的一系列薪酬因素进行排序，因而工作说明书并不像在其他的评估方法中那样不可或缺。

2. 选择等级参照物并对具体工作划分职位等级

在实际运作中，常见的是按部门或工种进行排序，如服务员、领班、经理助理等，这就避免了将不同的职业放在一起比较。

3. 选择薪酬因素

在排序法中，通常是在弄清楚岗位总体情况的基础上，使用一个因素将工作进行排序。因此，不论选择了多少薪酬因素，最好要向评估人员仔细解释这项薪酬因素的具体含义，以确保评估工作的一致性。

4. 对岗位进行排序

最简单的做法是给每个等级分别建一套索引卡片，每套卡片都对岗位有一个简短的说明，然后把这些卡片按其代表的岗位的价值从低到高进行排序。有时为了取得更为精确的结果，可以采用"交替排序法"。具体方法是：先取出等级最高的卡片，然后取出等级最低的卡片；再是第二高的卡片，然后是第二低的卡片，以此类推，直至把所有的卡片都排好序号。因为选择极端情况比较容易，所以这种方法可以简化排序工作。

5. 综合排序结果

对岗位排序时，通常还要分别使用几种等级标准。因此，排序工作完成后，饭店人力资源部门只需要简单地取其平均值。

排序法的优点是简单、省时，缺点是在实际运用中过分依赖"主观估计"。

（二）职位归类法

这是一种简单易行、被广泛使用的方法。它把所有的岗位分成若干组，工作内容相似的小组称为"类"，工作内容除了复杂程度接近以外都不一样的称为"级"。分组的方法有两种：一是制定"类说明书"（类似于"工作说明书"），并据此把岗位进行分类；另一种是给每一类岗位制定一系列分类标准，然后再根据这些标准对职位进行分类。首先，选择薪酬要素，制定同岗位薪酬要素数量或基准有关的类别（或级别）说明书。例如，工作的复杂程度和灵活度要求，接收和实施的监督，所需的判断能力，人际工作关系的特点、责任、经验，要求的知识水平等。然后，根据这些薪酬要素得出"分级说明书"。最后，由人力资源部门审评所有的工作说明书并给每个岗位确定合适的级别（或类别）。

（三）要素计分法

要素计分法是一种比较复杂的量化岗位评估方法。它首先要求确定多个薪酬要素，每个要素要分成几个等级；其次，这些要素的等级都要是工作的现实情况。确定岗位的等级，并根据不同岗位的不同等级确定不同的分值。只要人力资源部门确定岗位薪酬要素的等级，就可以把每个薪酬要素的分值加总，并得出每个岗位的总分值，这个结果就是对每个岗位进行量化分析之后得出分值。要素计分法是使用最广泛的岗位评估方法。具体操作步骤如下：

1. 确定要评估的岗位组

饭店中岗位繁多，很难在一个方案中进行比较，因此，最好、最实际的做法就是将这些岗位按照不同的工作性质，分成不同的岗位组，分别对于每个岗位组提出一个方案。例如，可以分成行政人员岗位、服务员岗位、勤杂工岗位等。

2. 收集岗位信息

工作分析做得比较出色的饭店，在此步骤中可以直接利用在工作分析中得出的“工作说明书”。

3. 选择薪酬要素

岗位不同，选择的薪酬要素也不相同。要素可以包括受教育水平、身体素质要求、技能水平等。

4. 界定薪酬要素

通过仔细界定，以确保在比较、权衡、应用这些要素的时候能保持一致。

5. 确定要素等级

确定要素等级，可以根据工作的复杂程度为每个要素确定五个等级。每个要素的等级可以根据具体情况确定，但要确保能够清楚地区分岗位水平。

6. 确定要素的相对价值

这一步骤是指确定每个要素的权重。对于不同的岗位，同一种要素的重要性不同，不同的要素在同一种岗位中的重要性也不相同。例如，英语口语水平对前台服务员来讲是一个十分重要的要素，而对于餐厅服务人员来讲其重要性就显得弱一些。因此，这种确定要素重要性的工作十分重要，一般由人力资源部的专业人员完成。

7. 确定各要素及各要素等级的分值

首先将岗位的总分值确定下来。例如，可以设定总分值是200分，再乘以各个要素的权重，就可以得到各个要素的分值；然后对于每个要素，最高水平的就是这个分值，其他层次的可以按照等差的形式加以类推。

8. 编写《岗位评估手册》

完成上述工作步骤后，把所得到的结果汇编成册，便于使用。

9. 将岗位列等

一旦编好《岗位评估手册》，就可以据此进行岗位列等了。每个岗位都能够按照要素进行评估以确定其分值，按照结果将其列等。

要素计分法的优点在于易于解释和评估。但是，建立一个分值评估方案是相当困难的。

（四）要素比较法

要素比较法也是一种量化分析技术，它需要分析比其他的方法更多的薪酬要素。要素比较法实质上是对排序法的一种改进。在排序法中，饭店通常是把每个岗位视为一个整体，并根据总体的某些指标对岗位进行排序。而在要素比较法中，需要多次选择薪酬指标，并据此对岗位多次排序，然后把每个岗位的各序列分数加权得出一个总体序列分。

要素比较法首先要确定与薪酬分配有关的评价要素，并给这些要素定义不同的权重和分数。此方法的优点在于它是一种精确、系统、量化的岗位评估方法，并且对于每个岗位都进行相互比较以确定其相对价值。缺点在于它非常复杂，往往难以向员工解释评定的结果。

科学的职位评价体系是通过综合评价各方面因素得出薪酬级别，而不是简单地与职务挂钩。这有助于解决“当官”与“当专家”的等级差异问题。例如，一位四星级饭店的行政总厨不一定比餐饮部经理的薪酬等级低，前者注重技术难度与创新能力，后者注重管理难度与综合能力，二者各有所长。目前，国际上有一种趋势是“减级增距”，即企业内的岗位等级逐渐减少，而工资级差变得更大。

四、薪酬调查

饭店进行薪酬调查，主要是为了保证薪酬水平具有竞争力。在确定员工薪酬时，岗位的薪酬调查起着关键的作用。

（一）薪酬调查的意义

① 通过薪酬调查可以真实地反映当地饭店行业现行的薪酬水平；

② 通过薪酬调查可以为所有的岗位确定起薪点；

③ 通过薪酬调查可以明确不同级别之间的薪酬差异；

④ 通过薪酬调查可以比较本饭店现行的薪酬与行业平均薪酬水平的差异；

⑤ 薪酬调查的结果可以清楚地向员工解释饭店薪酬政策的合理性；

⑥ 薪酬调查的结果可以作为调整饭店薪酬水平的依据。

（二）薪酬调查的对象

饭店在确定薪酬水平时，需要参考当地劳动力市场的薪酬水平。薪酬调查的对象，最好是选择与自己有竞争关系的饭店或同行业中的类似饭店，重点考虑员工的流失去向和招聘来源。由于饭店行业人员流动比较频繁，可以利用招聘面试、人员跳槽的机会，了解竞争对手的薪酬水平，但要避免以偏概全。

（三）薪酬调查的内容

薪酬调查的数据，要有上年度的薪资增长状况、不同薪酬结构对比、不同岗位和不同级别的岗位薪酬数据、奖金和福利状况、长期激励措施以及未来薪酬走势分析等内容。有些调查可以采用问卷的形式，一般包括以下内容：

① 有关饭店的基本资料，包括名称、地址、员工人数、饭店规模、营业额、星级水平和资产等。

② 有关饭店的薪酬资料，包括基本工资、福利政策、薪酬结构、工作时段和假期管理等。需要注意的是，薪酬调查还应该收集有关退休保障、带薪休假等涉及员工福利的信息，为制定员工福利方案提供依据。

③ 相关的岗位类别，包括被调查饭店的工作类别、员工类别、员工的实际月薪酬水平、年度总收入、最近一次的加薪情况、奖金及津贴等。

（四）薪酬调查与分析

只有采用相同的标准进行岗位评估，并获得真实的薪酬数据，才能保证薪酬调查的准确性。具体来说，如果调查得知某饭店每月支付给洗碗工的工资是1500元，面对这种比较高的薪酬待遇，就有必要进一步调查一下该饭店关于洗碗工的“工作说明书”，了解其真正的工作内容包括哪些方面。薪酬调查的结果是根据调查数据绘制薪酬曲线。在岗位等级、薪酬等级坐标图上，首先标出所有被调查饭店的员工薪酬所处的点，然后整理出同类饭店的薪酬曲线。从图上可以直观地看出某家饭店的薪酬水平与同行业相比处于什么位置。

（五）薪酬定位

在分析同行业中其他饭店有关薪酬的数据后，需要做的是根据本饭店的经营状况确定薪酬水平。影响饭店薪酬水平的因素有很多。从外部环境看，国家的宏观经济、通货膨胀、行业特点和行业竞争、人力资源供应状况，甚至外币汇率的变化，都可能对饭店的薪酬水平产生不同程度的影响。在饭店内部，赢利能力、支付能力和对员工的素质要求是决定薪酬水平的关键因素。此外，所需人才的稀缺程度、饭店的品牌效应和综合实力也是重要的影响因素。

在薪酬设计时有个专用术语叫做“25P，50P，75P”。意思是说，假如有100家企业（或职位）参与薪酬调查，薪酬水平按照由低到高排列，第25位以前的代表低位薪酬（25P），第50位左右代表中位薪酬（50P），第75位之后的代表高位薪酬（75P）。一个采用75P策略的企业，需要有雄厚的财力、完善的管理制度、过硬的产品和服务作支撑。因为薪酬是刚性的，降薪几乎不可能，一旦市场前景不妙，将会使企业的留人措施变得很难实行。

五、薪酬结构设计

在国外，许多饭店在确定员工的薪酬时，往往要综合考虑三个方面的因素：一是其职位的等级，二是个人的技能和资历，三是个人绩效。在薪酬结构上与其相对应的分别是职位薪酬、技能薪酬和绩效薪酬，也有的将前两者合并考虑，作为确定一个员工基本薪酬的基础。

（一）薪酬的构成

薪酬结构又称为薪酬模式。是指在薪酬体系中，工资、奖金、福利、保险、红利、佣金等所占的份额和比例。以下就以工资、奖金、福利、保险、津贴这五种在饭店行业中常见的薪酬形式为例，表示不同薪酬形式的不同特性。在饭店中，员工之间的工资差异是十分明显的，而且在一般情况下只能升不能降，有比较强的刚性。奖金则是差异性强、刚性弱的薪酬形式，员工的绩效不同，奖金必然会不同，但是奖金水平会随着饭店经济效益和战略目标的变化而发生改变，从而表现出其柔性强的一面。保险主要包括医疗保险、养老保险和失业保险等，它们确定的主要依据是国家或地方的法律、法规或相关政策，因此，差异性和刚性都比较差。福利属于饭店员工人人都可以享受到的利益，而且一般情况下是只能改善不能恶化，因此差异性不大，但刚性是比较高的。津贴的种类比较多，要区别对待。

（二）薪酬结构的模式

工资、奖金、福利、保险、津贴这五种薪酬形式的组合会形成不同的薪酬结构，通常有三种模式，即弹性模式、稳定模式和理性模式。

1. 弹性模式

这种模式的薪酬主要是根据员工近期的工作绩效决定。在弹性模式下，奖金和津贴所占比重较大，福利、保险所占比重较小，而且在基本工资的部分，也常常采用绩效薪酬或销售提成等形式。这种模式有较强的激励功能，但是会使员工缺乏安全感，比较适合正处在迅速发展阶段的饭店。

2. 稳定模式

这种模式的薪酬主要取决于员工工龄与饭店的经营状况，与个人的工作绩效联系不大。稳定模式的薪酬，主要部分是基本工资，奖金所占比重较小，而且主要依据饭店经营状况并结合员工基本工资水平按一定比例发放或是平均发放。这种模式对员工而言有比较强的安全感，但缺乏激励功能。如果饭店人工成本增长过快，饭店的负担会比较大。因此，稳定模式的薪酬结构更适合于业务正常发展的成熟型饭店。

3. 理性模式

这种模式需要管理者根据饭店的经营目标、工作特点以及收益情况，合理地进行薪酬组合。这种模式既要有弹性，能够不断地激励员工提高工作绩效，而且还要具有稳定性，给员工一种安全感，使他们关注饭店发展的长远目标。理性模式的薪酬结构，通过较低的基本工资、与成本控制相结合的奖金以及标准的福利待遇水平，实现控制成本的目标，比较适合业务没有增长或出现衰退的饭店。

六、薪酬体系的实施与调整

（一）预算

对薪酬实行预算管理将有利于饭店在一段时期内的人力资源成本保持在一个既定的范围内。薪酬预算主要有两种方法：一是从饭店的每一位员工未来一年薪酬的预算估计数字，计算出整个部门所需的薪酬支出，然后汇集所有部门的预算数字，编制饭店整体的薪酬预算；

二是饭店的高层管理者首先决定饭店整体的薪酬预算额和增薪的数额，然后再将整个预算数额分配到每个部门，各部门按照所分配的预算数额，根据本部门内部的实际情况，将数额分配到每一位员工。

（二）沟通

在制定和实施薪酬体系过程中，及时、有效的沟通是保证薪酬制度顺利执行的因素之一。世界上不存在绝对公平的薪酬体系，薪酬制度的合理与否在很大程度上取决于员工是否满意。饭店人力资源部门可以利用薪酬制度问答、员工座谈会、员工满意度调查、内部刊物等形式，充分介绍饭店的薪酬政策。

（三）支付

1. 薪酬支付的标准应该是公开化的

薪酬管理要坚持公平的原则，而员工对于薪酬的公平感来自于管理人员将正确的薪酬标准传达给员工。有的饭店要求薪酬保密，这样做不利于激励员工。正确的做法应该是公开薪酬支付的标准，而对每位员工具体实得的薪酬保密。

2. 薪酬支付的时机要合适

把握住薪酬支付的恰当时机，是保持员工工作积极性的关键。调动员工积极性的手段之一，就是对他们良好的工作成绩给予及时的奖励。计时制支付方式将薪酬与工作时间进行直接联系。计时制可以分成小时薪酬、周薪酬和月薪酬。这种支付方式最注重的是工作本身的价值，而不是员工在岗位上表现出来的技能和能力的价值或是其业绩的质量或数量，是饭店业最常见的薪酬支付方式。

薪酬与利润挂钩的支付方式，可以使薪酬成本更加明晰，对员工的激励效果也最为明显。当饭店经营好的时候员工可以分享收益，经营差的时候就与饭店共同承担困难。目前，大多数饭店都是在基本工资的基础上，利用薪酬与利润挂钩的形式发放奖金，或是把员工薪酬一并纳入与利润挂钩的分配体系之中。

（四）调整

薪酬制度在执行的过程中，由于各种因素的变化，必须不断地加以调整，因为僵化不变的薪酬制度会使其激励的功能越来越弱。对于薪酬的调整主要包括以下几种：

1.奖励性调整

奖励性调整是指当员工工作绩效突出时，适当地调整其薪酬水平。

2. 根据生活指数调整

根据生活指数调整是为了补偿由于通货膨胀而导致员工的实际收入无形减少的损失。

3. 根据效益调整

根据效益调整，是指当饭店效益优良的时候，普遍提高全体员工的薪酬水平；当效益欠佳的时候，将员工的薪酬调回到比较低的水平。需要注意的是，这种调整应该针对全体员工的工资和奖金。

薪酬控制的关键之处在于确定企业的薪酬总额。在确定企业薪酬总额时，首先考虑企业的承受能力和人力成本费用，其次考虑员工的基本生活费用和市场薪酬水平。薪酬控制的依据是企业的薪酬预算，考虑周全、计算准确的薪酬预算有利于确保企业在一定时间内的薪酬支出的协调与稳定。薪酬控制的常用方法有薪酬冻结、延缓提薪、延长工作时间和适当减少企业的一些福利、津贴方面的开支等。

思考与练习

1. 如何理解薪酬管理的含义和作用？
2. 影响薪酬管理的因素包括哪些内容？
3. 结合自己观点，你认为如何实现薪酬管理的公平性？
4. 薪酬制度建立时应注意哪些问题？

模块八

酒店劳动关系管理

理论目标

1. 明确劳动关系的内涵和劳动关系的构成要素
2. 理解劳动安全与劳动保护的任务、内容及相关的管理制度
3. 掌握酒店劳动关系管理制度的特点和内容
4. 了解酒店常用的劳动合同范本和酒店劳动合同的管理环节
5. 熟悉酒店员工关系的管理技巧
6. 了解酒店劳动争议的处理原则和方法

实践目标

1. 能够运用相关理论分析酒店劳动关系管理制度的利与弊
2. 能够撰写酒店常用的劳动合同
3. 能够运用相关知识处理酒店劳动争议和纠纷

案例导入

怀孕女工的劳动合同

国内某四星级酒店在与员工签订的劳动合同中第五款规定："凡在本酒店工作的女性员工，在合同期间内不得怀孕，否则酒店有权单方面解除劳动合同"。一年前，失业近半年的已婚女士王荔急于找到一份工作，加上酒店提供的薪金和待遇还不错，没多加考虑就与酒店签订了一份为期两年的劳动合同。一年后，经济条件有所改变的王荔因为种种原因怀孕了，这件事被酒店知道后，酒店人力资源部以其违反劳动合同为由，与王荔解除了劳动合同，使其生活再次陷入了困境。王荔向律师朋友请教后，决定用法律来维护自己的相应权力，根据《女职

工劳动保护规定》第四条：用人单位不得在女职工“怀孕期、产期、哺乳期”降低其基本工资；女职工在怀孕期间，所在单位不得安排其从事国家规定的第三级体力劳动强度的劳动和孕期禁忌从事的劳动，不得在正常劳动日以外延长劳动时间；对不能胜任原劳动的，应根据医务部门的证明，予以减轻劳动量或安排其他劳动；怀孕七个月以上的女职工一般不得安排从事夜班劳动。王荔依照上述法条，提出要求与酒店维持劳动关系的行政复议。在相关部门的配合下，王荔的复议请求得到了妥善处理。

讨论

1. 本案例中，王荔与酒店签订的劳动合同中“合同期内不许怀孕”的条款是否有效？
2. 依照《女职工劳动保护规定》，用人单位在女职工怀孕期有哪些相应义务？

项目一 劳动关系及酒店劳动关系的调整

任务1 了解劳动关系的内涵、构成要素与特征

一、劳动关系概述

劳动关系主要指酒店所有者、经营者、普通员工及其工会组织之间在酒店经营与管理活动中形成的各种权、责、利之间的关系。一般来说，劳动关系主要包括酒店所有者与全体员工的关系；经营管理者与普通员工之间的关系；经营管理者与员工组织之间的关系和工会与员工之间的关系等。

二、劳动关系的构成要素

劳动关系由三个基本要素构成，即劳动关系的主体、劳动关系的内容和劳动关系的客体。

1. 劳动关系的主体

劳动关系的主体是劳动关系的参与者，包括劳动者、劳动者的组织（工会、职工代表大

会）和酒店。

2. 劳动关系的内容

劳动关系的内容是指劳动主体双方依法享有的权利和需要承担的义务。也就是酒店与员工各自享有的责、权、利和义务。

3. 劳动关系的客体

劳动关系的客体是指主体的劳动权利和劳动义务共同指向的事物，如劳动时间、劳动报酬、安全卫生、劳动纪律、福利保险和教育培训等。我国《劳动法》规定的劳动者的主要权利是：劳动权、民主管理权、休息权、劳动报酬权、劳动保护权、职业培训权和社会保险权等。

我国《劳动法》规定劳动者的主要义务是：按质、按量完成生产任务和工作任务，学习政治、文化、科学技术和业务知识，遵守劳动纪律和规章制度，保守国家和企业的机密。

我国《劳动法》规定用人单位的主要权利有：依法录用、调动和辞退员工；决定企业的机构设置；任免企业的行政干部；制定劳动工资、报酬和福利方案；奖惩员工。我国《劳动法》规定用人单位的主要义务有：依法录用、分配、安排职工的工作；保障工会和职工代表大会行使其职权；按劳动质量、数量支付劳动报酬；加强对职工思想、文化和业务的教育及培训；改善劳动条件，搞好劳动保护和环境保护。

三、劳动关系的特征

1. 劳动关系是劳动的社会形式

劳动是这种关系的基础，也是它的实质和内容。劳动关系以劳动力的所有权与使用权相分离为核心，劳动者在劳动关系中始终是劳动力的所有者，在劳动过程中是劳动力的支出者；酒店以拥有生产资料的产权为条件，使其成为劳动力的使用者。

2. 劳动关系具有人身关系属性和财产关系属性相结合的特点

由于劳动力是一种特殊的商品，劳动力是人体中的一种机能，只能在人体之中。劳动力的存在和消费与劳动者人身瞬间都不能分离，劳动者向酒店提供劳动力，实际上就是将其人身在一定限度内交给酒店，因而劳动关系从其本质意义上说是一种人身关系。人身关系的隶属性使得劳动关系的运行具有极其复杂的特征，从而对酒店人力资源管理提出了有别于其他管理的特殊要求。

3. 劳动关系具有平等性和隶属性的特点

劳动关系的当事人即酒店与员工之间是平等主体的劳动合同关系，二者具有平等的法律人格。但是，在劳动合同签订以后，劳动者就成为酒店的员工，酒店就成为劳动力的支配者和劳动的管理者，员工必须听从酒店的领导，并要遵守酒店内部的劳动规则，这样一来使得劳动关系具有了隶属性，也就是说成为了一种隶属主体之间的以指挥和服从为特征的管理关系。

任务2　了解劳动安全与劳动保护的任务、内容以及相关的管理制度

一、劳动安全与劳动保护的概述

劳动安全是指酒店员工在工作过程中伤亡事故的防止和消除，是员工生命安全的保障，有助于繁重体力劳动的减轻，以及生产设备的保护。

劳动保护是指国家和酒店对员工工作过程中安全和健康的保护，是酒店在经营管理过程中消除伤亡事故、职业病、火灾等而采取的综合措施，保护酒店人力资源，从而提高酒店经济效益和社会效益。

劳动保护是酒店人力资源保护中的核心内容，也是满足员工的安全需要，激发其工作热情的必要措施。

广义的劳动保护概念有以下三个层次的含义。

（1）酒店员工的生理保护　国家通过立法形式和强制方式保护员工在工作过程中的安全与健康，以防止和消除工伤事故和职业病的发生。

（2）酒店员工的经济条件的保护　主要是对员工的劳动报酬和福利的保护。

（3）酒店员工的社会条件的保护　包括对员工的素质、员工的职业稳定和职业提升、工作中良好的人际关系以及员工参与酒店经营管理的权益保护。

狭义的劳动保护是为了保护酒店员工在工作过程中的安全和健康所采取的各种技术措施和组织措施的总称。

二、劳动保护的基本任务

（1）保证工作安全　采取各种有效措施，减少和消除工作中的不安全、不卫生因素，改善酒店员工的劳动条件，满足其安全需要。

（2）实现劳逸结合　采取各种必要措施，使酒店员工有劳有逸，有张有弛，既紧张地工作，又保证员工的休息和娱乐。这是员工维持再工作的需要，也是提高酒店员工生活质量的需要。

（3）对女员工实行特殊保护　酒店女员工由于其生理特点，比男员工的受毒敏感性高，

患病率也高，特别是在经、孕、产、哺乳期，受毒敏感性和患病率比平时更高，而且女员工的健康关系到下一代的人口素质，因此，对酒店女员工的保护意义更大。

（4）工作时间限制　规定酒店员工的工作时间和休假制度，限制加班加点，保证员工有适当的休息时间和休假日数，使他们能保持旺盛的精力。

（5）组织工伤救护　保证酒店员工一旦发生工伤事故，应立即受到良好的治疗。并全力做好职业中毒和职业病的预防救治工作。

三、劳动安全与劳动保护的主要内容

（一）安全生产技术

安全生产技术是指工作过程中，为了预防伤亡事故，保障酒店员工人身安全和改善劳动条件所采取的各项技术措施的总称。例如，酒店工程部门的电气技术、起重技术、锅炉压力容器安全技术、防火防爆技术、强弱电维修技术等。预防伤害事故的技术措施有以下三个方面：

1. 加强生产设备的安全防护

生产设备是酒店员工的主要接触物，对其进行安全防护是预防和消除工伤事故的主要措施。

（1）隔离装置　对各种带有危险性的机器设备采用屏护的办法，使人体与生产过程中正在运转的设备隔离，如金属防护网、挡板等。

（2）保护装置　使设备在出现危险状况时自动启动保护装置从而消除危险，保证安全生产。如酒店电力系统中的继电保护装置。

（3）警告装置　当危险状况可能发生时，该装置便自动发出警告信号，提醒酒店操作人员预防或及时消除危险。例如，发出音响信号、颜色信号、仪表指示等。

（4）在工作现场容易发生事故处设置标志牌　用安全色、图形、符号传递特定的安全或危险信息，引起酒店工作人员对安全因素的注意。

（5）改善工作环境与条件　工作环境与条件指工作场所的建筑采光、照明、温度、湿度、通风条件、噪声、整洁度、粉尘含量等，改善这些因素有助于提高工作效率，也是确保安全的必要条件。例如，建筑物必须符合机器设备工作时的要求；照明需符合视力卫生；工作中产生的噪音必须控制在安全的范围内等。

（6）酒店员工要采取个人防护措施　坚持使用个人防护用品，如电焊工的面罩，在有毒场所作业使用的防毒面具、防电磁辐射的防护服装等。

2. 改进生产工艺

通过改进生产工艺使操作简易化，减少操作人员的紧张，防止疲劳。对于机器设备运转中存在的危险作业，应加强技术改造力度，进行工艺改革，提高自动化程度，从而达到降低危险性的目的。

同时，要注意工作场所的合理布局和整洁。合理的标准是：符合操作顺序、工艺流程；搬运路线要短，通道要畅通，距离要适当；物品摆放要整齐、稳固、清洁。

3. 加强设备管理

酒店各种机器及设备在使用过程中应按照有关安全标准的要求和规定进行预防性试用，合格后才准予使用，同时应做好机器设备的维护保养与计划检修，防止设备老化而发生意外事故。

在安全生产技术的改进过程中，应从整个工作的所有方面加以考察，不断发现薄弱环节，提高工作整体的安全性。

（二）劳动卫生

劳动卫生指在工作中为了改善劳动条件，保护酒店员工健康，避免有毒、有害物质的危害，防止发生职业病和职业中毒而采取的措施的总称。

职业危害因素包括以下四种：

（1）化学因素　这是引起职业危害最为常见的因素。例如，有机化合物（苯、汽油等）、高分子化合物（如合成橡胶、塑料等）以及刺激性、窒息性气体。

（2）物理因素　如生产过程中的高温、高压、高湿，各种强烈的辐射、振动，生产性噪声，各种电磁波等。

（3）劳动组织和劳动制度因素　如工作时间安排过长、劳动强度过大导致的酒店员工疲劳无法恢复；由于长时间重复同一种不良动作，导致员工个别器官或人体系统的失调，造成慢性病等。

（4）工作环境因素　如噪声过大、粉尘含量过高、照明不足、防暑降温设施不良等，都会造成长期处于此环境下工作的酒店员工受到慢性伤害。

职业病是指酒店员工在职业活动中，因接触粉尘、放射性物质和其他有毒、有害物质等而引起的疾病。比如，尘肺、职业性传染病和皮肤病、物理因素职业病等。酒店对患有职业病的酒店员工应提供劳动医疗保险，更重要的是对职业病的预防。防止职业病和职业毒害的措施主要包括以下三种：

（1）组织措施　酒店各部门应组织安全、卫生监督网，强化监察，保障员工的工作环境符合安全标准和卫生标准。

（2）技术措施　改革旧工艺，采用新技术，将有毒有害因素与操作者隔离，尽量采用仪表控制、远距离操作，采用通风、回收、净化的方法防尘防毒，采用合理的工作区域规划与恰当的照明等。

（3）医疗措施　按期普查，以预防为主，对患有职业病的酒店员工及时治疗。此外，还应改进劳动制度，有些工作岗位可以实行员工轮换制。

（三）劳动时间

对劳动时间限制是维护酒店员工的休息权，保障员工身心健康的重要手段，劳动时间的规定有：工作时间的长度；工作时间的安排；工作时间的中断，使员工得到必要的休息和休养时间。现行的关于员工工作时间的规定主要有以下内容。

第一，员工每日工作8小时、每周工作40小时。实行这一工时制度，应保证完成工作任务，不减少酒店员工的收入。

第二，因工作性质或者工作特点的限制，不能实行每日工作8小时、每周工作40小时标准工时制的，按照国家有关规定，可实行其他工作和休息办法。

第三，任何酒店和个人不得擅自延长员工的工作时间，因特殊情况和紧急任务确需延长工作时间的按照国家有关规定执行。

第四，酒店由于经营管理的需要，经与工会和酒店员工协商后可以延长工作时间，一般每日不得超过1小时，因特殊原因需要延长工作时间的，在保障酒店员工身体健康的条件下延长工作时间每日不得超过3小时，每月不得超过36小时。

这些规定是酒店必须遵守的，也是员工在工作时间被无理延长时拒绝工作的法律依据，从而保障员工的安全与身体健康。

四、劳动保护的管理制度

（一）安全生产责任制

安全生产责任制是酒店各级领导、职能部门、有关酒店工程技术人员和员工在生产与服务中应负的安全责任的一种制度。通过这一制度，把安全生产工作从组织领导上统一起来，把“管生产与服务的必须管安全”的原则从制度上固定下来。

（二）编制劳动保护措施计划制度

这一制度是酒店财务计划的一个组成部分，把劳动保护措施所需经费、物资以及设计、施工等落在实处。所需经费按国家规定，在酒店更新改造资金中予以安排，一般占10%~20%，不得挪用。利改税后，在税后利润的生产发展基金中支付。

（三）安全生产教育制度

安全生产教育制度旨在帮助酒店员工正确地认识和掌握自然规律，提高他们的生产与服务技术水平，使他们能够自觉地贯彻执行安全生产与服务的方针和各项劳动保护政策、法令、认真遵守酒店有关安全生产与服务的规章制度，保证实现安全生产与服务。

（四）安全生产检查制度

在酒店中进行安全检查，是宣传安全生产与服务的方针，是消除事故隐患，交流安全经验，推动劳动保护工作的一个重要方法。它包括酒店本身对安全卫生工作进行的经常性检查，也包括由地方劳动部门或行业主管部门组织的定期或不定期的安全大检查。这种检查可以是普遍检查，也可以是专业检查和季节性检查。安全检查的内容可分为查思想、查隐患、查管理、查制度等几方面。

（五）伤亡事故处理报告制度

为了及时了解酒店员工伤亡事故发生的情况、原因和规律，以便采取预防措施，防止事故重复发生，酒店必须做好对员工伤亡事故进行报告、登记、调查、处理和统计分析工作，总结和吸取经验教训，为改善劳动条件，减少伤亡事故和正确地执行劳动保护政策、法令提供可靠的依据。通过对事故责任的追查和处理，提高广大员工的安全意识。同时，还可以从中发现和解决管理上的问题，进一步加强酒店管理。

（六）防护用品和保健食品管理

防护用品和保健食品是保护酒店员工在工作过程中安全健康的一种辅助措施，是根据工种劳动条件、有毒有害物质危害程度发给不同防护用品和不同等级保健食品的原则确定的。它不是一般性的生活福利待遇，必须严格按照规定的发放范围、原则和标准执行。

任务3　掌握酒店劳动关系调整途径

目前，酒店劳动关系常用的调整途径主要有两种：酒店劳动关系管理制度对劳动关系的调整；酒店职工代表大会对劳动关系的调整。此外，还有通过劳动合同规范对劳动关系的调整等。

一、酒店劳动关系管理制度对劳动关系的调整

酒店劳动关系管理制度是酒店根据国家法律法规的规定，并充分结合酒店自身实际情况，为协调酒店内部劳动关系，确保酒店内部各项事务正常运转而制定的办法。

（一）酒店劳动关系管理制度的特点

酒店劳动关系管理制度是酒店规章制度的重要组成部分，具有如下特点。

1. 酒店和员工双方必须共同遵守的行为规范

酒店劳动关系管理制度是规范在劳动过程中的酒店和员工之间的相互关系。酒店劳动关系管理制度所调整的行为是作为劳动过程组成部分的用工行为和劳动行为。既约束全体员工，又约束酒店各职能部门和酒店的其他组成部分。

2. 酒店劳动关系制度制定的特定性

酒店劳动关系管理制度以酒店为制定的主体，以酒店公开、正式的行政文件为表现形式，

只在本酒店范围内适用。

3. 酒店经营自主权与员工民主管理权相结合

酒店劳动关系管理制度的制定和实施是酒店通过规范化管理协调劳动关系，对劳动过程进行监督和管理的行为，是酒店以经营权为基础，行使用工权的一种形式和手段。酒店员工作为被监督的对象，一方面要在酒店的领导下有组织地为酒店工作，同时，员工有权参与酒店相关制度的制订，并有权对制度的实施进行监督。

（二）酒店劳动关系管理制度的基本内容

酒店劳动关系管理的基本内容主要包括劳动合同管理制度、劳动纪律、劳动定员定额规则、工作岗位规范制定规则、劳动安全卫生制度和其他相关制度。

1. 劳动合同管理制度

劳动合同管理制度的主要内容有：劳动合同履行的原则；员工招收录用的条件、劳动合同草案、有关部门专项草案审批权限的规定；员工招收录用计划的审批和执行权限的划分；劳动合同续订、变更、解除事项的审批；使用期的绩效评价办法；员工档案的管理办法；应聘人员相关材料的保存办法；集体合同草案的拟订；结束、终止劳动合同人员的档案移交办法、程序；劳动合同管理制度修改、废止等。

2. 劳动纪律

劳动纪律是酒店依法制定全体员工在劳动过程中需要共同遵守的行为规范。劳动纪律的主要内容有：时间规则、组织规则、岗位规则、协作规则、品行规则、其他规则。

3. 劳动定员定额规则

（1）编制定员规则　编制定员规则是酒店根据自身实际情况制定的酒店机构设置和配备人员的数量和质量等。

（2）劳动定额规则　劳动定额规则是酒店在一定生产技术和组织规模条件下，由酒店员工完成工作任务或工作活动消耗量的限额。定额规则通常分为工时定额和产量定额两类。

4. 工作岗位规范制定规则

工作岗位规范是根据工作岗位职责、任务和生产手段的特点对酒店员工提出的客观要求的综合规定。工作岗位规范主要包括以下内容：岗位名称、岗位职责、生产技术规定、上岗标准等。

5. 劳动安全卫生制度

劳动安全卫生制度是酒店按照《劳动法》对酒店必须贯彻落实的各项劳动安全卫生规程和各项管理制度所做的全面规定，劳动安全卫生制度主要包括以下几个方面：劳动安全技术规程；劳动卫生规程；安全生产责任制度；安全技术措施计划管理制度；安全生产教育制度；安全生产检查制度；重大事故隐患管理制度；安全卫生认证制度；伤亡事故报告和处理制度；个人劳动安全卫生防护用品管理制度；劳动者健康检查制度；女员工的特殊保护制度等。

6. 其他相关制度

其他相关制度主要包括工资制度、福利制度、绩效评价制度、奖惩制度、培训制度等。

二、酒店职工代表大会对劳动关系的调整

（一）酒店职工代表大会制度的特点

第一，员工参与酒店民主管理有多种形式，具体表现在：

① 组织参与：员工通过组织一定的代表性机构参与酒店管理。

② 个人参与：即员工通过其个人的行为参与酒店管理。

第二，酒店的民主管理制度与合同规范协调劳动关系运行制度相比，具有以下特点：

① 员工民主管理是由劳动关系当事人双方各自的单方行为所构成。

② 员工民主管理是一种管理关系中的纵向协调。

第三，酒店民主管理制度与劳动争议处理制度在协调劳动关系运行中的功能相比，具有以下特点：

① 员工民主管理是一种自我协调或内部协调方式，而劳动争议仲裁是一种外部协调方式；酒店劳动争议调解委员会对劳动争论的调解是一种群众自治的活动。

② 员工民主管理是在劳动关系运行中的自行协调和事前协调，其目的是预防劳动争议；而劳动争议处理则是事后协调，其目的是解决劳动争议。

（二）酒店职工代表大会的职权

酒店职工代表大会的职权是依法享有的，对酒店经营管理事务进行咨询、建议或决定的权力。职工代表大会的职权主要表现在以下四个方面：

（1）审议建议权　所谓的审议建议权是通过对酒店经营管理重大决策事项进行审查、咨询和建议，如酒店经营管理目标、重大服务项目引进与改造和财务预算等提出意见或建议，并做出相关决议。

（2）审议通过权　对酒店有关员工切身权益的重大事项进行审查、讨论，并做出同意或否决的决议，从而维护和保障员工的合法权益。

（3）评议监督权　评议监督酒店各级管理人员，并提出相应的奖惩和任免建议。

（4）推荐选举权　根据酒店所有者的决定，民主推荐酒店经营者或民主选举酒店经营者。

项目二 酒店劳动合同与社会保险管理

任务1 掌握酒店劳动合同的订立、履行与变更

一、劳动合同的概述

我国《劳动法》第十六条规定："劳动合同是劳动者与用人单位确立劳动关系、明确双方权利和义务的协议。"酒店与员工通过劳动合同的签订、履行、终止以及变更、解除，调节酒店劳动力的供求关系。既能使酒店员工有一定的择业和流动自由，又能保证酒店员工在合同期履行劳动义务和应尽职责，使酒店劳动力有相对的稳定性和合理的流动性。

二、劳动合同的订立

（一）劳动合同订立的原则

一般订立劳动合同应注意以下原则：

（1）合法互惠原则；

（2）平等自愿原则；

（3）协商一致原则。

（二）劳动合同的形式与内容

劳动合同的形式可以分为口头形式和书面形式两种，书面形式的劳动合同又有主件和附件之分。主件一般是指在确立劳动关系时所订立的书面劳动合同；附件一般是指法定或约定作为劳动合同主件的补充，进一步明确当事人双方相互权利义务的书面文件。

劳动合同的内容即劳动合同条款，分为一般法定必备条款、特殊法定必备条款、约定必备条款。一般法定必备条款是法律要求各种劳动合同都必须具备的条款。劳动合同应当具备以下条款：合同期限，除依法允许订立不定期合同的情况以外，都应当规定合同有效期限，其中应包括合同的生效日期和终止日期，或者决定合同有效期的工作项目；工作内容即关于酒店员工的工作岗位、劳动任务的条款；劳动保护和劳动条件即关于酒店应当为员工提供劳动安全卫生条件和劳动条件的条款；劳动报酬即关于酒店员工报酬的形式、构成、标准等条款；劳动纪律即关于酒店员工应当遵守劳动纪律的条款，它一般不列出劳动纪律的内容，只

是表明员工同意接受酒店依法制定的劳动纪律；合同终止条件即关于劳动合同在法定终止条件之外的哪些情况下可以或应当终止的条款；违约责任即关于违反劳动合同的酒店和员工各自应如何承担责任的条款，不仅包括关于依法承担违约责任的抽象规定，而且含有关于在合法范围内承担或免除违约责任的具体约定。

（三）劳动合同的订立程序

1. 提出劳动合同草案

酒店向员工提出拟订的劳动合同草案，并说明各条款的具体内容和依据。

2. 介绍内部劳动规则

在提出劳动合同草案的同时，酒店还必须向员工详细介绍本单位内部劳动规则。

3. 商定劳动合同内容

酒店与员工在劳动合同草案和内部劳动规则的基础上，对合同条款逐条协商一致后，以书面形式确定其具体内容。对劳动合同草案，员工可以提出修改和补充意见，并就此与酒店协商确定。对内部劳动规则，酒店员工一般只需表示接受与否即可，而不能与酒店协商修改或补充其内容；不过双方可以在劳动合同中做出不同于内部劳动规则某项内容或者指明不受内部劳动规则某项内容约束而对员工更有利的约定。

4. 签名盖章

酒店和员工应当在经协商一致所形成的劳动合同文本中签名盖章，以此标志双方意思表示一致的完成。凡属不需要鉴证的劳动合同，以双方当事人签名盖章后即告成立。

5. 鉴证

按照国家规定或当事人要求而需要鉴证的劳动合同，应当将其文本送交合同签订地或履行地的合同鉴证机构进行鉴证。凡需要鉴证的劳动合同，经鉴证后方可生效。

上述各阶段是紧密相连、不可分割的连续过程，酒店招聘合同制员工，必须依次确定合同当事人、合同内容，才能在当事人之间确立劳动法律关系。

（四）劳动合同的法律效力

1. 劳动合同的有效

劳动合同依法成立，从合同成立之日或者合同约定生效之日起就具有法律效力。其具体表现主要包括以下条款：

（1）当事人双方必须亲自全面履行合同所规定的义务；

（2）合同的变更和解除都必须遵循法定的条件和程序，任何一方当事人都不得擅自变更和解除合同；

（3）当事人违反合同必须依法承担违约责任；

（4）当事人双方在合同履行过程中发生争议，必须以法定方式处理。

劳动合同具有法律效力必须以完全具备法定有效要件为前提。劳动合同有效要件一般包括以下内容：

（1）合同主体必须合格　双方当事人都必须具备法定的主体资格，即一方必须是具有劳动权利能力和劳动行为能力的公民，另一方必须是具有用人权利能力和用人行为能力的酒店。

（2）合同内容必须合法　即劳动合同必须完全具备法定必备条款，并且所载各项条款的内容都必须符合劳动法规、劳动政策和集体合同的要求。

（3）意思表示必须真实　即双方当事人的意思表示都出于本人自愿，并且与本人内在意志相符。

（4）合同形式必须合法　劳动合同必须采用法规的书面合同或标准合同形式；非正式劳动合同应采用当事人所要求的书面或口头合同形式。

（5）订立程序必须合法　劳动合同的订立必须完成各项法定必要程序，并且在订立过程中必须严格遵循法定规则，尤其应当遵循平等自愿和协商一致的原则。

2. 劳动合同的无效

劳动合同无效是指劳动合同由于缺少有效要件而全部或部分不具有法律效力。其中，全部无效的劳动合同，它所确立的劳动关系应予以消灭；部分无效的劳动合同，它所确立的劳动关系可依法存续，只是部分合同条款无效，如果不影响其余部分效力，其余部分仍然有效。

"违反法律、行政法规的劳动合同，采取欺诈、威胁等手段订立的劳动合同"一般确定为无效合同。无效的劳动合同从订立的时候起就没有法律约束力。按劳动部的解释："员工被迫签订的劳动合同或未经协商一致签订的劳动合同为无效劳动合同。"所谓"员工被迫签订的劳动合同"，是指有证据表明员工在受到胁迫或对方乘人之危的情况下，违背员工真实意思而签订的劳动合同；所谓"未经协商一致签订的劳动合同"，是指有证据表明酒店和员工不是在双方充分表达自己意思的基础上，未经平等协商、取得一致的情况下签订的劳动合同。劳动合同的无效由劳动争议仲裁委员会或者法院确认。

对无效劳动合同的法律后果有必要按照下述两个阶段进行认定和处理。

第一，自合同订立时起至合同被确认无效时止，合同全部无效的，当事人之间仅存在事实劳动关系；合同部分无效的，当事人之间并存着部分劳动法律关系和部分事实劳动关系。事实劳动关系中当事人的权利和义务应当以劳动法规、劳动政策、集体合同和内部劳动规则的有关规定为依据重新确定。其中，劳动者如果未得到或者未全部得到劳动法规、劳动政策、集体合同、内部劳动规则所规定标准的物质待遇，酒店应当按照该标准予以补偿。

第二，自合同被确认无效时起，全部无效的合同所引起的事实劳动关系应予终止；部分无效的合同所引起的事实劳动关系应予终止；部分无效的合同中，无效条款应当由劳动法规、劳动政策、集体合同和内部劳动规则中的有关规定所取代，或者由当事人依法重新商定的合同条款所取代。

劳动合同被依法确认无效，还会导致特殊的法律后果。主要包括以下三种情况：

第一，酒店对员工收取保证金或扣押证件等物品的，应当返还给员工。

第二，劳动合同全部无效而酒店对此有过错的，如果当事人双方都具备主体资格而要求订立劳动合同的，在终止事实劳动关系的同时，酒店应当与员工依法订立劳动合同。因为，在这种情况下确认劳动合同无效，并未否定劳动合同订立程序的第一阶段（即确定合同当事人阶段）双方所做出的同意与对方订立劳动合同的意思表示，所以，可重新开始劳动合同订立程序的第二阶段（即确定合同内容阶段）；并且，这样做可避免员工因劳动合同无效而失业。

第三，酒店对劳动合同无效有过错，如果给员工造成损害的，应当承担赔偿责任。

三、劳动合同的履行

劳动合同的履行是指合同当事人双方履行劳动合同所规定义务的法律行为，即酒店和员工按照劳动合同的要求，共同实现劳动过程和各自的合法权益。劳动合同依法订立就必须履行。

（一）劳动合同的履行原则

劳动合同的履行应遵循以下几项原则：

1. 亲自履行原则

劳动合同的履行也只能在签订合同的特定主体之间进行。员工一方的主体变更一般视为合同解除，酒店一方对员工提供劳动义务的请求权也不应转让给第三人。劳动法律关系确立后，员工不允许请他人代为劳动，酒店也不能擅自将员工调动转移到其他单位。

2. 全面履行原则

合同当事人双方都必须履行合同的全部条款和各自承担的全部义务，既要按照合同约定的标准及其种类、数量和质量履行，又要按照合同约定的时间、地点和方式履行。

3. 协作履行原则

劳动合同协作履行原则要求如下：

① 当事人双方首先应按照劳动合同和劳动纪律的规定履行自己应尽的义务，并为对方履行义务创造条件；

② 当事人双方应互相关心，通过经营管理和民主管理，互相督促，发现问题及时协商解决；

③ 无论是酒店还是员工遇到困难时，双方都应在法律允许的范围内尽力给予帮助；

④ 员工违纪，酒店应依法进行教育，帮助员工改正；酒店违约，员工也要及时反映问题，尽快协助酒店纠正，并设法防止和减少损失；

⑤ 在合同履行过程中发生了劳动争议，当事人双方都应从大局出发，根据劳动法和劳动

合同的有关规定，结合实际情况，及时协商解决，酒店与员工应建立起和谐的劳动关系。

（二）劳动合同的特殊规则

1. 履行不明确条款的规则

对于劳动合同中内容不明确的条款，应当先依法确定其具体内容，然后予以履行。一般认为，酒店内部劳动规则有明确规定的，按照该规定履行；酒店内部劳动规则未做明确规定的，按照集体合同的规定履行；劳动法规和政策未做明确规定的，按照通行的习惯履行；没有可供遵循习惯的，由当事人双方协商确定如何履行。其中，劳动给付义务也可按照酒店的指示履行。

2. 向第三人履行的规则

劳动合同的任何一方当事人，一般都只向对方当事人履行义务，并且要求对方当事人履行义务的请求权一般不得转让给第三人。换言之，只有在法律允许的特殊情况下，员工或酒店才应当向第三人履行义务。

3. 履行约定之外劳动给付的规则

员工履行劳动给付义务原则上以劳动合同约定的范围为限，在劳动合同未变更时，酒店一般不得指示员工从事劳动合同约定之外的劳动。但是遇有紧急情况时，如为了避免发生危险事故或者进行事故抢救和善后工作，酒店可指示员工临时从事劳动合同约定之外的劳动，员工应当服从这种指示。员工于其约定的劳动给付外，无给付其他附带劳动的义务，但有紧急情形或其职业上有特别习惯时，不得拒绝其所能给付的劳动。

四、劳动合同的变更

（一）劳动合同变更的概念

劳动合同的变更是指合同当事人酒店与员工双方或单方依法修改或补充劳动合同内容的法律行为。它发生于劳动合同生效后尚未履行或尚未完全履行期间，是对劳动合同所约定的权利和义务的完善和发展，是确保劳动合同全面履行和劳动过程顺利实现的重要手段。

劳动合同变更的对象只限于劳动合同中的部分条款。它应当符合下述要求：

① 尚未履行或者尚未完全履行的有效条款可以变更；已履行完毕的条款再无变更的必要和可能；而无效的条款应予取消，不适用于变更。

② 依法可予变更的条款才能进行变更，依法不应作为变更对象的条款，如合同当事人条款、合同期限条款等，不得进行变更。

③ 引起合同变更的原因所指向的条款。合同变更由于法定或约定的原因不同，所应变更的条款也就有所差异。凡是与合同变更的原因无关的条款则不必予以变更。即只有在订立劳动合同所依据的主客观条件发生变化，致使劳动合同中一定条款的履行成为不可能或不必要

的情况下，劳动合同才可变更。

劳动合同的自愿变更是指劳动合同订立以后，由于订立合同时所依据的情况发生变化，经劳动合同双方当事人协商同意后，变更原订合同。变更劳动合同确定了与劳动合同订立完全一致的原则，即遵循平等自愿、协商一致的原则，不得违反法律、行政法规的规定。

（二）劳动合同变更原因

引起劳动合同变更的原因按照其来源不同可大致归纳为三个方面：

① 酒店方面的原因：例如调整工作岗位或经营管理项目、重新进行劳动组合、修订劳动定额、调整劳动报酬或员工福利分配方案、发生严重亏损、防止泄露商业秘密等。

② 员工方面的原因：例如身体健康状况发生变化、劳动能力部分丧失、所在岗位与其职业技能不相适应、职业技能提高到一定等级等。

③ 客观方面的原因：例如法规和政策发生变化、物价水平大幅度变化、国民经济调整、社会动乱、自然灾害等。

（三）劳动合同变更条件

根据规定，劳动合同的变更应具备三个条件。

① 酒店与员工双方原来已经存在着劳动合同关系。所谓"变更"是对原订合同的修改和增删，没有一个已经生效的劳动合同，就谈不上合同的变更，这是劳动合同变更的前提条件。

② 订立合同时所依据的情况发生变化。劳动合同依法订立后就具有法律的约束力，酒店与员工双方都必须严格按照劳动合同规定的条款履行自己应尽的义务。只有出现情况变化时，才允许变更劳动合同，这是劳动合同变更的客观条件。

③ 劳动合同变更必须经酒店与员工双方当事人同意。劳动合同在签订时要贯彻平等自愿、协商一致的原则。这种当事人之间通过协商一致形成的合同法律关系，一般也应通过协商一致才可予以变更，这是变更的主观条件。

（四）劳动合同变更程序

合同变更的法定程序包括下面几个主要环节：

① 预告变更要求。变更合同的一方当事人应当按照规定时间提前向对方当事人提出变更合同的要求，说明变更理由、条款、条件以及请求对方当事人答复的期限。

② 按期做出答复。得知对方当事人提出变更合同的要求后，通常应当在对方当事人要求的期限内做出答复，可以表示同意，也可以提出不同意见而要求另行协商，如果不属于法定应当变更合同的情况，还可以表示不同意。

③ 签订书面协议。酒店与员工双方均同意变更合同的，应当就合同变更达成书面协议，并签名盖章。协议书中应当指明变更的条款，并约定所变更条款的生效日期。

④ 鉴证或备案。凡在订立时经过鉴证或备案的合同，变更合同的协议签订后也要办理鉴证或备案手续。

五、劳动合同的解除

（一）劳动合同解除的含义和种类

劳动合同解除是指劳动合同生效以后，尚未全部履行以前，当事人一方或双方依法提前消灭劳动关系的法律行为。

劳动合同的解除主要包括以下几种：

① 协议解除即劳动合同经酒店与员工双方协商一致而解除。

② 单方解除即享有单方解除权的当事人以单方意思表示解除劳动合同。酒店员工可以无条件地预告辞职，但即时辞职则要受一定条件的限制。就辞退而言，酒店在符合法定或约定条件的情况下方可辞退员工。

③ 法定解除即员工或酒店在符合劳动法规定的合同解除条件的情况下，单方解除劳动合同。

④ 约定解除即员工或酒店在符合集体合同或劳动合同依法约定的合同解除条件的情况下，单方解除劳动合同。

⑤ 有过错解除即由于对方当事人的过错行为而导致的劳动合同解除。它包括员工因酒店有过错而辞职和酒店因员工有过错而辞退。这里所讲的错只限于已严重到足以导致辞退或辞职程度的过错，轻微过错不在其内。在这里，解除合同的主动权在无过错方，由其提出的解除要求对有过错方具有强制性，并可不经预告就行使单方解除权；酒店如果是过错方，就应当赔偿员工因辞职所受的损失；员工如果是过错方，就无权要求酒店因辞退而给予经济补偿，或应赔偿酒店所受的损失。

⑥ 无过错解除即在对方当事人无过错行为或者其过错行为轻微的情况下单方解除劳动合同。为了避免或减少合同解除可能给对方当事人造成的损失，员工或酒店在解除合同前均应向对方当事人预告。尤其是酒店辞退员工要严格按照规定的条件执行，并且还应对辞退或辞职员工给予一定的经济补偿。

（二）劳动合同解除的一般程序

劳动合同解除的一般程序，因解除的方式、条件等差异而有所不同，一般包括下面几项内容：

1. 辞退通知前的环节

酒店在发出辞退通知以前，必须经过以下特定的环节。

批评教育、纪律处分或辞退警告无效。酒店对于因违纪（违章）违法应予辞退的员工，必须针对其违纪（违章）、违法行为进行批评教育或纪律处分，仍然无效的方可辞退。

裁员应当事先向当地劳动行政部门报告裁员方案以及征求酒店工会或全体员工意见，并听取劳动行政部门的意见。报经主管部门审核或批准后方可辞退员工。

2. 解约的协议或通知

这一环节的主要内容如下：

劳动合同的协议解除应当由合同当事人双方就合同解除的日期和法律后果依法签订书面协议。

劳动合同的单方解除，应当由酒店或员工提前或即时以书面形式将解除劳动合同的决定通知对方。在裁员时，这种通知的形式为正式公布的裁员方案。其中，提前通知的期间（即预告期间）一般依照法律规定。

就预告辞退而言，立法规定预告期的意图在于让被辞退员工在失业来临前有一段预先求职的时间。因而，允许酒店以向被辞退员工支付与预告期间劳动报酬额相等的补偿的方式取代预告期，即酒店在支付此项补偿费的前提下即可辞退员工。酒店之所以愿意如此，其原因在于尽可能避免预告期间被辞退员工在劳动过程中实施不利于酒店的行为。

3. 解约协议或通知后的环节

在劳动合同当事人就劳动合同解除签订协议或发出通知以后，还必须或可能经过以下一些特定环节。

① 工会干预：酒店工会认为辞退不适当的，有权提出意见，酒店对工会意见应当认真研究，如果辞退违法或违约，工会有权要求重新处理。

② 争议处理：因劳动合同解除发生争议的，应当依法遵循调解仲裁、诉讼的程序处理。

4. 备案

酒店人力资源部门对劳动合同解除过程中的各个环节进行记录备案。

六、劳动合同的终止

（一）劳动合同终止的概念和原因

劳动合同的终止是指劳动合同的法律效力依法被消灭，即劳动合同所确立的劳动关系由于一定法律事实的出现而终结，员工与酒店之间原有的权利和义务不复存在。能够引起劳动合同终止的原因主要有下面几种：

① 合同期限届满：劳动合同有效期限届满时，除依法续订合同和其他依法可延期情况外，即行终止。

② 约定终止条件成立：劳动合同或集体合同约定的合同终止条件实际成立，劳动合同即行终止。

③ 合同目的实现：以完成一定工作为期的劳动合同在其约定工作完成之时，其他劳动合同在其约定的条款全面履行完毕之时，因合同目的已实现而自然终止。

④ 当事人死亡：劳动合同即终止。

⑤ 退休手续的办理：员工因达到退休年龄或完全丧失劳动能力而办理退休手续，其劳动合同即告终止。

⑥ 酒店消灭：酒店依法被宣告破产、解散、关闭或撤销，其劳动合同随之终止。

⑦ 合同解除：劳动合同因依法解除而终止。

（二）劳动合同终止的法律后果

劳动合同终止的法律后果指在终止劳动关系并消灭当事人双方权利义务的同时，对当事人双方随之产生新的权利义务。

1. 酒店方面的义务

酒店方面的义务主要包括支付员工的经济补偿及缴纳保险费等其他义务。

（1）支付经济补偿　即在法定条件下，酒店应当按照法定的项目和标准向员工（或其亲属）一次性支付经济补偿。这种经济补偿称为离职费或遣散费。酒店因劳动合同终止所负的经济补偿义务，应当包括劳动贡献积累补偿、失业补偿和其他特殊补偿。劳动贡献积累补偿是对酒店员工在劳动关系存续期间为酒店已做的积累所给予的经济补偿，其数额一般应当与本员工工龄挂钩，除了员工因有过错行为而被辞退除外，在劳动合同终止时酒店应当支付这种补偿。失业补偿是对员工因劳动合同解除而丧失原劳动合同所约定就业机会的经济补偿，其数额应当与劳动合同解除时所剩余的未履行期限挂钩，除了员工因有过错行为而被辞退和在试用期内解除劳动合同除外，合同解除时应当支付这种补偿。其他特殊补偿是对劳动合同终止时有病伤未愈等特殊困难的员工所给予的经济补偿，除了员工因有过错行为而被辞退之外，在劳动合同终止时，应当支付这种补偿。

（2）经济补偿金　劳动合同经协议解除，或者由酒店解除（因试用不合格或员工有过错行为而解除者除外）的按员工在本酒店工龄，每满1年给相当于1个月工资的经济补偿金。但是经协议解除或者因员工不胜任工作被解除的，最多给予不超过12个月工资的金额。酒店未按规定给予经济补偿金的，除全额发给应付经济补偿外，还须按其数额的50%支付额外经济补偿金。

（3）失业补偿费　酒店因破产或歇业而解除劳动合同的，合同未满的时间每1年给员工相当于1个月工资的失业补偿费，但最高不超过12个月工资。

（4）禁止同业竞争补偿费　约定员工为保守酒店商业秘密而在劳动合同终止后一定期间不为与该酒店进行同业竞争的酒店工作的，酒店应当给予该员工一定数额的经济补偿。

（5）医疗补助费　劳动合同因酒店员工患病或非因工负伤而由酒店解除的，在发给经济补偿金的同时，还应发给不低于6个月工资的医疗补助费。对患重病或绝症者要增加医疗补助费，其中患重病的增加部分不低于医疗补助费的50%，患绝症的增加部分不低于医疗补助费的100%。

酒店在支付经济补偿金的同时，还应履行以下义务：

（1）向社会保险经办机构缴纳有关费用　凡是依法应当由酒店为员工缴纳的社会保险费用，在劳动合同终止时酒店应当负责全部缴足。因患职业病或因工负伤部分致残的员工，若本人要求解除劳动合同，酒店应当按当地政府规定，向社会保险经办机构缴纳因工伤待业安置费；酒店按照有关规定宣布解散或经双方协议解除劳动合同时，对因工负伤或患职业病正在治疗、疗养和医疗终结经鉴定确认完全或部分丧失劳动能力的员工，享受抚恤待遇的因工死亡员工遗属，在孕期、产期和哺乳期的女员工，以及未参加各项社会保险的员工，应当根据当地政府规定，一次性向社会保险经办机构支付所需的生活及社会保险费用。

（2）出具劳动关系终止证明书　酒店应当在劳动合同终止的当时或者应员工的事后请求，免费向员工出具终止劳动合同的证明书，以证实原劳动关系已经消灭。证明书的内容应当包括法定必备事项，并应客观公正。

（3）为被裁减人员提供一定就业保障　酒店从裁员之日起6个月内需要新招人员的，必须优先从本单位裁减的人员中录用，并向当地劳动部门报告录用人员的数量、时间、条件以及优先录用人员的情况；酒店有条件的，应当为被裁减人员提供培训就业帮助。

（4）返还劳动者寄存财产　在劳动关系存续期间员工寄存于酒店的各项财产，当劳动合同终止时，酒店应当返还给员工。

（5）继续提供住房　劳动关系存续期间由酒店提供住房的员工，在劳动合同终止后一定时间内，酒店应当允许其继续居住。

2. 酒店员工的义务

员工因劳动合同终止对酒店所负的义务主要有以下几项：

（1）赔偿损失　员工对劳动合同解除有过错的，应当按照法定或约定的要求，向酒店赔偿因此所受的损失。

（2）结束并移交事务　劳动合同终止后，员工应当依酒店对其的相关要求，结束其正在进行中的事务，对紧急事务做应急处理；同时向酒店办理事务移交手续；对原归其保管的物品，在交接前负责继续保管。

（3）继续保守商业秘密　员工对其在劳动关系存续期间得知的商业秘密，在劳动合同终止后一定期限内应当继续保密。

3. 与劳动合同终止相联系的情况有两种情况：续订劳动合同；维持事实劳动关系。

劳动合同的续订是指原订的劳动合同终止执行后，由于工作需要，当事人双方通过协商一致，继续签订劳动合同，劳动合同的续订是劳动合同订立的一种特殊形式，它和一般劳动合同的签订相比有四个显著特征。

（1）合同当事人有限制　劳动合同期满一般是允许续订合同的，但是定期轮换工的续订合同受限制。

（2）合同订立程序有区别　在合同续订时，劳动合同双方当事人已经确定，因此不需要通过招聘录用程序重新确定当事人。但是仍然要对涉及双方权利义务的有关事项平等协商，达成一致意见。如果员工一方仍从事原来工作，应不再规定试用期。

（3）合同期限有规定　酒店与员工经双方协商，达成合同期限的一致意见。

（4）合同形式有联系　续订合同的当事人双方曾经存在过一定时期的合同关系，彼此比较了解，可以吸取原合同的长处，使新订的合同更加切实可行。

事实劳动关系是酒店与员工之间既无劳动合同又存在着劳动关系的一种状态，除当事人履行无效劳动合同而产生的劳动关系外，通常是由于合同期满后既没有续订合同又没有终止合同而形成的事实劳动关系。这种状况不符合法律要求。实践中，出现事实劳动关系情况时，当地劳动部门一般均要求酒店与员工补办终止或续订合同的相关手续。

任务2　了解酒店社会劳动保险管理

一、社会保障与酒店社会保险

社会保障是劳动者（或公民）由于年老、患病、生育、伤残、失业、死亡等原因而中断劳动、暂时或者永久丧失劳动能力不能获得劳动报酬，本人和供养的家属失去生活收入时，由国家和社会按规定提供物质帮助和社会服务的一种社会保障制度，是一种社会政策性保险。它是将危险集中而转移给政府服务机构的一种措施。

企业社会保险是企业应付各种意外情况发生，保障员工生活，并在员工遭受困难时提供救济的保险活动。具体项目包括养老保险、医疗保险、失业保险、工伤保险和生育保险。

（一）养老保险

养老保险（或养老保险制度）是国家和社会根据有关法律和法规，为解决劳动者在达到国家规定的解除劳动义务的年龄界限或因伤病丧失劳动能力退出劳动岗位后保障基本生活而建立的一种社会保险制度。养老保险是世界各国普遍实行的一种社会保障制度，一般具有以下几个特点：① 由国家立法强制实行，企业单位和个人都必须参加，符合养老条件的人可向社会保险部门领取养老金；② 养老保险费用一般由国家、单位和个人三方或单位和个人双方共同负担，并实现广泛的社会互济；③ 养老保险具有社会性，影响大、享受人多的特点，且时间较长，费用支出庞大。

我国的养老保险由三个部分（或层次）组成。第一部分是基本养老保险，第二部分是企业补充养老保险，第三部分是个人储蓄性养老保险。

（1）基本养老保险　是按国家统一政策规定强制实施的为保障广大离退休人员基本生活

需要的一种养老保险制度，居于多层次的养老保险体系中的第一层次。我国的基本养老保险制度是社会统筹与个人账户相结合的保险制度，在基本养老保险基金的筹集上采用传统型的基本养老保险费用的筹集模式，即由国家、单位和个人共同负担；基本养老保险基金实行社会互济；在基本养老金的计发上采用结构式的计发办法，强调个人账户养老金的激励因素和劳动贡献差别。

（2）企业补充养老保险　是指由企业根据自身经济实力，在国家规定的实施政策和实施条件下为本企业职工建立的一种辅助性的养老保险。它居于多层次的养老保险体系中的第二层次，由国家宏观指导，企业内部决策执行。企业补充养老保险费可由企业完全承担，或由企业和员工双方共同承担，承担比例由双方协议确定。企业内部一般都设有由劳资双方组成的董事会，负责企业补充养老保险事宜。

（3）个人储蓄性养老保险　是由职工自愿参加、自愿选择经办机构的一种补充保险形式。由社会保险机构经办的职工个人储蓄性养老保险，是由社会保险主管部门制订具体办法，职工个人根据自己的工资收入情况，按规定缴纳个人储蓄性养老保险费。当地社会保险机构在有关银行开设的养老保险个人账户，并按不低于或高于同期城乡居民储蓄存款利率计息，以提倡和鼓励职工个人参加储蓄性养老保险，所得利息记入个人账户，本息一并归职工个人所有。职工达到法定退休年龄经批准退休后，将个人账户储蓄性养老保险金一次总付或分次支付给本人。职工跨地区流动时，个人账户的储蓄性养老保险金应随之转移。职工未到退休年龄而死亡，计入个人账户的储蓄性养老保险金应由其指定人或法定继承人继承。

（二）医疗保险

医疗保险是当员工生病或受到伤害后，由国家或社会给予的一种物质帮助，即提供医疗服务或经济补偿的一种社会保障制度。医疗保险制度通常由国家立法，强制实施，建立基金制度，医疗保险费由医疗保险机构支付，以解决劳动者因患病或受伤害带来的医疗风险。

我国的基本医疗保险费由用人单位和职工共同缴纳。用人单位缴费率一般控制在职职工工资总额的10%（具体参照当地的缴费标准）左右，职工缴费率一般为本人工资收入的2%（具体参照当地的缴费标准）左右。随着经济的发展，用人单位和职工缴费率可做相应调整。基本医疗保险基金由统筹基金和个人账户构成。职工个人缴纳的基本医疗保险费全部计入个人账户；用人单位缴纳的基本医疗保险费分为二部分，一部分用于建立统筹基金，另一部分划入个人账户。

（三）失业保险

失业保险是指国家通过立法强制实行，由社会集中建立基金，对因失业而暂时中断生活来源的劳动者提供物质帮助的制度。它是社会保障体系的重要组成部分，是社会保险的主要项目之一。在我国，城镇国有企业、集体企业、外商投资企业、港澳台投资企业、私营企业等各类企事业单位都必须参加失业保险并按规定缴纳失业保险费。上述单位的职工也要按规定缴纳失业保险费，失业后符合条件的可以享受失业保险待遇。

失业保险所需资金来源于四个部分：① 失业保险费（包括单位缴纳和个人缴纳两部分），这是基金的主要来源；② 财政补贴，这是政府负担的一部分；③ 基金利息，这是基金存入银行和购买国债的收益部分；④ 其他资金，主要是指对不按期缴纳失业保险费的单位征收的滞纳金等。

失业保险费由城镇企事业单位按照本单位工资总额的2%左右（具体参照当地的缴费标准）缴纳，城镇企事业单位职工按照本人工资的1%左右（具体参照当地的缴费标准）缴纳。失业人员可享受的失业保险待遇包括按月领取的失业保险金，领取失业保险金期间的医疗补助金，领取失业保险金期间死亡的失业人员的丧葬补助金及其供养的配偶、直系亲属的抚恤金。失业保险金的领取时间是由失业人员失业前所在单位和本人按照规定累计缴费时间决定的，缴费满1年不足5年的，最长不超过12个月；满5年不足10年的，最长不超过18个月；10年以上的，最长不超过24个月。失业人员享受失业保险待遇的条件，除了原单位和本人按规定履行缴费义务外，还必须符合失业不是因自己意愿造成的、失业后办理了失业登记手续并有求职要求的这两个条件。

（四）工伤保险

工伤保险是国家为了保障劳动者在工作中遭受事故伤害和患职业病后获得医疗救治、经济补偿和职业康复的权利，分散工伤风险，促进工伤预防的一种社会保障手段。工伤保险要与事故预防、职业病防治相结合。工伤保险实行社会统筹，设立工伤保险基金，对工伤职工提供经济补偿和实行社会化管理服务。工伤保险费由企业按照职工工资总额的一定比例缴纳，职工个人不缴纳工伤保险费。工伤保险费根据各行业的伤亡事故风险和职业危害程度的类别实行差别费率。

（五）生育保险

生育保险是国家通过立法，对怀孕、分娩女职工给予生活保障和物质帮助的一项社会政策。其宗旨在于通过向职业妇女提供生育津贴、医疗服务和产假，帮助她们恢复劳动能力，重返工作岗位。

二、社会保险工作程序和方法

社会保险的缴费工作程序主要有以下几项。

第一，酒店必须向当地社会保险经办机构办理社会保险登记，参加社会保险。需办理的手续和程序如下：

填写社会保险登记表。登记事项包括：单位名称、住所、经营地点、单位类型、法定代表人或负责人、开户银行账号以及劳动保障行政部门规定的其他事项。

申请办理社会保险登记。申请办理时，应当出示以下证件和资料：① 营业执照、批准成立证件或其他核准执业证件；② 国家质量技术监督部门颁发的组织机构统一代码证书；③ 省、自治区、直辖市社会保险经办机构规定的其他有关证件、资料；④ 社会保险经办机构发给的社会保险登记证件；⑤ 根据各地社会保险的缴费基数、费率以及人员变动的有关规定填写各项保险月报表。

第二，酒店每月按照社会保险经办机构规定的时间，向其送达月报表和有关资料。

第三，社会保险经办机构进行即时审核，对申报资料齐全、缴费基数和费率符合规定、填报准确的月报表签章核准。

第四，酒店缴费申报经核准后，可以采取下列方式之一缴纳社会保险费：

① 酒店到其开户银行缴纳；

② 酒店到社会保险经办机构以支票或现金形式缴纳；

③ 酒店必须在社会保险经办机构核准其缴费申报后的规定时间内缴纳社会保险费。酒店和缴费个人应当以货币形式全额缴纳社会保险费。缴费个人应当缴纳的社会保险费由酒店从基本工资中代扣代缴。

三、社会保险基金台账的建立

根据国家规定，企业及个人均应缴纳各类社会保险基金，因此它也构成了酒店的一项支出，是人力成本的组成部分。在建立保险基金台账（表8-1）时，要将所有保险基金信息包括在内。

表8-1　　酒店保险基金台账　　单位：元

<table>
<tr><th rowspan="2">月份</th><th rowspan="2">姓名</th><th rowspan="2">基金账号</th><th rowspan="2">性别</th><th colspan="2">养老保险</th><th colspan="2">医疗保险</th><th colspan="2">失业保险</th><th colspan="2">工伤保险</th><th colspan="2">待业保险</th><th colspan="2">生育保险</th><th rowspan="2">合计</th></tr>
<tr><th>企业</th><th>个人</th><th>企业</th><th>个人</th><th>企业</th><th>个人</th><th>企业</th><th>个人</th><th>企业</th><th>个人</th><th>企业</th><th>个人</th></tr>
<tr><td></td><td></td><td></td><td></td><td></td><td></td><td></td><td></td><td></td><td></td><td></td><td></td><td></td><td></td><td></td><td></td><td></td></tr>
<tr><td colspan="2">全年参保人数</td><td></td><td>全年总计</td><td></td><td></td><td></td><td></td><td></td><td></td><td></td><td></td><td></td><td></td><td></td><td></td><td></td></tr>
</table>

项目三 酒店员工关系管理技巧和劳动争议处理的方法

任务1 掌握酒店劳资谈判的技巧

一、酒店劳资谈判的概述

（一）酒店劳资谈判的概念

酒店劳资谈判是指酒店和酒店员工代表针对工作报酬、工作时间及其他员工聘用条件，在适当时间以坦诚态度进行的谈判。双方可以对对方履行义务的情况、某一协议及该协议下产生的问题、在某项协议下签订的另一书面合同的执行情况提出质询，对方有义务回答质询，但任何一方都不可以强迫对方同意或终止某项协议。

酒店劳资谈判所达成的文件被称作“劳动协议”或“合同”，它规定了一定时期内员工与酒店的关系。

（二）酒店劳资谈判问题的类型

酒店劳资谈判问题有三种类型：约束性的、非约束性的和禁止性的。约束性的谈判问题规定了工资、工作时间以及其他就业条件。对于非约束性的谈判问题，一方可能提出来，但另一方有权在谈判中不讨论此问题。禁止性的谈判问题是不合法的。通过劳资谈判形成的劳动协议包含以下内容：双方权利、工会保障、报酬和福利、申诉程序、员工保障以及与工作相关的因素。而工会保障通常是酒店劳资谈判协议中的第一个条款。有时，即使劳资双方都很想达成一个公平的协议，谈判也会出现破裂。为了使谈判继续进行下去，可以采用各种方法清除障碍，诸如，第三方的介入、工会策略等。第三方介入的两种基本类型是调停与仲裁。

（三）酒店劳资谈判基本流程

酒店劳资谈判基本流程如图8-1所示。

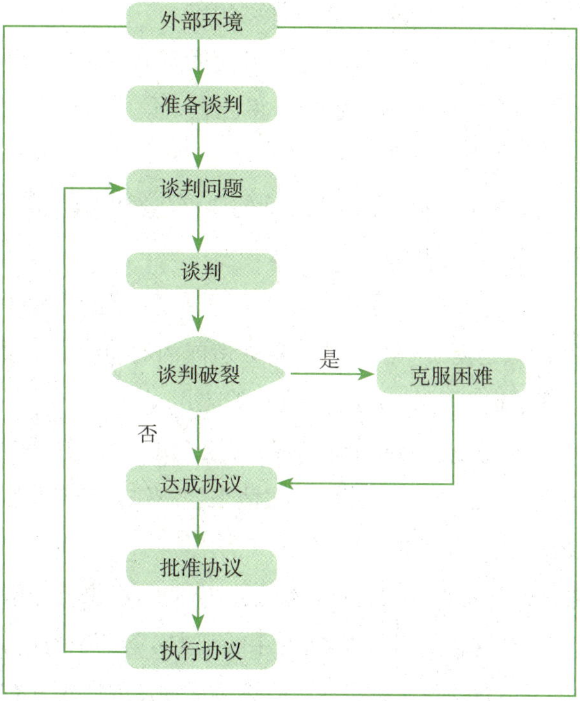

图 8-1 酒店劳资谈判基本流程

二、酒店劳资谈判的技巧

（一）触角灵活敏感

在劳资谈判沟通过程中，双方通过“说”和“听”的交替过程来实现目的。首先应掌握当时的情况，同时确定对方听懂了你的话语。假如不能让对方听懂，就无法达到沟通的目的。此外，即使你自认确实是在很认真地讲话，但对方却从一开始就没有聆听的意思，或根本就把你的话当成耳边风，那么也不可能达到良好的沟通。所以，在开口说话之前，必须预先考虑对方所处的状态，尤其是周围的情况。为了使沟通能够顺利进行，谈判者之间必须相互传达信息。要达到这个目的，你必须聆听，只有聆听，你才能学着去了解对方，决定如何做最有效的沟通。提高聆听技巧要注意如下要点：

① 尽量把讲话时间减至最低程度。

② 建立协调关系。试着了解你的对手，试着从他的角度看事情。

③ 表现出感兴趣的态度。让对手相信你在注意聆听的最好方式是发问和要求他阐明正在讨论的一些论点。

④ 简要说明讨论要点，包括主要论点。这是有效的沟通方法。在简述要点时不要做评论和批判。

⑤ 沟通。表达意见、感受，而不是给人以深刻印象。

⑥ 尽力互相了解沟通的意见。谨记简单原则，使用简单易懂的常用字。

⑦ 分析对方。端详对方的脸、嘴和眼睛。将注意力集中于对方的外表，这能帮助你聆听，同时，能完全让对手相信你在聆听。

⑧ 对准焦点。试着将注意力集中于对手谈话的要点。努力地检查、思索过去的事情、轶事和统计资料，以及确定对手谈话的本质。

⑨ 抑制争论念头。你和你的对手所以为对手，意味着你们之间必有意见不一致之处。然而，打断他的谈话，即使只是内心有此念头，也会造成沟通的阴影。学习控制自己，抑制自己争论的冲动。放松心情，记下要点以备一会儿讨论之用。

⑩ 不要臆测。臆测几乎总是会引导你远离你的真正目标。所以，你要尽力避免对你的对手做臆测。不要臆测他想用眼光的接触、面部的表情来唬住你。有时候臆测可能是正确的，但也要尽量避免，因为臆测常是沟通的障碍。

⑪ 不要立即做判断。要注意克服自己的偏见，即使是思想最无偏见的人也不免心存偏见。诚实地面对、承认自己的偏见，并且聆听对手的观点，容忍对方的偏见。

⑫ 做笔记。做笔记不但有助于聆听，而且有集中话题及取悦对方的优点。

⑬ 使用自己的话语查证于对方。避免误会的最好方法是把主要利益用“自己”的话来表达，由对方加以证实。只有运用此方法，你才能正确地沟通。

（二）运用心理战术

劳资谈判可以说是一种极其微妙的“心理战术”。为了看穿对方的意图，并且迅速地做出有效的决定，在明枪暗箭的交战过程中，最重要的莫过于注意力的集中与否。所以，任何的小动作都无所谓，只要能扰乱对方的注意力，便可能扭转整个谈判局面。

（三）善于观察对方

在谈判桌上，第一回合的正式接触是绝不可错失观察对方的良机。谈判者必须留意对方的表情、动作，找出他的特殊习性，以迅速获得正确的信息，如此才能决定该采取什么样的谈判战术和技巧。

（四）掌握对方反应

成为听众的对方会不时产生各种不同的反应，或由言语传达出来，或经表情及动作显现出来。我们能够敏锐地看出听者的反应，并将反应所得的结果用于下一次沟通。

（五）获取有关资料

从与谈判对手有所接触的人身上取得资料，也是“熟识对手”的途径之一。如果这个第三者与谈判对手有深交，他所提供的资料更具有参考价值。但要注意，这也可能是一个陷阱。所以，谈判者必须考虑到下面两种情况：

第一，资料的提供者对你的谈判对手是否存有误解或偏见？他本身是否是个喜欢夸大其词的人？如果是，你所取得的资料就不可靠。

第二，资料的提供者是否与你的谈判对手私下串通好，故意暴露些假情报给你，引诱你误入歧途，这并非不可能。

（六）要诚心诚意

诚心的付出、诚意的投入是任何谈判的基本要素。除非谈判双方都能专心地全力以赴，否则毫无谈判可言。

（七）寻找谈判退路

谈判时，如果将后路完全切断，那么，当你在谈判途中遇到突发情况而不得不“后退一步”的话，其结果将相当凄惨。那种让自己无后路可退的做法将在谈判中丧失运用弹性的能力。因此，一个聪明的谈判者是绝对不会这么做的。

（八）做好谈判准备

下面四个问题起着决定性的作用，关系着谈判的成败：① 你对自己的能力了解多少？② 你对对方的能力了解多少？③ 对方对你的能力有什么样的了解？④ 对方对于自己的能力是否有正确而客观的评估？

面对同样的一件事，不同的人可能会有不同的反应。谈判也一样，即使是站在同一立场上的人，所持的观点也不尽相同。因此，掌握“个别差异”的事实，再加上上述四个要点的运用，都是谈判前必要的“准备工作”。

（九）确定谈判目标

（1）拟定计划　谈判的准备工作就是要制订一个简明、具体而又有弹性的谈判计划。谈判计划应尽可能简洁，以便洽谈人员记住其主要内容，使计划的主要内容与基本原则能够清晰地印在他们的大脑里，从而使他们能得心应手地与对方周旋，而且能随时与计划进行对照。

（2）确立谈判方向　谈判方向是指谈判者希望通过谈判所要达到的目标，它是谈判者谈判的主导思想，但它有时会与经过双方共同协商制定的洽谈目标略有出入。

（3）计划本质——目标　目标不见得要和谈判方向完全一致。

（十）把握谈判策略

（1）掌握关键　形成谈判气氛的关键时刻往往是短暂的。可能只是几秒钟，最多也不超过几分钟。实际上，当双方准备谈判时，气氛就已经形成了，而且将会延续下去，以后便很难改变。因为此时，热烈或冷漠、合作或猜疑、友好或防范等情绪已经出现了，所表现的行动不是轻松便是拘谨；谈判的形式也已经确定：谁发言、说多少；双方的策略已经明晰，甚至已逐渐达到知己知彼的程度。

（2）最小极限　必须分清“想要”和“需要”两者的差别。这是谈判中不可缺少的重点，也是最小极限策略的基础，是“达成协议的最佳代替方案”的思考方法。假若酒店拒绝你的加薪要求，情形会如何演变呢？若继续工作的话，势必会影响往后双方的意见沟通；若愤然辞职，转谋他业，是否能轻易地改善自己的经济状况？例如，新工作是否待遇较优，或同样迎合自己的喜好？

（3）最大极限　自己究竟想要多少？当然，员工都会回答越多越好。年薪10万元？很好。但谈判者必须承认，恐怕连自己部门经理本人都没这么多，所以他很可能只会对这项要求报以一声冷笑，立刻请你走开。那么，如何能就现实情形找出自己所能要求、又不致显得荒唐的最高金额呢？当然，谈判者通常无法奢望在其余状况（如工作时间、内容，等等）毫不变动的前提下要求加倍的金额。因此，比较说得过去的做法是依物价波动的比率来提高薪酬的百分比，再加上自己在做这份工作中所表现出来的成绩和酒店另觅新人所必须承受的损失，如此计算下来，对于相同的工作，可能增加一笔不小的金额。但毕竟我们是在寻求一个最大极限，在一切客观事物相同的条件下，谈判者可暂且假定这是自己所能要求的不致被视为荒唐的最大限度。

（4）让步极限　聪明的做法是在一切谈判中“解开”对方不满的根源，确定一切意见不同的要素，将单一问题的对立转变为复合问题的对立。在此之前，对方多半会固执于单一的问题，不是你错即是我错，不是你赢就是我赢。无论你是代表自己或他人，如果你打算有效地进行谈判，就必须了解你并不是要“赢”得一切。假使你真的获得了全面胜利，那通常意味着你也付出了高昂的代价。

（5）配合极限　解决任何对立最简单的方法，就是设法了解对方真正的不满，然后化解其不满的根源。这种方法通常无须花费多少成本，而且可以在不牺牲重要利益的情况下完成。

（6）消除不满　在这项手法中，我们需要把某种对自己来说并不昂贵，但是对接受者而言却意义重大的事物给予对方，从而避免造成不必要的麻烦。例如，酒店工程部门的高级技师或许不满于初级技师的工资与他相同，没有上下等级的区分，也许会要求加薪、增加额外假期，等等。

（7）化解对峙　在条件交换的策略里，我们掌握对方重视的某项问题，以在这方面的让步来使对方交换另一项对我们来说重要的问题。当然，其前提在于并非一切条件对全部当事人来说都同等重要，但事实上，它们极少如此。

任务2　了解酒店劳动争议的处理原则和方法

一、酒店劳动争议的概念

酒店劳动争议也叫人事纠纷，是酒店劳动关系当事人之间因劳动问题而产生的纠纷。酒店劳动争议实质上是劳动关系当事人之间利益矛盾、利益冲突的表现，酒店劳动争议与其他社会关系纠纷相比，有以下特征：

第一，酒店劳动争议当事人是特定的。酒店劳动争议的当事人必须是酒店劳动力的所有者与劳动力的使用者。

第二，酒店劳动争议的内容是特定的。酒店劳动争议的内容必须涉及劳动管理过程中的有关问题，如劳动合同、劳动报酬、劳动保护、社会保险等。在劳动过程中，酒店员工与酒店之间就上述问题会在权利的享受与义务的履行方面而产生矛盾，这些矛盾尖锐化、公开化就形成了酒店劳动争议。

第三，酒店劳动争议的表现形式是特定的。一般的社会关系纠纷表现为争议主体之间的利益冲突，其影响范围通常局限在争议主体之间，而重大的酒店集体劳动争议、除可表现为一般劳动关系纠纷的形式外，有时还会以罢工、请愿等形式出现，影响范围非常大。

二、酒店劳动争议形成的原因

酒店劳动争议的产生有社会外部原因与酒店内部原因。

第一，酒店劳动制度不适应劳动关系的变化，酒店不适应劳动关系的发展，酒店劳动关系协调机制的建立不够及时、完善，都会导致劳动争议的出现。

第二，市场经济物质利益原则的作用，使得酒店劳动关系当事人之间既有共同的利益和合作的基础，又有利益的差别和冲突。市场经济条件下，利益成为核心，酒店与员工在利益方面认识不一致，往往容易造成劳动争议。

第三，某些酒店管理者素质不高，领导方法欠妥，不认真遵守法规，使酒店劳动关系双方产生纠纷。

三、酒店劳动争议的处理原则

（一）着重调解和及时处理的原则

酒店劳动争议处理的原则是劳动争议处理机构在处理劳动争议时必须遵循的原则。从酒店劳动争议起因来看，大多数劳动争议是因为当事人对国家的劳动政策、法律不了解或者权利义务的执行不一致造成的，而且，争议的问题常常是是非不清，双方各有对错。因此，在解决酒店争议时力争使当事人双方互相谅解，才能使争议得到圆满解决。

（二）严格按照事实依法办事的原则

在调解酒店劳动争议时，调解人员应对双方争议的事项进行充分的调查，然后根据事实依法进行处理。充分体现有法可依，恰当合理地处理劳动争议的相关问题。

（三）坚持“法律面前，人人平等”的原则

酒店劳动争议的当事人，都应该遵守各种法规，应把“法律面前，人人平等”作为谈判最基本的基调，劳资谈判才能得到妥善处理。

四、酒店劳动争议的调解

有些酒店可能设立了劳动争议调解委员会，劳动争议调解委员会主要负责本酒店劳动争议的处理。1993年8月1日起施行的《中华人民共和国企业劳动争议处理条例》中有如下规定：

其一，企业劳动争议调解委员会依法调解企业与员工之间发生的下列劳动争议：

① 因企业开除、除名、辞退员工和员工辞职、自动离职发生的争议；

② 因执行国家有关工资、保险、福利、培训、劳动保护的规定发生的争议；

③ 因履行劳动合同发生的争议；

④ 法律、法规规定应当依照本条例处理的其他劳动争议。

其二，劳动争议调解委员会的人员组成：

⑤ 职工代表，由代表大会选举产生。

⑥ 企业代表，由企业行政领导指定。

⑦ 企业工会代表，由企业工会指定。

⑧ 企业劳动争议的处理应按相关规定的程序进行。

五、酒店劳动争议的仲裁

酒店劳动争议仲裁是指以第三者身份出现的劳动争议仲裁委员会，根据酒店劳动争议当事人的申请，依法对劳动争议进行裁决，是解决劳动争议的一种制度。根据国家1993年11月5日颁布的《劳动争议仲裁委员会组织规划》第2条规定：“仲裁委员会是国家授权、依法独立处理劳动争议案件的专门机构。”《劳动法》第81条规定：“劳动争议仲裁委员会由劳动行政部门代表、同级工会代表、用人单位方面的代表组成。劳动争议仲裁委员会主任由劳动行政部门代表担任。”劳动争议仲裁程序主要分为四个阶段。

第一，由劳动争议当事人向劳动争议仲裁机关提出申请，要求依法裁决，保护自己的权益。

第二，劳动争议仲裁机关在收到当事人申请仲裁的书面材料后，必须进行认真的审查，符合条件的劳动争议案件，仲裁机关在收到申诉书后7日内，应做出决定立案审理。

第三，仲裁委员会立案受理劳动争议后，应按《劳动法》及有关部门条例规定，组成仲裁庭。仲裁庭由三名仲裁员组成。

第四，在调查取证的基础上，开庭审理。

任务3　了解酒店常用的劳动关系管理表格

一、劳动合同范本

兹有××大酒店（以下简称甲方），与（以下简称乙方，身份证：　，现住址及电话：　）根据《中华人民共和国劳动法》和现行劳动法律、法规及有关政策规定，同意确立双方的劳动关系，愿意执行双方的劳动权利和义务，愿意执行双方平等自愿、协商一致，签定本劳动合同，共同遵守执行。

第一条　合同期限

（1）聘用日期自　　年　月　日起至　　年　月　日止。

（2）合同期满，若要续签，须经甲乙双方协商同意才能办理续签合同手续。

第二条　工作岗位

甲方聘请乙方为温泉大酒店　　部门　　职位　级别的员工，乙方在工作中要按照工种（岗位）规定的工作要求按质按量完成工作任务。

第三条　劳动报酬

（1）甲方根据国家有关规定和酒店经营状况实行酒店的等级工资制度，并根据乙方所担负的职务和其他条件确定其相应的工资标准，每月10日以货币的形式按月足额支付乙方的工资报酬。

（2）甲方执行岗位工资（按底薪+提成、日工资等）等级制度，乙方完成或超额完成工作任务，或在工作中表现优秀者，甲方按规定对其进行奖励。

（3）甲方根据乙方的工作表现和酒店职位空缺情况，可给予乙方提供晋升的机会；当乙方对甲方的经济、效益等方面作出贡献时，甲方将给予相应的物质、精神奖励。

第四条　劳动时间

（1）原则上，乙方每天的工作时间为8小时（不含用餐时间），根据甲方经营特殊性的需要，乙方应延时上班时间，4小时之内不算加班。每周的工作时间按照酒店规定。每月有四天有薪休班。

（2）甲方必须严格遵守国家的工时制度，合理安排乙方的工作和休息时间。因工作需要，如超出规定的时间，甲方应按酒店有关规定给予补休或补贴。

（3）乙方可享受法定假日及婚、丧假及工伤等有薪假期。甲方可根据经营及工作需要安排乙方的工作开始及结束的时间，并可以轮换倒班。在照顾乙方合理休息的情况下，可视需要安排员工在法定假日和公休日到岗工作，乙方应支持和服从安排。但甲方要严格控制加班，加班须经过申请和批准。

第五条　员工教育

（1）在乙方任职期间，甲方须经常对乙方进行职业道德、业务技术、英语、岗位技能、安全生产及各种规章制度及社会法制教育的培训，乙方应积极接受这方面的教育，参加、接受考核或考试，不及格者，按酒店有关政策处理，有关培训方面的个人资料将存入个人档案，作为员工综合考评的一部分。

（2）对有潜质的员工，酒店将提供多种专业培训，以使员工达到个人职业发展的目标。

第六条　劳动纪律

（1）甲方根据国家有关法律、法规和有关政策制定本单位的《员工手册》及其他规章制度。

（2）乙方应严格遵守甲方的《员工手册》及其他规章制度。

（3）乙方须按时按质完成甲方规定的工作任务。达到甲方规定的工作标准，并遵守甲方制定的安全、卫生操作守则。

（4）乙方须爱护甲方的财产，保守甲方的商业秘密。乙方在合同期内和期满以后，不得向任何人泄露本企业的商业秘密信息。乙方在职期间不得同时与其他任何企业兼职。乙方合同终止或有其他任何原因由本企业离职时，应向部门主管人员交回所有与经营有关的文件资料，包括通信、备忘录、顾客清单、图表资料及培训教材等。

（5）如果乙方违反合同规定，贪污受贿，严重玩忽职守或有不道德之粗鲁行为，引起或预示将引起严重损害到他人人身和财产利益，乙方触犯刑律受到法律制裁等，甲方有权立即予以开除。由乙方不端行为所引起的他人人身和财产利益之损失由乙方负责承担法律责任和经济责任。

第七条　劳动合同的变更、解除和终止条件

（一）经合同双方当事人协商一致，劳动合同的内容可以变更。

（二）劳动合同的解除：

1. 试用期内，甲乙双方均可提前七天书面通知对方终止合同，或以偿付七天工资代替通知，乙方违约需缴纳培训费用。

2. 试用期满后，根据岗位不同，一般岗位甲乙双方均可提前一个月书面通知对方或以偿付一个月工资代替通知。

3. 符合下列情况的，甲方可以解除劳动合同：

（1）甲方因营业情况发生变化，而多余的职工又不能改换其他工种；

（2）在试用期间被证明不符合录用条件的；

（3）乙方患病或因公负伤，规定的医疗期满后不能从事原工作，也不能调整做其他工作或患有慢性疾病及传染病；

（4）乙方严重违反酒店劳动纪律和规章制度，并造成一定后果，根据酒店有关规定应予以辞退的；

（5）乙方不服从工作分配或不胜任本职工作的；

（6）严重失职、营私舞弊，对甲方利益造成一定损害的；

（7）乙方因触犯国家法律法规被拘留、劳动教养、判刑，甲方将作开除处理，本劳动合同随之终止。

4. 有下列情形之一，乙方可以解除本劳动合同：

（1）经国家有关部门确认，甲方劳动条件、卫生条件恶劣，严重危害了乙方身体健康的；

（2）甲方不按规定支付乙方劳动报酬的；

（3）甲方工资低于当地政府规定的最低工资标准。

（三）劳动合同的终止：

1. 劳动合同规定的期限届满时；

2. 双方约定的终止劳动合同的条件出现；

3. 劳动合同一方主体消亡，劳动合同即行终止。

（四）其他事宜：

在合同期满前一个月，甲方应当向乙方提出终止或续订劳动合同的书面意向，并办理有关手续。甲方未及时办理合同终止、续订手续而形成事实劳动关系发生争议的，应当承担相应的法律责任。

第八条　违反劳动合同的责任

1. 本合同任何一方违反劳动合同，应按照中华人民共和国劳动部《违反和解除劳动合同的经济补偿办法》《违反<劳动法>有关劳动合同规定的赔偿办法》《××省劳动合同条例》的规定和双方的约定向对方支付经济补偿金。

2. 辞职员工如系由甲方出资培训，在培训期满后工作未满培训合同规定的服务年限的，应按规定赔偿甲方出资的培训费用。

3. 乙方未经甲方同意擅自离职，应退还甲方为乙方进行培训所需的费用，并补偿甲方的损失。

第九条　合同的实施和批准

（1）本合同的解释权归属酒店人力资源部。

（2）酒店《员工手册》及其他规章制度均为合同附件，是合同的有效组成部分。

（3）本合同一经签定，甲乙双方必须严格遵守，任何一方不得单方面修改合同内容。如有未尽事宜，可以通过友好协商解决。

（4）本合同一式三份，甲乙双方各执一份，由甲乙双方共同执行，劳动保障行政部门保留一份。

甲方：（签名盖章）　　　　　　　　乙方：（签名盖章）

本合同签订日期：　　年　月　日　　法定代表人：（签名盖章）

本合同签订日期：　　年　月　日

二、酒店员工试用合同书范本

酒店员工试用合同书

甲方：某某酒店

乙方：姓名______ 年龄______ 性别______ 出生日期_________

学历：______ 专业：___________ 身份证号码：______

家庭住址：_______________________________________

甲乙双方共同确认本协议以下条款内容：

一、乙方在甲方____部门试用，试用时间自_______至_______，共计___个月。

二、甲方负责安排乙方工作，为其提供必要的工作条件。

三、甲方负责乙方进行职业道德、业务技能和酒店规章的教育和培训。

四、甲方按照酒店的规章制度考核乙方，如乙方对酒店有突出贡献，经申请可提前转正。

五、乙方享受酒店试用期工资待遇。

六、乙方必须遵守甲方所规定的一切规章制度，尽职尽责，服从领导，与本酒店全体同仁团结合作，如有违反不能按期达标者，被甲方调离工作岗位或解聘无异议。

七、乙方应严守工作中所获得的有关本酒店的经营、财务、人事等机密，违反《保密制度》者，应承担相应责任并接受处理。

八、乙方因工作绩效不佳，有重大失误，甲方可随时解除此协议，甲方不负任何责任。

九、乙方如被解聘或自动请求解聘时，一经核准，应立即办理。

十、本合同一式两份，一经双方签章后立即生效。甲乙双方各执一份，妥善保存。

甲方签约人： 乙方签约人：

年 月 日 年 月 日

三、员工投诉处理

执行部门：人力资源部及用人部门	编号：HR-001
◇工作程序和步骤	

1. 投诉

员工或部门向人力资源部提出投诉。

2. 调查备档

（1）人力资源部向员工和部门调查情况；

（2）人力资源部将投诉信备档。

3. 调解

（1）根据情况做出决定，征求双方意见；

（2）必要时上报总经理；

（3）将决定和双方意见备档。

4. 决策

（1）一旦双方接受调解决定，调解决定就成为最终决定；

（2）如果双方任何一方不授受调解决定，人力资源部将拥有最后的决策权；

（3）写出决策报告，备档；

（4）将决策通知双方；

（5）将决策结果上报总经理。

续表

执行部门：人力资源部及用人部门	编号：HR-001
5. 仲裁 （1）如员工不接受调解决定，当事人有权利向国家有关机关提出仲裁或申述； （2）如部门不接受调解决定，则通过人力资源部呈报总经理，由总经理代表酒店董事会做出最后决定。 6. 备档 将调解过程和结果呈报有关领导，并备档。	

四、员工违纪处理

执行部门：各部门	编号：HR-002
◇工作程序和步骤	
1. 核实 （1）凡是发现违纪现象的员工和管理人员都有责任向所在的部门经理报告； （2）部门经理接到报告后应迅速核实； （3）如果情况属实，部门经理填写《员工过失行为记录》。 2. 决定 （1）轻微过失的处罚决定由部门领班、主管做出； （2）严重过失由部门经理报人力资源部，人力资源部做出处罚意见； （3）重大过失由部门报人力资源部，人力资源部提出处罚意见，上报总经理批准。 3. 通知、存档 （1）人力资源部将处罚决定存档； （2）将《员工过失行为记录》送交员工本人； （3）将《员工过失行为记录》送发部门留存； （4）做有关工资奖金的处罚调整。 4. 申诉 （1）如果员工对处罚决定不服，可以在接到《员工过失行为记录》7日内向人力资源部提出申诉； （2）人力资源部根据申诉和实际情况提出意见，上报总经理做出最终裁决。	

思考与练习

1. 劳动关系的构成要素包括什么？
2. 如何实现酒店的劳动安全与安全保护？
3. 酒店劳动争议的处理方法有哪些？
4. 酒店劳动关系的调整途径有哪些？

模块九

现代酒店人力资源管理趋势

理论目标

1. 了解人力资源管理理论在酒店各部门中的应用方向
2. 了解酒店人力资源信息化管理系统
3. 熟悉酒店战略性人力资源管理的运作和发展趋势

实践目标

1. 能够掌握酒店人力资源管理的发展方向
2. 能够熟练运用战略性人力资源管理的组合形式

案例导入

新亚汤臣大酒店人力资源管理系统分析

一、酒店背景

每年有超过1.5亿人下榻在由洲际酒店管理的知名酒店或度假胜地中。从全球范围来说，有超过4200家酒店属于Holiday Inn，Holiday Inn Express，Crowne Plaza和洲际大酒店。这些酒店能够提供多样性的服务、娱乐设施和住宿经验，以满足不同的旅游市场和客户需求。上海新亚汤臣洲际大酒店作为全球最大的酒店管理集团——洲际集团在中国的旗舰酒店，是浦东第一家正式被授予的顶级五星级酒店。

二、新亚汤臣洲际大酒店人力资源管理状况

新亚汤臣成立之初，人力资源部是用手工加Excel来进行酒店员工的人事管理。像这样一个有600多名员工的五星级大酒店，用手工进行人力资源管理显然会非常吃力。重复性的人事信息录入和统计就需要花费人力资源管理部门大量的时间，人事报表的制作更是既繁琐又不规范，致使工作效率低下，而且还经常出现资料找不到、班次安排混乱、薪资计算出错等问题，大大影响了整个酒店的管理效率及员工的工作情绪。

随着竞争的激烈，管理模式的发展，日趋复杂和繁琐的人事信息管理和追踪，使人力资源管理成为了噩梦。有效地发展和保留人力资源，需要人力资源管理部门能了解员工的所有信息，包括工作积极性、事业规划、继任者，业绩评估和培训等。传统的人事管理流程使新亚汤臣的人力资源部需花费大量的时间处理人事信息数据，而仅剩少量的时间可专注于人力资源的发展和规划。人力资源部感受到越来越大的压力，尽快提升工作效率和水平就成为HR管理最迫切的要求。因此，新亚汤臣决定选择一套最适合的HR管理系统来全面提高酒店的人事管理水平。

使用热百赛人力资源管理系统前，新亚汤臣酒店的人力资源部使用过一家境内知名的HR管理软件。该HR管理软件的操作界面看上去很丰富，模块非常多。然而使用之后，新亚汤臣人力资源部才发现，这个软件功能虽多，却大多数都不实用，实用的几个功能又做得很不完善，信息查找不方便，考勤管理也不灵活，无法满足他们的需要。最重要的是，该软件设计起点较低，不具备国际化的管理理念，不能适应新亚汤臣这样的国际化酒店。此外，酒店的管理层对人事薪资管理的报表要求较高，不时会对人力资源部提出各种各样的报表要求。但该系统并不能提供一个强大的报表设计工具，因此使得人力资源部非常被动，即使在IT部门的帮助下，也往往不能及时地拿出令管理层满意的报表；另外，人事部门往往会花费很多时间来回答员工各种各样的问题，如薪资、假期等。每次接到这样的电话，人力资源部的相关人员不得不放下手中的工作，进入到系统中为员工查询相关信息。该系统并不能提供给员工一个所谓的自助服务功能，即能够提供一个友好的操作界面，让员工能自己查询甚至修改某些相关信息。

三、新亚汤臣对系统选择的要求

新亚汤臣有一套比较系统的人力资源管理理念，并建立了一整套比较规范的人力资源管理方法。在当今人力资源管理迅速发展的年代，新亚汤臣意识到，没有一个强大的人力资源管理系统，人力资源部门面对大量的信息，无法有效率地将其中重要的部分提取出来，并做出相应的判断和处理。酒店管理层做决策时只能依据一些简单的报表。在浪费大量人力、物力的同时无法做到实时监控，难以保证数据的准确性和及时性，更加无法满足酒店管理层对人力资源部提出的更高要求。因此，选用一套既有国际化管理理念，又能够满足中国特殊的人力资源管理环境的人力资源软件系统就被提上了议事日程，作为实现新亚汤臣高效的人力

资源管理的一种重要手段。

新亚汤臣在人力资源系统选择时提出了以下要求：

（1）具有国际化管理理念，如整个的人力资源管理流程符合IS09002标准和支持中英文两个版本。

（2）符合中国特殊的人力资源管理环境，如薪资及所得税政策等。鉴于中国人事制度改革步伐的加快，新亚汤臣希望该系统面对此种状况能够很好地体现该系统的灵活性。并能方便地进行维护。

（3）该系统能提供一个强大而方便的报表设计工具，使人力资源部能快速和准确地向管理层提交他们所需要的报表。

（4）支持Intenet，如提供基于互联网的招聘功能。

（5）具有完整的系统接口，满足灵活的数据导入与导出。

四、选择过程

国内外人力资源管理系统软件的厂商数量众多、良莠不齐，而且市场上对此类系统软件还没有一个统一的评价标准。因此，如何选择一家最适合酒店的HR管理系统，对新亚汤臣来说是一个既关键又艰巨的任务。境外的人力资源管理软件虽然理念国际化、功能也比较全面，但很多具体模块不能适应中国当地的政策及国情，且价钱过于昂贵，服务灵活性差。而许多知名的国内人力资源管理软件虽然本土化解决方案做得不错，能够适应中国的政策及国情，却由于其软件本身的设计起点不高，无法适应国际化的管理理念，与国际接轨存在着很大的问题。在试用软件不成功后，新亚汤臣更加明确了他们的选择要求，要选择一家适合酒店业的既具有国际化管理理念又具有本土化解决方案的人力资源管理系统。

一个个选择方案被否决，许多国内知名的软件厂商都因为其设计理念的低起点及功能的不实用而被排除在外。这时，在热百赛互联网软件有限公司的研讨会上，新亚汤臣欣喜地发现他们终于找到了最适合的人力资源管理系统，那就是热百赛人力资源管理系统。

五、具体的解决方案

热百赛人力资源管理系统的核心模块包括招聘管理、人事管理、考勤管理、薪资管理以及员工自我服务模块。该系统基于MS SQL数据库、采用客户机/服务器（Client/Server）和浏览器/服务器（Web/Server）的混合模式。

在具体的功能模块上，新亚汤臣的要求也充分体现了热百赛人力资源管理系统的卖点，这些也是新亚汤臣最终选择热百赛人力资源管理系统的主要原因。

1. 招聘管理

作为一个顶级的五星级大酒店，新亚汤臣每年都会通过各种方式网罗各种优秀人才。其中，通过互联网招聘是新亚汤臣的一个重要招聘手段。热百赛人力资源管理系统提供了基于互联网的招聘功能。新亚汤臣人力资源部门将招聘信息上传到工作栏或在线招聘网站后，可直接接收电子应聘资料，并自动进入简历处理流程。通过热百赛人力资源管理系统，人力资源部门节省处理简历的大量时间，提高工作效率。

2. 人事管理

人力资源系统管理的中心职能之一便是员工信息管理，这也是新亚汤臣关心的重点之一。热百赛人力资源管理系统中除已经提供的针对员工的详细信息外，还提供无限制自定义字段来跟踪独特的信息。因此，即使员工情况如何复杂，各种分类统计仍能得以实现。热百赛的资深顾问来自于世界顶尖的大酒店，积累了若干年的酒店业管理的宝贵经验，在系统的整体设计和实施方面都充分考虑到了酒店业的具体特点，能完全适应酒店人事管理的各种需求。

3. 考勤管理

酒店业的重要特点就是员工班次特别复杂，新亚汤臣的情况也是如此。一般的企业最多有10个班次，而酒店业由于24小时不间歇服务，班次就尤为复杂。新亚汤臣的员工工作班次就有100多个，而且还有两头班、三头班、跨夜班等特殊班次。热百赛人力资源管理系统的考勤管理模块有特别的酒店版本，可以定义无限数量的班次、加班类型和假期类型，还可灵活定义工作日、工作时间、午餐时间、节假日等，特别适合酒店业的全方位人事管理。

4. 薪资管理

为了管理新亚汤臣复杂的薪资项目，热百赛人力资源管理系统在薪资管理模块中提供了薪资编程语言（PPL）。该语言使新亚汤臣能够在有条件逻辑的基础上，迅速地逐个定义薪资项目。换言之，无论今后中国薪资政策如何改变，该系统都能方便地通过PPL修改薪资项目公式，从而满足动态的薪资政策。

5. 管理报表

虽然在热百赛人力资源管理系统中已经内置了近百种标准报表，但仍无法满足新亚汤臣对报表方面个性化的要求。幸好，在热百赛人力资源管理系统中有全球最强大的报表设计工具——水晶报表。新亚汤臣人力资源部的人员只要告诉热百赛人力资源管理系统，你的报表是针对哪一群员工和针对哪一段时间，水晶报表就可以协助来完成设计。水晶报表不仅是一个信息的管理者或流程的处理者，更重要的是它能够使决策变得更加容易。这一点正好符合新亚汤臣管理层对人事部门提出的要求。

六、实施结果

2002年9月，新亚汤臣大酒店全面导入了热百赛人力资源管理系统。在经过了几天的需求了解后，热百赛公司的专业技术人员仅用了两周时间就完成了整个人力资源管理系统模块的实施过程。实施后的效果也非常好，热百赛人力资源管理系统强大的报表功能、无限班次的考勤管理、B/S构架的查询方式及全面的薪资计算，让新亚汤臣的人力资源部大大减轻了工作负担，并显著地提高了工作质量，HR人员可以把工作重心放在人力资源的发展和规划上，从而大大提高了整个酒店的综合竞争力。

“热百赛新颖的人力资源国际化管理理念，改变了我们传统的人事资源管理模式。”新亚汤臣的IT经理Bryan如是说，“该系统的完整性、易用性及灵活性等优越的性能，使我们的人力资源部工作更轻松、更高效，我们的员工与人力资源管理部门的沟通也大大改善。从而为我们酒店的人力资源管理提供了坚实的技术保障。

讨论

1. 新亚汤臣人力资源管理系统的变化体现了什么管理理念？
2. 热百赛人力资源管理系统的独特优势体现在什么方面？

项目一 酒店非人力资源部门的人力资源管理

实践表明，掌握人力资源管理知识能帮助各级管理者实施更有效的管理。一个管理者能够取得成功，一个重要的原因是他们知道如何雇用恰当的人来承担工作，并对他们进行激励、考评与能力培训。酒店各层级的管理人员在日常工作中都在进行人力资源管理工作，如分配工作、业务培训、及时沟通、阶段工作总结、表扬批评、奖金等级评定等。

这些工作具有与人力资源部不同的特点：专业性，与部门、岗位的业务活动紧密联系在一起；经常性，长年累月、每时每刻都要进行，不可中断；细致性，事无巨细，深入人心；广泛性，从总经理、部门经理到基层主管，都会遇到与他的职位相对应的人力资源管理工作，因此都要把这项工作列入本职工作之中。

任务1 了解直线管理部门与人力资源管理部门工作的区别

人力资源管理不仅仅是人力资源部的事，酒店各部门都存在人力资源管理。人力资源部与部门人力资源管理在职能上有很大差别。直线管理部门与人力资源管理部门的工作比较见表9-1。

表9-1　　直线管理部门与人力资源管理部门的工作比较表

职能	直线管理部门的工作	人力资源管理部门的工作
工作分析	为工作分析人员提供帮助，协助工作分析调查	工作分析的组织协调，根据部门主管提供的信息写出工作说明
人力资源规划	了解企业整体战略和计划，并在此基础上提出本部门的人力资源计划	汇总并协调各部门的人力资源计划，制定企业的人力资源总体计划
招聘与配置	说明工作对人员的要求，为人力资源部门的选聘测试提供依据；面试应聘人员并作出录用决策	开展招聘活动，进行初步筛选并将合格候选人推荐给部门主管，甄选过程的组织协调工作，甄选技术的开发
培训与开发	根据酒店及工作要求安排员工，对新员工进行指导和培训；为新业务开展评估，推荐管理人员；进行领导和授权，建立高效的工作团队	准备培训材料和定向文件；根据酒店既定的未来需要和管理人员的发展计划，向总经理提出建议；在规定和实际运行酒店质量改进计划及团队建设方面充当信息源
绩效管理	运用酒店的评估表格对员工进行绩效考核，绩效考核面谈	开发绩效考核工具；组织考核，汇总处理考核结果；保存考核记录
薪酬福利	向人力资源部门提供各项工作性质及相对价值方面的信息，作为薪酬决策的基础；决定给下属奖励的方式和数量；决定酒店要提供给员工的福利和服务	实施工作评估程序，决定每项工作对酒店的相对价值；开展薪资调查，了解同样或近似的职位在其他酒店的工资水平；在奖金和工资计划方面向一线经理提出建议；开发福利、服务项目，并跟一线经理协商
员工关系	营造相互尊重、相互信任的氛围，维持健康的劳动关系；坚持贯彻劳动合同的各项条款；确保酒店员工的申诉程序按劳动合同和有关法规执行；跟人力资源部门一起参与劳资判断；保持员工与经理之间沟通渠道畅通，使员工能通过多种渠道发表建议和不满	分析导致员工不满的深层原因；对一线经理进行培训，帮助他们了解和理解劳动合同条款及法规方面易犯的错误；在如何处理员工投诉方面向一线经理提出建议，帮助有关各方就投诉问题达成最终协议；向一线经理介绍沟通技巧，促进上行及下行沟通
保险与安全	确保职工在纪律、解雇、职业安全等方面受到公平对待；持续不断地指导员工养成并坚持安全的工作习惯；发生事故时，迅速、准确地提供报告	开发确保员工能受到公平对待的程序，并对一线经理进行培训；分析工作，制定安全操作规程；发生事故时，迅速实施调查，分析原因，就事故预防提出意见，并向相关部门提交必要的报表

任务2　了解人力资源管理理念在酒店中的应用

一、人力资源管理理论在非人力资源部门中的应用

人力资源管理理论有马斯洛的需求层次理论、权变管理理论、弗鲁姆的期望理论、赫兹伯格双因素理论、亚当斯的公平理论等。下面简单介绍权变管理理论和弗鲁姆的期望理论在

酒店非人力资源部门中的应用。

（一）权变管理理论

权变管理理论如图9-1所示。

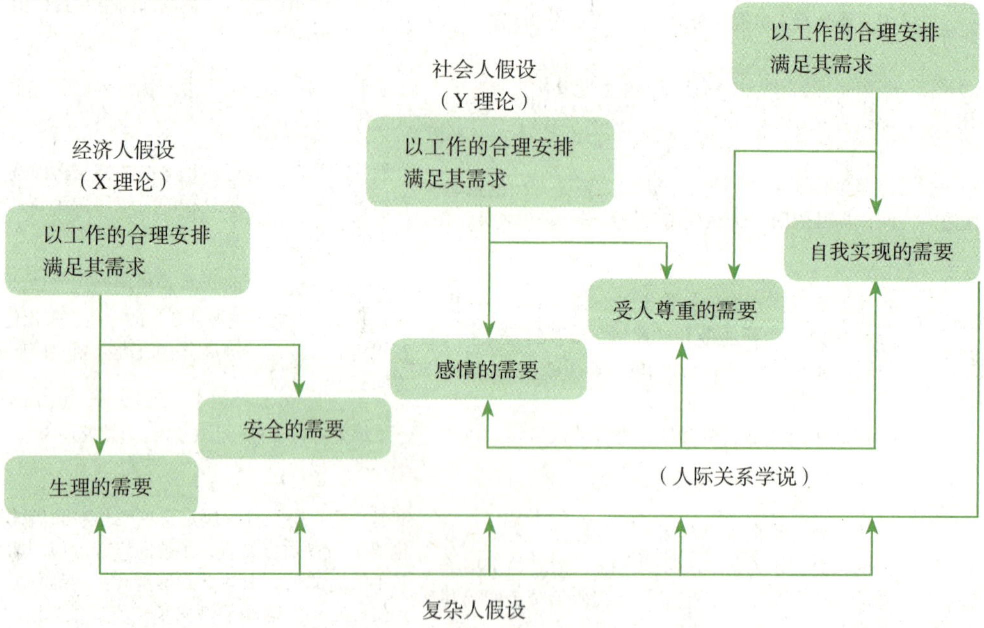

图 9-1　权变管理理论

（二）弗鲁姆的期望理论（激励的原理）

激励力量=效价×期望值，其中效价是指个体对他所从事的工作或所要达到的目标的估价，期望值是指个体根据以前的经验判断一定行为能导致某种结果和满足需要的可能性（概率）。

基于弗鲁姆期望理论的激励对策：

① 提高酒店员工的期望水平，解决员工个人努力与工作成绩的关系，帮助员工建立可以达到的目标。

② 提高效价水平，解决对员工的奖励与满足个人需要的关系。

③ 提高关联性（工作绩效与所得报酬之间的关系）的认识，解决员工的工作成绩与奖励的关系。

二、人力资源管理理念在酒店各部门中的应用

在激烈的竞争中，酒店要想吸引和留住优秀的员工，提高员工的满意度和忠诚度，就必须要树立为员工服务的思想，将“员工第一”的理念贯彻到酒店各部门的人力资源管理中。

那么，酒店应如何将“员工第一”的思想贯彻到各部门的人力资源管理工作之中呢？可

以从以下几方面入手：

（一）员工的招聘和录用

大量研究表明，如果在招聘工作中让求职者充分了解所应聘工作的内容、自己在酒店将来可能的发展状况及可能面临的困难，将会有助于酒店选择到更为优秀的员工，也有助于坚定员工在酒店长期工作和奋斗的信心，增强企业的凝聚力。因此，酒店应在员工招聘中向求职者全面客观地介绍酒店情况，员工工作的内容和要求，酒店所能为员工提供的培训、晋升、薪酬、福利等，让求职者有充足的信息来决定自己是否愿意在酒店工作。

（二）重视员工的职业生涯规划，满足员工个人发展需要

酒店应从员工一入店开始就指导其确定自身的职业目标，帮助其设计个人的成长计划，并提供适当的发展机会。这样可以减少员工的流失，提高员工的积极性。酒店可以采用如下几种方法：

1. 重视员工培训

在酒店迅猛发展的今天，酒店管理者应认识到人是酒店成功诸因素中的第一要素。酒店管理者应本着“员工第一”的原则，重视员工的培训工作，给他们提供各种充电的机会。

酒店应针对员工的特点提供一系列的培训指导。除了课堂培训外，还可以采用研讨会、临时代理主管负责等参与式、启发式培训方式。员工培训应是全方位的，除了各种岗位技能培训，还应有心理学、管理学、营销学等全面的素质培训。

2. 建立店内招聘系统

酒店应采取公开方式，如布告牌、组织出版物等，向全体员工提供空缺职位的信息，使符合要求的员工有机会参与应征。同时，在酒店职位发生空缺时，首先应在店内进行公开招聘补充。店内无法补充时，再从店外进行补充。

3. 定期的工作变动

酒店员工，特别是服务一线的员工，通常工作比较单一。员工长期从事重复的工作容易产生厌烦情绪，服务质量也会降低。酒店可以通过工作轮换、安排临时任务等途径变动员工的工作，给员工提供各种各样的工作经验，使他们熟悉多样化的工作。通过员工交叉培训、工作轮换，既可以在一定程度上避免员工对单调岗位工作的厌烦，提高工作积极性，又能根据各部门淡旺季的不同调剂人员的配置，节约酒店人力成本。通过轮岗，使员工不仅掌握多种岗位的服务技能，同时还熟悉其他岗位的服务程序，有助于提高部门之间工作的协调。

4. 为员工提供自我评估的工具

员工必须要充分认识自己、了解自己，从而才能确定可行的职业目标。酒店应为员工进行自我评估提供帮助，通过测评软件、及时的工作反馈等方式让员工正确评估自己。

5. 提供多种晋升途径

酒店中，服务一线员工往往只有一条发展道路，便是提升到管理岗位。不少优秀的服务

人员经过培训和锻炼后走上了管理岗位，并且完全能够胜任。然而，也有不少优秀的服务人员无法做好管理工作，或者不喜欢从事管理工作而离职，酒店从而失去了一批一线服务的骨干。对此，酒店可为前台服务人员和后台服务人员制定两类不同的晋升制度，并为每个职位设立几个不同的等级。优秀的服务人员可晋升职位级别，增加工资，却不必脱离一线服务岗位。不同等级的服务员需承担不同的职责，如高级服务员不仅需完成自己的服务工作，还需要培训新服务员，这样，既可以实现酒店对优秀员工的有效使用，又可以使酒店达到合理用人的目的。

（三）加强与员工沟通，促使员工参与管理

酒店的成功离不开员工创造性、积极性的发挥。酒店应为员工营造一种和谐的大家庭气氛，使员工能充分发表意见，积极参与管理。作为服务一线的员工，他们比管理者更了解顾客的需求，更能发现工作中存在的问题，管理者必须加强与员工的双向沟通，才能做出更优的决策。管理者可以采用总经理意见箱、总经理接待日、与总经理共进午餐等方式来加强与员工的沟通。此外，管理者不仅应加强与企业现有员工之间的沟通，而且也要重视与“跳槽”员工的沟通。管理者应深入了解员工“跳槽”的原因，采取相应的措施，更好地解决酒店经营管理中存在的问题。酒店还应营造一种学习型的酒店文化，促进员工之间的相互沟通、相互学习。

酒店让员工参与管理，可以进一步发挥员工的主观能动性，增强员工工作责任感，使员工更清楚地了解管理人员的要求和期望，更愿意和管理人员合作，做好服务工作。酒店除了鼓励员工参与管理之外，还可以进一步采用授权方式，把一部分决策权下放给员工，让员工根据具体情况对顾客的问题做出迅速的反应。管理人员的工作主要是督导、提供帮助与赞扬员工，这样可以极大地激发员工的积极性。

（四）关心员工的生活

相对于其他行业来说，酒店员工一般工作压力较大，可自由支配的时间较少。管理者应从生活上多关心员工，为员工提供各种方便，解除员工的后顾之忧。首先，管理者应高度重视员工宿舍、员工餐厅的建设，为员工提供各种文体活动场所，丰富员工的业余精神生活，真正为员工营造一个“家外之家”。其次，管理人员还应对员工进行感情投入。在节日、员工生日的时候送上礼物和祝福。为有家庭后顾之忧的员工提供托儿与家庭关照服务。如果员工家里有什么困难，应尽力提供支持与帮助。另外，酒店还可以考虑一部分员工的特殊需要，为员工提供弹性工作时间、工作分担等以方便员工。

项目二 酒店人力资源信息化管理系统

目前，各酒店不断加大资金投入，购买各种高科技的硬件设施，以使酒店的服务更加出色。世界著名的大酒店集团都创立了自己庞大的信息网络系统，而且投入大量的人力和财力对网络进行更新换代，使自己在市场营销、客房预订、财务管理、服务改进等方面具有巨大的竞争力。现在，电脑网络越来越成为各大酒店集团经营管理的命脉，承担着越来越多的经营管理职能。与大酒店集团相比，众多的独立酒店目前也正逐步通过销售联合体等联盟的形式，建立功能齐全的国际网络，与大酒店集团共分市场。

任务1　了解酒店人力资源信息系统的特点和功能

一、酒店管理信息系统的产生

酒店管理信息系统随着计算机在酒店业中的应用而逐渐成熟和发展起来。计算机技术的飞速发展，给酒店计算机应用带来了蓬勃生机，出现了酒店计算机系统、酒店管理信息系统、酒店决策支持系统等。计算机从酒店的预订接待逐步深入应用到酒店的各个部门，计算机技术的应用已成为现代酒店管理的重要手段。

现代化的酒店是集客房、餐饮、通信、美容、娱乐、商务文化及其他各种服务与设施为一体化的消费场所。酒店组织庞大，服务项目多，信息量大，要想提高劳动生产率，降低成本，提高服务质量和管理水平，进而促进经济效益，必须借助计算机来进行现代化的信息管理。不同的酒店管理系统适合于不同的星级酒店。

酒店人力资源管理信息系统，就是利用专门的软件通过计算机进行酒店人力资源的管理。它的起源可以追溯到20世纪60年代末期，由于当时计算机发展水平的限制，酒店人力资源管理信息系统只不过是一种自动计算薪资的工具。在中国，随着电脑的普及，数据库技术、客户/服务器技术的发展，酒店人力资源部门已大规模开发使用现代酒店人力资源管理系统。

二、现代酒店人力资源管理系统的特点

从人力资源管理的角度出发，用集中的数据库将几乎所有与人力资源相关的数据（如薪

资福利、招聘、个人职业生涯的设计、培训、职位管理、绩效管理、岗位描述、个人信息和历史资料）统一管理起来，形成了集成的信息源。友好的用户界面，强有力的报表生成工具、分析工具，信息的共享，使人力资源管理人员得以摆脱繁重的日常工作，集中精力从战略的角度来考虑酒店人力资源规划及其政策。

利用现代网络优势，积极推进人力资源管理科学化、网络化，打造信息资源共享平台，把人事管理、培训、考勤、加班、工资、福利等通过计算机实现一体化，使酒店人力资源管理上升到了一个新的台阶。

三、人力资源管理软件系统主要有以下功能

1. 便捷的“一卡通”功能

将员工ID卡、考勤卡、就餐卡功能集于一卡，并将此卡与排班、考勤与工资计算以及就餐相关联，全面实现计算机自动化、一体化的管理。

2. 人事信息全员计算机管理功能

将员工个人信息，在酒店的人事信息、薪酬福利、假期、社会保险、培训、奖惩等记录使用计算机归档管理，形成强大的中央数据库。系统可根据自由组合条件及字段进行万能查询。所需的信息可导出生成Excel表格。应用业内领先技术打造的强大用户报表生成工具，提供丰富的电子人事报表，内容详尽而标准。在系统内预设工资更改的金额及生效日期，系统便会使其自动生效。另外，还包括预设职位及部门变动的生效日期、临时工和离退休职工管理、员工招聘和入职及离职的处理以及员工生日、合同、试用期等重要事宜的管理。

3. 实现人机对话功能

富有创意的无纸化办公解决方案，提高了沟通效率；全面普及的人机对话，既节约开支，又符合环保理念。部门可以在系统里进行排班、加班和请假申请以及查询、修改等；部门经理及人力资源部可在网上审批请假及加班申请；部门可以根据权限在系统里轻松地查询本部门员工的员工级别、工资、合同、请假、加班、出勤等信息；网上处理员工升职、加薪、转部门；酒店信息通知通过网上发布，迅速、及时、到位。

任务2 了解酒店人力资源管理职能的计算机化应用

一、人力资源规划

在酒店人力资源规划中，能利用计算机进行操作的有人力资源供给和需求计划、预测的

计划以及为实现战略性人力资源规划提供决策信息的项目——人力资源管理人员已经认识到他们的工作不仅是为员工服务，而且是为整个酒店组织提供服务。随着新技术的开发利用，后台管理者正在转向前台，技术已经使酒店业人力资源管理成为具有高度战略性的工作，技术正被看做是一种提高价值而不仅仅是降低成本的方法。随着计算机技术的发展，酒店人力资源管理计算机系统将对人力资源规划决策提供更多的帮助。

二、招聘与配置

假设酒店组织中有一个工作职位空缺，招聘与配置管理人员只需打开计算机，键入所有求职者的资格条件、空缺职位的工作描述以及工作说明书。在要求列出最佳候选人顺序的情况下，计算机就会按优先顺序自动生成排列结果。计算机化的招聘与配置系统，可以很容易地处理甄选的任务以及招聘与配置过程的其他要素。

三、培训与开发管理

在培训与开发管理中，人力资源信息系统具有多种用途。只要拥有数据库，这个系统就能够提供适应职员的培训需求，提供各种工作职位所需要的专门培训。

培训与开发管理软件系统也能与绩效评价系统及继任规划联系在一起。将这些领域的信息结合起来，有利于酒店向预定目标的发展过程中满足所有职员的培训需求。职业开发规划也能够被整合，便于计算机判别出通过适当的培训或教育能予以纠正的个体弱点。从酒店组织的前景来看，计算机能够警示公司现有劳动力中的弱点，甚至识别出职员潜在的职业路径。由于计算机的运行总是客观公正的，因此它可以对酒店运营中的人力资源给予比较好的评估。

四、薪酬管理

薪酬管理不仅包括工资记录和工资单发放，还包括薪酬等级、薪酬范围和薪酬总量的变化。工资增加的效果和绩效加薪的影响能够通过让计算机回答许多“假如什么”的问题预测出来。加薪对酒店组织的未来会有深远的影响，如果没有计算机，几乎不可能判定加薪的效果。除了处理这些需求以外，人力资源信息系统可以将绩效评价与工资调整和职业开发流程整合在一起，通过从工作评价过程中获得的专门数据来确定薪酬水平。

对酒店组织来说，组合或整合人力资源系统通常是很有益处的。虽然薪酬、福利、职业开发和工作评价等职能有很大的不同，但它们共同使用很多相同的信息。人力资源信息系统的设计，取代了每项职能都必须重复进入同一数据的状况，在需要数据时仅进入系统一次就可以解决所有职能的需要。

在按绩效付酬的薪酬计划中，计算机的作用就更为重要。在对职员绩效进行奖励前，精确的职员信息是十分必要的。由于相关信息不充分或者出现错误的信息而导致绩效奖励上的错误，将会极大地打击员工的士气。利用计算机能够更快捷、准确地进行薪酬等各方面的管理。

五、其他的人力资源用途

计算机化对绩效管理、劳动关系管理等方面都具有重大的意义。另外，还能够进行数据分析，包括流失率、出勤率和病假情况等，以及制作组织图表、数据统计、协助磋商计划、将绩效评价与报酬支付相结合等。

项目三 酒店战略性人力资源管理运作与发展

任务1 了解酒店第三方人力资源服务趋势

一、第三方人力资源服务管理趋势

酒店第三方人力资源服务，即人力资源外包服务，是酒店根据需要，将低层次员工（如短期工及非核心员工）和人力资源管理的繁琐事务（如招聘、培训和国家法定社会保险缴纳及转移等工作）外包给人力资源服务机构。"人力资源外包"是社会高速发展、专业分工细化的体现，也是社会文明进步的标志之一。外包已经成为企业在市场竞争中制胜的重要手段，全球财富500强企业通过人事外包而使其劳工成本削减了25%~30%。国外学者预言，第三方人力资源服务将是未来企业人力资源管理的趋势。

趋势一：第三方人力资源服务使人力资源部门从"权力中心"走向"服务中心"，实现用人单位、劳动者、人力资源服务公司三赢的用工模式。对用人单位而言，租赁员工可以节约人力资源招聘和管理成本，减少员工管理中的劳资纠纷；对劳动者而言，其工资、福利待遇、社会保险缴纳、工作环境等，由人力资源服务公司与用人单位协商而定，可尽量避免自己的合法权益受到损害。

趋势二：第三方人力资源服务的核心是用人与管事相分离，人由用人单位使用，事由人力资源服务公司管理。人力和人才租赁（非核心人才和低层次员工）、劳动保障事务代理代办，不仅可以降低用人成本支出，而且可以提高人力资源管理程序的效能，使用人单位不必持续投资去维护先进的人力资源体系和服务平台，从而有助于人力资源管理专业人士从“日常行政管理职责”转向“系统性、全局性和前瞻性的战略规划职能”。

选择第三方人力资源服务的最大好处：使用人单位腾出精力聚焦关键业务，掌握专业的管理程序与服务，控制经营管理成本，致力于人力资源管理的战略决策、行政效率、员工贡献度和变化能力；研究核心人才的招聘、选拔、任用、保留和发展；研究薪酬战略和激励分配机制；研究企业文化和核心价值观的实施等。而诸如员工招聘、劳动合同的签订、社会保险缴纳、员工培训等繁琐业务则由人力资源服务公司全权代理。

二、酒店第三方人力资源服务的主要形式

（一）招聘外包

目前，国内许多酒店都开始通过网络进行招聘。这种招聘方式不仅缓解了雇佣双方之间信息分布不对称的矛盾，也使双方获取信息的代价降到最低限度，从而让雇佣双方的交易变得更加透明、更加准确，减少了招聘活动中的不确定性，增强了雇佣双方决策的质量。

酒店基层员工需求最多，也最繁杂，这种业务较适合外包，而酒店高层人员的物色工作则外包给猎头公司。把这些职能有层次地外包出去，可减轻人力资源管理部门的运作费用，而且可以保证在短时间内以更广的渠道找到合适的人才。

（二）培训外包

一种重要的培训外包方式是借用专业咨询公司的培训力量或者高等院校的教育资源，还有一种更为时尚的培训方式就是利用网络进行培训。越来越多的实践表明，网络培训效率更高、更为方便，且门类齐全。此外，由于网络培训可以实现跨地区、跨国联网，因此也较容易获取各种新的知识和信息。

（三）酒店临时外包业务

酒店的经营有季节性和周期性的变化。在旺季时，酒店的顾客很多，在淡季不需要的部门和人员这时却非常需要。所以，可以在酒店经营旺季时，临时进行业务外包。这时酒店更倾向使用应急工，即指合同期短的临时工、转包合同工、小时工和租赁工，而不是固定雇佣工。酒店用最少的固定工来最有效地完成规定的日常工作量，而在有辅助性服务需求的时候雇用应急工去处理。这样，酒店可以缩减经常性开支，降低固定成本，同时提高劳动力的弹

性。此外，应急工使组织能够节约医疗和假期福利费用，规避退休和养老金等问题。

任务2　了解酒店人力资源整合和危机管理

一、酒店人力资源整合

在全球一体化的大潮下，为了扩大经营、降低成本、占领市场、实现最大利润，各国酒店不断地掀起兼并的浪潮。酒店兼并重组不仅仅要考虑战略的融合、资本的运作等，还应考虑人力资源整合问题。人力资源的整合有比较显性的问题，如员工流动问题；也有比较隐性的问题，如文化冲突等。为了能够实现预定的兼并目标，酒店应该整合两者的人力资源，妥善处理员工流动问题，加强沟通及文化的融合。

1. 酒店兼并重组中人力资源管理的重要性

作为企业文化核心的人力资源管理，其融合性至关重要。在现实的收购中，两家酒店的企业文化或人力资源管理方式可能不同，甚至相差很远。此时，为了能够实现预定的兼并目标，整合两者的人力资源就是重中之重的问题。

2. 酒店兼并重组中人力资源管理面临的挑战

酒店兼并后的管理人员和雇员来自于不同的公司，根植于不同的企业文化，可能会有迥异的价值观，这就使得兼并后的人力资源管理与一般的人力资源管理相比更加复杂。首先是员工的流动问题，酒店的兼并，可能会对被兼并酒店员工的雇用标准、工资、福利及其他权利有着双重影响。其次，文化的冲突会在兼并后的较长一段时间里影响到酒店的稳定性。

3. 解决酒店兼并重组中人力资源管理问题的途径

（1）妥善处理员工流动问题

① 掌握裁员的艺术：酒店在兼并整合过程中，由于部门合并、职能合一或某些工作班组取消，一般都有超员现象，此时裁员就变得不可避免。为了维持员工对酒店的信任，使留下来的员工对自身工作有安全感，最好的办法是在裁员之前、之中、之后，尽可能公开、透明和坦率。建立清晰的标准来衡量谁去谁留的问题，能大大减弱员工的疑虑和恐慌。

② 掌握留人的艺术：优秀的人往往在离职后都较容易找到新工作，因此放弃原职位的往往都是些优秀的人才。酒店要寻找代替他们的新人可能要花费很多的时间与精力，而且即便找到了替代者也难以完全弥补核心员工离职而产生的损失。他们的离开不仅仅削弱了酒店的竞争力，还可能增加竞争对手的实力。所以，在兼并实施前与实施中，酒店应尽早地做好挽留人才的准备。

酒店应该仔细评估被兼并酒店的核心员工，确定每个人可能为公司带来的价值。在表达酒店对他们的信心及愿意他们留下来的愿望时，向他们阐述酒店对未来发展的设想以及实施的人才政策。坦率的交谈、发自内心对他们的信任，比任何利益诱惑都更有利。另外，酒店还应对留下的有才能的员工进行投资，寻找帮助员工适应转变的方法；明确对员工业绩的新要求；在酒店内部为员工提供转换工作和提升的机会，使员工向外流动的可能性减少。

③ 规范考核与激励机制：考核激励机制会影响员工的去留决定以及工作的积极性。在实施统一的考核与激励机制之前，酒店可以允许在一定的过渡期里两种考核办法与激励机制共存，并逐步消除差距，建立统一的激励、考核机制。在统一的标准建立后，酒店应该对所有的员工一视同仁。只有用合适的标准来考核评估员工，才不会让被兼并酒店的员工感到受歧视。

（2）加强文化的融合　酒店兼并的最大目标是利用资源重组的机会形成更为强大的竞争优势，其正面价值在于获得低成本的生产资源、获得优秀的人力资源。酒店兼并的最大难题是人力资源的整合，其成功的基础是酒店文化的成功整合。酒店在其实施兼并战略以后，势必要面对一定程度上的文化差别，既可能是组织层次上的也可能是行业层次上的差异。基于不同企业文化的人力资源管理方式可能会导致彼此的冲突。为了加强员工对不同文化传统的适应能力，促进不同文化背景员工之间的沟通和理解，必须进行跨文化培训，根据环境与酒店的战略发展要求，建立起酒店强有力的独特文化及共同的经营观，而不是简单地套用酒店原有的文化模式。跨文化培训，还应该培养管理阶层的跨文化领导能力，缩短磨合期，使员工尽早达成对酒店文化的共识。

（3）加强沟通　有效的沟通是组织存在与运行的基石，这在酒店兼并中及兼并以后显得尤为重要与迫切。沟通有利于全体员工明确酒店的战略目标。酒店在实施兼并时，往往不注意把酒店的战略意图和发展目标传递给员工，尤其是被兼并酒店的员工。只有明确传达了战略目标，才能从员工那里获得期望的员工行为，利于目标的实施与完成。有效的沟通有助于酒店内成员的相互了解、交流，结成伙伴关系，达成合作的目的。

二、酒店人力资源危机管理

酒店的人力资源危机管理是人力资源管理的一个重要组成方面，但目前还未引起我国酒店业足够的重视。事实上，酒店的人力资源危机可能潜伏在酒店人力资源管理的各个方面，不仅表现为通常可见的罢工事件，还有酒店主要管理者突然辞职、重要的培训项目失败、薪资系统的建设存在明显漏洞等表现形式。人力资源危机事件给酒店带来的损失也是存在于各个方面的，主要包括酒店利润下滑甚至倒闭破产，酒店人心涣散，工作效率下降，销售急剧下降，重要客户流失等。

酒店在应对和处理突发的人力资源危机事件时应该遵守理智原则、公平原则、双赢原则、乐观原则、事前预防原则。酒店针对不同类型的人力资源危机事件，应有不同的应对措施。

1. 接班人计划

由于种种原因，酒店内的核心管理人员可能突然提出辞职。在这种情况下，接班人计划具有重要的意义，是酒店长期生存的有力保证。

2. 积极、适时的沟通

沟通始终是经营管理中一个非常重要的课题。在人力资源管理领域显得更为关键。员工的突然离职、消极怠工抵触情绪都可能和低效的沟通有关。在面试中我们强调公正、全面的交谈，在绩效评估中我们也强调评估者一对一的面谈，在危机事件发生后我们更加强调公开、诚恳的沟通。

良好的沟通过程不仅仅是一种信息的传递过程，更是一种情绪和情感上的互动过程。有时候酒店管理者的只言片语就可能使员工重新树立奋起的信心。当然，这种高质量的沟通如果能在危机发生前、在酒店的日常管理中就得到很好地施展和应用的话，那沟通本身就能大大降低酒店人力资源危机发生的频率和强度。

3. 预警机制

适当的防范机制和应对机制的建立能使我们在危机发生时采取正确的反应措施。目前，我国酒店危机防范的意识都还非常薄弱，危机管理这一职能也是酒店人力资源部门有待加强的。

4. 试用和考察

虽然各个酒店对新进的员工基本上都有试用期，但在实际管理中真正让这个试用期发挥作用的酒店却只在少数。酒店似乎更看重招聘过程中笔试和面试对员工的考核作用，却忽略了在实际工作中如何对其进行观察和评估。

实际上，试用期内酒店能够观察到新员工真实的工作能力、工作态度和工作风格，并且这些信息在短短的面试过程中往往很难体现出来。通过若干个月的试用期，酒店不但可以及时地淘汰掉那些不符合要求的员工，而且可以对留任新员工的工作表现给出及时的反馈意见，这也是一种良好的精神鼓励方式。

5. 留住员工并最大限度地激发员工

员工选择不当是导致员工跳槽、人员流失的首要原因，并直接导致酒店人力资源管理成本的上升。因此，酒店在选拔员工时，应首先对空缺的职位进行细分，按照岗位的不同特点选拔符合要求的员工。

6. 把核心能力植入人力资源体系，彻底改变传统的薪酬设计理念

薪酬要与能力和工作绩效挂钩，以达到激励员工的目的。首先要明确酒店的商业战略。然后对面试中发掘的个人能力进行认证，证实其有助于酒店商业战略的成功。再把核心能力与人力资源体系相整合，只有能力完全被整合到所有体系中，包括招聘、培训、绩效考评、奖励、领导力发展、继承计划和职业规划，才能取得最大的成功。最后，以能力为基础制定

薪资体系，并将能力体系引入新员工的认识环境中，以明确酒店对他们的期望。

7. 员工职业生涯规划

酒店应该为每一位员工设计职业发展规划，尤其是对大学生等高素质人才的职业发展要有一套明确的规划方案，使其能够看到未来发展的方向和目标。在招聘时，应该选择有潜质并热爱酒店工作的大学生，按照其性格特点和兴趣爱好，分配到某个部门，给予其一段时间的基层工作锻炼。如果达到了特定的指标并通过评审，可以将其提升到一定的职位。这样，通过不断地磨练和培养，该大学生将能成长为酒店优秀的管理人才。

8.交叉培训

交叉培训是一种员工通过接受额外服务技巧的培训来满足不止一个工作岗位需要的培训方式，现已被越来越多的西方酒店作为保持人员素质优势、提高服务质量及竞争力的重要手段。实施交叉培训有助于酒店更加有效地控制成本，在旅游旺季业务量突增或员工生病、休假以及顾客额外需求导致酒店内部出现工作缺位时能够及时弥补，同时，还可以降低员工的跳槽率。

9.酒店企业文化建设

企业文化是企业的灵魂，良好的企业文化是企业生存和发展的原动力，是区别于竞争对手的最根本标志，应对企业文化进行深度开发，充分体现酒店的个性和特色。

10.员工参与

在知识经济时代，员工对个人价值的实现和个人的成长更为重视。所以，管理者一旦确信自己已把最合适的人安排在合理的岗位上之后，就应授予他一定的权利，为员工创造参与酒店管理的机会，满足其精神上高层次的需求。当员工与其他人合作一起解决问题时，其社会需求得到了满足；当员工认识到他们对酒店很重要时，其尊重需求得到了满足；当员工为自己的贡献而兴奋时，其自我实现需求得到了满足，酒店通过这种内部“员工参与”的激励手段，不仅可以调动员工的主动性和创造性，还可以给他们提供更多的成长机会，留住优秀人才。

三、关注员工工作生活质量

未来，员工需要较大的自主权和工作弹性，以便发挥他们较高的生产率。随着技术水平的不断提高，员工在酒店中的地位越来越重要，满足员工工作生活质量的要求将成为人力资源管理的核心目标之一。员工不仅要得到公平合理的报酬，不仅要得到发展自我的机会和条件，而且还要得到职业安全保障。酒店提高员工的工作生活质量可以从以下几个方面着手：

1. 创造公平竞争的酒店工作环境

公平体现在酒店管理的各个方面，如招聘时的公平、绩效考评时的公平、报酬系统的公平、晋升机会的水平、辞退时的公平以及离职时的公平等。如果员工相信付出多少就会有多少公平的回报在等着他，那么将能使员工专心工作。

2. 创造追求进步的酒店氛围

酒店不断追求进步表现在重视培训、重视员工的职业发展。社会发展速度越来越快，工作中所需的技能和知识更新速度加快，因此培训已成为酒店提高员工工作效率、培养竞争力的必要手段。从员工的角度来看，自身的发展进步已经成为他们衡量自己工作生活质量的一个重要指标。一个酒店，发展的机会多，培训的机会多，就意味着晋升的机会多。所以，培训也是员工选择酒店的一个优先指标。

3. 创造关爱员工的酒店氛围

一个关爱员工的酒店必将使员工满意度上升。关爱员工的酒店要给予员工良好的工作环境，给予员工足够的工作支持，使员工安心在酒店工作。关爱员工的酒店善于鼓舞员工的士气，适时地给员工以夸奖和赞扬，在员工做出成绩时向员工公开及时地表示感谢，并组织一些联欢活动使员工分享成功的喜悦。关爱员工的酒店重视员工的身心健康，注意缓解员工的工作压力。酒店可以在制度上做出一些规定，如带薪休假、医疗、养老保险、失业保障等制度，为员工解除后顾之忧。另外，开展体育活动，丰富员工的生活，强健他们的体魄，培养他们勇于奋斗的竞争精神；提倡社团活动，如部门活动、女工活动等，促进人与人之间的关系融洽。

任务3 了解现代酒店人力资源管理的发展

一、中国酒店人力资源管理逐渐步入战略人力资源管理时代

随着知识经济以及网络化、经济全球化的发展，中国酒店的人力资源管理工作被从后台推向前台。中国酒店人力资源管理者的职责已经逐渐从作业性、行政性事务中解放出来，更多地从事战略性人力资源管理。酒店再造、组织结构重组、规模精简的变革都要求人力资源经理成为首席执行官的战略伙伴，帮助制定计划、实施组织变革。人力资源管理人员越来越多地参与酒店战略、组织业务活动，领导酒店变革，建立竞争优势，传播职能技术，担当起员工宣传者和倡议者的角色，并对员工绩效和生产率负责。

传统的酒店人力资源管理工作大致可分为两个方面：一种是事务性的，另一种是战略性的。所谓事务性项目指的是考勤、人事档案管理、绩效考评、薪资福利等行政性和总务性的工作；战略性项目包括人力资源的战略规划，政策的制定和执行，帮助对中高层主管的甄选，员工的教育、培训，酒店及员工的生涯规划，组织发展，为业务发展开发留住人才等。把一些非核心人力资源项目外包出去已成趋势，因为这种作业附加值很低，使人分心并偏

离重要的战略性事务，不利于提升人力资源管理的形象和重要性。把这些传统事务分离出去，由相关部门外包给社会专门的机构，而人力资源部将可以专注于系统性、全局性的战略事务。因此，酒店人力资源部将逐渐从过去那种行政、总务、福利委员会的角色转变成为学习型组织和教育的推动者、高层主管的咨询顾问、战略业务的伙伴、管理职能专家和变革的倡导者等。

另外，酒店人力资源部负责人需要具备相应的人力资源管理技能，了解并掌握相当的业务知识。人力资源管理已日益突出其在酒店管理中的重要作用，这种作用就在于能为“顾客”（既包括酒店外部顾客，又包括酒店内各个部门）提供附加价值。人力资源部门应该从“权力中心”的地位走向“服务中心”。人力资源部负责人必须具备一套全新的思维方式，去考虑“顾客”需要什么样的人力资源服务以及怎样提供这些服务，借此创造在酒店中的权威。人力资源管理者要扮演“工程师+销售员+客户经理”的角色。一方面人力资源管理者要具有专业的知识与技能，另一方面要具有向管理者及员工推销人力资源产品与服务方案的技能。人力资源部经理也是客户经理，就是要为酒店各层级提供一揽子的人力资源系统解决方案。酒店人力资源部向员工提供的产品与服务主要包括共同愿景、价值分享、人力资本增值服务、授权赋能、支持与援助等。

中国酒店的管理实践表明，只有建立起科学的价值评估体系和价值分配体系，才能形成有效的激励机制，从而推动酒店员工，特别是酒店职业经理人和知识创新者，为酒店创造更多的价值。人力资源管理的核心是价值创造、价值评价和价值分配。

二、现代酒店人力资源管理发展趋势

1. 策略导向型的人力资源规划体系

策略导向型的人力资源规划成为酒店战略规划不可分割的组成部分。越来越多的酒店认识到，如果一家酒店要想获得或保持竞争优势，唯有将长期性的人力资源规划与酒店战略规划紧密结合。

2. 人员甄选多元化

人员甄选方式呈多元化。多元化是指酒店人力资源服务既可以外包，也可以向外提供，而不再局限于酒店内部。

3. 建立动态目标管理的绩效评估体系

建立动态目标管理的绩效评估体系，是酒店人力资源管理的核心功能。在竞争日益激烈的21世纪，绩效评估必须将侧重点由以往对员工的态度与特质评估，转向与动态目标管理相结合的评估体系，将员工的个人目标和酒店的经营目标完美地统一起来，从而激发出员工更大的工作热情。

4. 激励导向式的薪酬福利组合

激励导向式的薪资策略与自助餐式的福利政策相结合。首先，薪资要与工作绩效挂钩，激励员工，使酒店在激烈竞争的环境中得以生存。其次，薪资也应作为激励员工学习的手段，鼓励员工学习更多、更广、更深入的知识和技能，以应付知识经济时代变化无常的挑战。所谓自助餐式的福利政策，即由公司给予员工一定的福利点数，员工可在点数范围内随意挑选自己喜欢的福利项目，满足员工需求多元化，使福利的效用最大化。酒店的管理者既要做到令股东满意、顾客满意，更要做到令员工满意。

5. 开放式管理

实行开放式管理。酒店内部股份的持有者由高层经理人扩展到酒店中层经理人乃至员工，人力资源管理的模式也会随之发生变化。另外，人力资源管理的新职能包括营造酒店与员工共同成长的组织氛围、充分发挥团队精神、规划员工实现自我超越的职业生涯。

6. 开发利用智力资本

充分开发、利用智力资本，使之成为酒店强大的竞争利器。智力资本是酒店组织的集体智慧，可以用来为酒店创造财富。智力资本管理的原则不是酒店独占其人力和顾客资本，而是必须与员工、供应商和顾客共同分享这些资本。人力资源管理的首要任务就是要建立和开发人力资本，为酒店树立团队精神、集体运作环境以及其他社会学习形式，积累知识数据并加速酒店内部的信息流，使酒店所拥有的这些无形资产成为酒店强大的竞争利器。

思考与练习

1. 酒店人力资源管理理念在酒店各部门中是如何应用的？
2. 如何实现酒店人力管理职能的计算机化？
3. 现代酒店人力资源发展的趋势是什么？

参考文献

1. 游富相. 酒店人力资源管理. 杭州：浙江大学出版社，2009.
2. 袁继荣. 饭店人力资源管理. 北京：北京大学出版社，2008.
3. 张玉改. 酒店人力资源管理. 北京：中国林业出版社，北京大学出版社，2008.
4. 索　伦. 宾馆酒店人力资源管理. 北京：中国纺织出版社，2009.
5. 张　波. 饭店人力资源管理. 大连：大连理工大学出版社，2009.
6. 王　伟. 饭店人力资源开发与管理. 北京：旅游教育出版社，2009.
7. 耿　煜. 新编现代酒店人力资源开发与管理实务全书. 北京：企业管理出版社，2007.
8. 王大悟，刘耿大. 酒店管理180个案例品析. 北京：中国旅游出版社，2007.
9. 王　珑，徐文苑. 酒店人力资源管理. 广州：广东经济，2007.
10. 薛群慧. 酒店人力资源开发与管理. 昆明：云南大学出版社，2005.
11. 赵西萍. 旅游企业人力资源管理. 天津：南开大学出版社，2001.
12. 张丽云. 人力资源管理. 北京：中国经济出版社，2010.
13. 刘希珍，王　梅. 人力资源开发与管理案例. 天津：天津大学出版社，2008.
14. 冯文昌. 酒店管理概论. 北京：科学出版社，2009.
15. 沈文馥. 饭店人力资源管理. 北京：机械工业出版社，2009.
16. 吴　慧，黄勋敬. 现代酒店人力资源管理与开发. 广州：广东旅游出版社，2005.
17. 魏洁文. 现代饭店人力资源管理. 北京：人民邮电出版社，2006.
18. 徐文苑，贺湘辉. 饭店人力资源管理. 北京：北方交通大学出版社，2005.
19. 蔡万坤，李爱军. 餐饮企业人力资源管理：打造企业的核心竞争力. 北京：北京大学出版社，2007.
20. 蔡丽伟. 饭店人力资源管理. 北京：清华大学出版社，2010.
21. 谷慧敏，田桂成. 饭店集团案例库. 北京：旅游教育出版社，2008.
22. 廖钦仁，贺湘辉. 酒店人力资源管理实务. 广州：广东经济出版社，2010.